"十四五"职业教育国家规划教材
"十三五"职业教育国家规划教材
高等职业教育教学改革融合创新型教材 · 财经基础课

纳税实务

(第六版)

NASHUI SHIWU

郝巧亮 主 编

东北财经大学出版社
Dongbei University of Finance & Economics Press
大连

图书在版编目（CIP）数据

纳税实务 / 郝巧亮主编. —6版. —大连：东北财经大学出版社，2024.1
（高等职业教育教学改革融合创新型教材·财经基础课）
ISBN 978-7-5654-5026-6

Ⅰ.纳… Ⅱ.郝… Ⅲ.纳税-税收管理-中国-高等职业教育-教材
Ⅳ.F812.423

中国国家版本馆CIP数据核字（2023）第225937号

东北财经大学出版社出版
（大连市黑石礁尖山街217号 邮政编码 116025）
网 址：http：//www.dufep.cn
读者信箱：dufep@dufe.edu.cn
大连图腾彩色印刷有限公司印刷 东北财经大学出版社发行

幅面尺寸：185mm×260mm 字数：333千字 印张：14
2024年1月第6版 2024年1月第1次印刷

责任编辑：张晓鹏 曲以欢 责任校对：刘贤恩
封面设计：原 皓 版式设计：原 皓

定价：42.00元

教学支持 售后服务 联系电话：（0411）84710309

如有印装质量问题，请联系营销部：（0411）84710711

富媒体智能型教材出版说明

“财经高等职业教育富媒体智能型教材开发系统工程”入选国家新闻出版广电总局新闻出版改革发展项目库，并获得文化产业专项资金支持，是“国家文化产业资金支持媒体融合重大项目”。项目以“融通”“融合”“共建”“共享”为特色，是东北财经大学出版社积极落实国家推动传统媒体与新媒体融合发展的重要举措之一。

“财济书院”智能教学互动平台是该工程项目建设成果之一。该平台通过系统、合理的架构设计，将教学资源与教学应用集成于一体，具有教学内容多元呈现、课堂教学实时交互、测试考评个性设置、用户学情高效分析等核心功能，是高校开展信息化教学的有力支撑和应用保障。

富媒体智能型教材是该工程项目建设成果之二。该类教材是我社供给侧结构性改革探索性策划的创新型产品，是一种新形态立体化教材。富媒体智能型教材秉持严谨的教学设计思想和先进的教材设计理念，为财经职业教育教与学、课程与教材的融通奠定了基础，较好地避免了传统教学模式和单一纸质教材容易出现的“两张皮”现象，有助于教学质量的提高和教学效果的提升。

从教材资源的呈现形式来说，富媒体智能型教材实现了传统纸质教材与数字技术的融合，通过二维码建立链接，将VR、微课、视频、动画、音频、图文和试题库等富媒体资源丰富呈现给用户；从教材内容的选取整合来说，其实现了职业教育与产业发展的融合，不仅注重专业教学内容与职业能力培养的有效对接，而且很好地解决了部分专业课程学与训、训与评的难题；从教材的教学使用过程来说，其实现了线下自主与线上互动的融合，学生可以在有网络支持的任何地方自主完成预习、巩固、复习等，教师可以在教学中灵活使用随堂点名、作业布置及批改、自测及组卷考试、成绩统计分析等平台辅助教学工具。

富媒体智能型教材设计新颖，一书一码，使用便捷。使用富媒体智能型教材的师生首先下载“财济书院”App或者进入“财济书院”（www.idufep.com）平台完成注册，然后登录“财济书院”输入教材封四学习卡中的激活码建立或找到班级和课程对应教材，就可以开启个性化教与学之旅。

“重塑教学空间，回归教学本源！”“财济书院”平台不仅仅是出版社提供教学资源和服务的平台，更是出版社为作者和广大院校创设的一个自主选择和自主探究的教与学的空间，作者和广大院校师生既是这个空间的使用者和消费者，也是这个空间的创造者和建设者，在这里，出版社、作者、院校共建资源，共享回报，共创未来。

最后，感谢各位作者为支持项目建设所付出的辛劳和智慧，也欢迎广大院校在教学中积极使用富媒体智能型教材和“财济书院”平台，东北财经大学出版社愿意也必将陪伴广大职业教育工作者走向更加光明而美好的职教发展新阶段。

东北财经大学出版社

第六版前言

高等职业教育的理念是“以服务为宗旨，以就业为导向”，主要是面向生产和社会实践第一线，培养高素质应用型技术技能人才。因此，高等职业教育人才培养的关键是对学生职业能力的培养，使学生毕业后具备就业岗位所需的职业素养和操作技能。因此，本教材编写以学生为中心，依托职业岗位整体工作过程的需要，整合教学内容，通过工作过程系统化培养，使学生掌握融入实践的知识和技能。

本教材具有如下特点：

一、创新性

（1）内容融合新。习近平总书记在全国高校思想政治工作会议上指出：“其他各门课程都要守好一段渠、种好责任田，使各类课程与思想政治课程同向同行，形成协同效应。”本教材根据相关知识点、技能点萃取思政元素，增加“育德启智”栏目，形成了思政课程和专业知识的有机结合。同时，按照教育部贯彻落实党的二十大精神进教材、进课堂、进头脑的要求，通过增加相关内容的方式，将税收的专业知识与二十大精神融会贯通，充分体现税收“取之于民、用之于民”的特性，强化依法纳税、诚信纳税等。

近年来，我国税收制度不仅变化非常大，而且涉及面广。本教材根据截稿之日（2023年11月2日）的最新税收法律、法规编写而成，力求及时把最新的税收法律、法规融合进来，充分体现我国税收制度的最新动态和发展方向。

（2）体系结构新。教材的体系结构是教学和教材改革的一个核心问题。本教材以纳税人为主线，介绍了企业纳税实务和个人纳税实务。企业纳税实务以企业各生产经营环节应纳税种为主线介绍税收制度，个人纳税实务以纳税申报方式的不同及所得来源的差异为主线介绍个人涉税的税收制度。本教材的体系结构在提高学生学习兴趣、调动学生学习专业知识的积极性、增强学生的感性认识等方面做了有益尝试。

（3）编写体例新。本教材在体例上突破了原有税收教材单纯叙述知识的老框架，在每章介绍具体内容前增加了“实务导入”“能力目标”“知识目标”“素养目标”，便于学生带着目标学习，以增强学习效果。为了便于服务“以学生为主体，教师适当引导”的教学模式，本教材还增加了“工作任务”和“工作程序”，在教材创新及教学模式的改革方面做了有益探索。

二、实用性

（1）以易教、易学为教材编写宗旨。在教材的内容结构上，在企业纳税实务部分，是以企业各生产经营环节应纳税种为主线介绍税收制度的，把学生难以掌握的增值税、企业所得税及消费税等税种编排在企业纳税实务的后半部分，而对车辆购置税、车船税及契税等简单易学的税种先行介绍；在个人纳税实务部分，把分散的知识点以纳税人为主线串在了一起。整体内容由浅入深，循序渐进，便于学生了解税收课程的学习方法，有利于知识的记忆、理解和运用。

（2）以理论知识够用、注重实训为教材编写原则。为增强实用性，本教材的编写注重理论上以“必需、够用”为度，尽可能对理论知识进行压缩、精简，并注重内在逻辑关系；同时，为了提高学生的实践能力，增加了大量的税收习题及学生实际操作等环节，使学生能够结合现实学会处理涉税事务，提高学生分析问题、解决问题的能力。

本教材由北京农业职业学院郝巧亮担任主编，北京经济管理职业学院王玉娟担任副主编。全书共三个模块，其中，王玉娟编写模块一及模块二的项目一，郝巧亮编写模块二的项目二、模块三及附录。全书由郝巧亮拟定总体框架和结构并总纂定稿。

本教材能够顺利出版应当感谢东北财经大学出版社的各位编辑，特别是张晓鹏编辑，感谢他们的理解、支持和辛勤劳动。在编写过程中，编者参考了许多专家、学者的研究成果，在此谨向所有参考文献的作者表示感谢。

由于时间及水平有限，书中难免有不足和疏漏之处，恳请广大读者和学界专家批评指正。

编　者

2023年11月

目 录

模块一

纳税实务概述

【实务导入】李浩出资500 000元设立一家公司，于2022年1月10日领取营业执照，并聘请具有5年财务工作经验的会计专业毕业生赵刚协助办理公司的相关涉税事务。

思考：对于这个新成立的公司，赵刚在具体实务操作中需要面对哪些与税务相关的工作？具体工作程序如何？

【能力目标】能根据不同类型企业的基本信息，制订纳税人办理企业相关涉税事项的基本工作计划。

【知识目标】了解税收的基础概念，掌握税收制度的要素，理解价内税与价外税、从价税与从量税、直接税与间接税等概念的基本含义；了解纳税基本工作程序及各项工作的具体要求。

【素养目标】增强学生的制度自信，提升其法治素养。

【工作任务】帮助赵刚搜集企业基本信息（企业名称、企业性质、企业法定代表人、企业地址、企业开户银行及账号、企业经营范围），模拟纳税主体，根据纳税人纳税实务操作的基本工作内容，初步制订纳税人办理企业相关涉税事项的基本工作计划。

【工作程序】

程序一　了解税收的基础知识及纳税人纳税实务操作的工作内容。

程序二　学生分组搜集不同类型企业的基本信息。

程序三　各组根据搜集的不同类型企业的基本信息，模拟纳税主体，各组成员在充分讨论的基础上制订纳税人办理企业相关涉税事项的基本工作计划。

●项目一　税收基础知识概述

一、税收的概念及特征

（一）税收的概念

税收是政府为满足社会公共需要，凭借政治权力，按照法律规定的标准，强制、无偿地参与国民收入分配的一种形式，其基本职能是满足国家的基本财政需要和对经济运行实施有效的调控。税收的基本含义可以从以下几个方面理解：

1.税收的征收目的是满足社会公共需要

政府之所以对各个经济组织、单位和个人征税，目的是实现其职能，满足社会公共需要。社会公共需要一般包括四个方面：

（1）保护国家主权和领土完整的需要，如国防、外交等的需要。

（2）维持社会安定秩序的需要，如警察、法庭、行政管理等的需要。

（3）维护和扩大社会再生产活动的需要，如兴建农田水利、交通、通信等基础设施的需要。

（4）保障和提高人类自身发展的需要，如举办文化、教育、卫生、社会保障等各项公共事业的需要。

公共需要与私人需要相比，其价值难以通过市场交换得到补偿，因此，由私人来满足社会公共需要是不可能的，只能由国家通过税收无偿占有社会产品来实现。

2.税收是政府取得财政收入的一种基本形式，也是政府干预和调控经济的重要杠杆

（1）税收是政府取得财政收入的一种基本形式。税收作为国家取得财政收入的重要工具，可以把分散在各个纳税人手中的一部分国民收入集中到国家财政中来，以满足国家行使职能的需要。组织财政收入是税收的基本职能，我国财政收入的95%左右是通过税收取得的。

（2）税收是政府干预和调控经济的重要杠杆。市场机制在资源合理配置、收入公平分配和经济稳定增长等方面还存在种种缺陷，因此，客观上需要政府借助税收这一重要经济杠杆来弥补市场经济的缺陷。例如，运用税收来调节经济组织和居民个人之间收入和财富分配的不均，以实现公平分配的社会目标；运用税收来调节社会总供给和总需求，以促进经济稳定增长。

正如习近平总书记在党的二十大报告中特别指出的："完善个人所得税制度，规范收入分配秩序，规范财富积累机制，保护合法收入，调节过高收入，取缔非法收入。"这些重要指示对实现公平分配的社会目标具有指导性意义。

（二）税收的特征

政府筹集财政收入的方式除税收外，还包括发行国债、国有企业上缴利润和收取各种规费等。税收与这些方式相比，具有如下特征：

1.强制性

税收的强制性是指国家凭借政治权力，通过颁布法律、法规征税。税收是强制性征收，纳税人必须依法纳税，否则就要受到法律的制裁。税收的强制性使得税收成为国家财政收入最可靠、最稳定、最持久的收入形式。

2.无偿性

税收的无偿性是指国家取得税收收入不需要直接向纳税人付出任何代价，即通过征税，纳税人缴纳的货币即为国家所有，不再归还给纳税人。这是与国债收入、规费收入明显不同之处。国债收入是国家作为债务人，国家与债券持有者具有直接偿还关系；规费收入则是国家机关向有关当事人提供某种服务而收取的一种报酬，它们都不具有无偿性。

3.固定性

税收的固定性是指税费是按国家法律、法规规定的标准征收的，纳税人、征税对象、税目、税率、纳税期限等都是税收法律、法规预先规定的，有一个比较稳定的适用期，是一种固定的连续性收入，只要发生税法规定的应税行为，就要按标准征税。要注意的是不能把税收的固定性理解为固定不变，应理解为相对稳定。

二、税收制度的基本要素

税收制度是国家规定的各种税收法令、条例和征收管理办法的总称。税收制度要解决的问题主要是对什么征税、对谁征税、征多少税、如何征税、纳税人违反税法规定应如何处罚等。这些基本问题构成了税收制度的基本要素，即纳税人，征税对象，税率，纳税环节，纳税期限，减税、免税及违章处理等。

（一）纳税人

纳税人也叫纳税义务人，是指税法规定的直接负有纳税义务的单位和个人，包括法人和自然人。实际纳税过程中与纳税人相关的概念有以下几个：

1.负税人

纳税人是直接向税务机关缴纳税款的单位和个人，负税人是实际负担税款的单位和个人。纳税人如果能够通过一定途径把税款转嫁或转移出去，纳税人就不再是负税人；否则，纳税人同时也是负税人。有的税种纳税人就是负税人，如企业所得税、个人所得税等，有的税种纳税人与负税人是不一致的，如增值税、消费税等流转税。

2.代扣代缴义务人

代扣代缴义务人是指有义务从持有的纳税人收入中扣除纳税人的应纳税款并代为缴纳的单位和个人。对税法规定的代扣代缴义务人，税务机关应向其颁发代扣代缴证书，明确其代扣代缴义务。代扣代缴义务人必须严格履行扣缴义务。对不履行扣缴义务的，税务机关应视情节轻重予以适当处理，并责令其补缴税款。

（二）征税对象

征税对象又称课税对象，是指税法中规定的征税的目的物，是国家据以征税的依据。它是区分不同税种的主要标志。

实际纳税过程中与征税对象相关的概念有：

1.税源

税源是指税收收入的来源，即各种税收收入的最终出处。税源归根结底是物质生产部门劳动者创造的国民收入。当然，每种税都有其经济来源，即国民收入分配中形成的企业或个人的各种收入。例如，企业所得税的税源是企业的经济利润，个人所得税的税源是个人取得的各种收入。税源与征税对象有时是一致的，如所得税，其征税对象与税源都是纳税人的所得。但是，很多税种的征税对象并不是或不完全是国民收入分配中形成的各种收入，如消费税、房产税等。可见，只是在少数情况下，税源和征税对象才是一致的。对于大多数税种来说两者并不一致，税源并不等于征税对象。征税对象是据以征税的依据，税源则表明纳税人的负担能力。

2.税目

税目是征税对象的具体化，反映了具体的征税范围，代表征税的广度。规定税目首先是为了明确具体的征税范围。列入税目的就是应税项目，没有列入税目的就不是应税项目，这样征税的界限就十分明确了。另外，通过规定各种税目，可以对各种不同的项目制定高低不同的税率，以体现国家的政策。

不是所有的税种都规定税目，有些税种的征税对象简单、明确，没有另行规定税目的必要，如房产税、城镇土地使用税等。但是，从大多数税种来看，一般征税对象都比较复杂，且税种内部不同征税对象之间又需要区分不同的税率档次进行调节，这样就需要对征税对象做进一步的划分，做出具体的界限规定，这个规定的界限范围就是税目。

3.计税依据

计税依据又称税基，是指计算应纳税额的依据或标准。正确掌握计税依据，是税务机关贯彻执行税收政策、法令，保证国家财政收入的重要前提，也是纳税人正确履行纳税义务、合理负担税收的重要标志。

（1）计税依据的表现形态。其一般有两种表现形态：

①价值形态。计税依据表现为价值形态，就是以征税对象的价值作为计税依据，在这种情况下，征税对象与计税依据一般是一致的，如企业所得税、个人所得税的征税对象是所得额，计税依据也是所得额。

②实物形态。计税依据表现为实物形态，就是以征税对象的数量、重量、容积、面积等作为计税依据，在这种情况下，征税对象与计税依据是不一致的，如我国的车船税，它的征税对象是各种车辆、船舶，而计税依据则是车船的吨位或数量。

（2）征税对象与计税依据之间的关系。

①征税对象是指征税的目的物，而计税依据是在目的物已经确定的情况下，对目的物计算税款的依据和标准；

②征税对象是从质的方面对征税所做的规定，而计税依据则是从量的方面对征税所做的规定，是征税对象量的表现。

（三）税率

税率是指对征税对象的征收比例或征收额度。税率是计算税额的尺度，反映征税的深度，税率的高低直接关系到国家财政收入的多少和纳税人税负水平的高低。因此，税率是国家税收政策的具体体现，是税收制度的中心环节。我国现行税率主要有以下三种形式：

1.比例税率

比例税率是指对同一征税对象，不论数额大小只规定一个比例，都按统一比例征税。我国的增值税、城市维护建设税、企业所得税等采用的是比例税率。

2.定额税率

这种税率是根据征税对象计量单位直接规定固定的征税数额。征税对象的计量单位一般是数量、重量、容积、面积等自然单位，如消费税中的黄酒以“吨”为单位，耕地占用税以“平方米”为单位。按定额税率征税，税额的多少只同征税对象的数量有关，同价格无关。当价格普遍上涨或下跌时，仍按固定税额计税。目前采用定额税率的有耕地占用税、城镇土地使用税、车船税等。

3.累进税率

累进税率是指对于同一征税对象，随征税对象数额的增大，征收比例也随之提高的税率，表现为将征税对象按数额大小分为若干等级，不同等级适用由低到高的不同税率，征税对象数额越大，税率越高。累进税率对于调节纳税人收入有着特殊的作用，所以各种所得税一般都采用累进税率。累进税率的具体形式有以下几种：

（1）全额累进税率。它是以征税对象的全部数额为基础计算应纳税额的一种累进税率。它有两个特点：一是对具体纳税人来说，在应税所得额确定以后，相当于按照比例税率计征，计算方法简单。二是税收负担不合理，特别是在各级征税对象数额的分界处负担相差悬殊，甚至会出现增加的税额超过增加的征税对象数额的现象，不利于鼓励纳税人增加收入。

（2）超额累进税率。它是把征税对象划分为若干等级，对每个等级分别规定相应税率，分别计税，各级税款之和为应纳税额。目前，个人所得税采用超额累进税率。超额累进税率的特点是：

①计算方法比较复杂，征税对象数量越大，划分等级越多，计算步骤也越多。

②累进幅度比较缓和，税收负担较为合理，特别是在征税对象级次分界点上下，只就超过部分按高一级税率计算，一般不会发生增加的税额超过增加的征税对象数额的不合理现象，有利于鼓励纳税人增产增收。

超额累进税率是各国普遍采用的一种税率。为解决超额累进税率计算税款比较复杂的问题，在实际工作中引进了“速算扣除数”这个概念，这样可以直接计算应纳税额，不必再分级分段计算。采用速算扣除数计算应纳税额的公式是：

应纳税额=应纳税所得额×适用税率-速算扣除数

（3）全率累进税率。它是指按征税对象的相对额划分若干级距，每个级距规定的税率随征税对象相对额的增大而提高，纳税人的全部征税对象都按与课税对象相对额所对应的税率计算纳税的税率制度。全率累进税率在我国尚未使用过。

（4）超率累进税率。它是指以征税对象数额的相对率划分若干级距，分别规定相应的差别税率，相对率每超过一个级距的，对超过的部分就按高一级的税率计算征税。现行税制中的土地增值税即采用超率累进税率计税。

我国目前采用的是超额累进税率和超率累进税率。

（四）纳税环节

纳税环节主要是指税法规定的征税对象从生产到消费的流转过程中应当缴纳税款的环节。

为了便于税收征收管理，一般将纳税环节分为一次课征制、多次课征制和道道课征制。

1.一次课征制

一次课征制是指同一税种在商品流转的全过程中只选择某一环节课征的制度，是纳税环节的一种具体形式。实行一次课征制，纳税环节多选择在商品流转的必经环节和税源比较集中的环节，既避免重复征税，又避免税款流失。

2.多次课征制

多次课征制是指同一税种在商品流转的全过程中选择两个或两个以上环节课征的制度。

3.道道课征制

道道课征制是指同一税种在商品流转的各个环节都征税的制度。

（五）纳税期限

纳税期限是指纳税人按照税法规定缴纳税款的法定期限。我国现行税制的纳税期限有三种形式：

1.按期纳税

按期纳税包括两方面的含义：一是确定计算应纳税款的期限，即计税期。计税期一般由税务机关根据应纳税款的多少逐户核定，一般以1天、3天、5天、10天、15天、1个月或者1个季度等为一期。二是确定缴纳税款的期限，即入库期。纳税人以1个月或者1个季度为一期纳税的，自期满之日起15日内申报纳税；以1日、3日、5日、10日或者15日为一期纳税的，自期满之日起5日内预缴税款，于次月1日起15日内申报纳税并结清上月税款。

2.按次纳税

按次纳税是根据纳税行为的发生次数确定纳税期限。例如，耕地占用税以及对临时经营者，均采取按次纳税的办法。

3.按年计征、分期预缴

按年计征、分期预缴是按规定的期限预缴税款，年度结束后汇算清缴，多退少补。这是为了使按年度计算税款的税种能够及时、均衡地取得财政收入而采取的一种纳税期限。分期预缴一般是按月或按季预缴，如企业所得税。

（六）减税、免税

减税、免税是指国家给予某些特定的纳税人或征税对象的一种税收优惠或照顾措施。其中，减税是对应纳税额少征一部分税款，免税是对应纳税额的全部免征。与减免税有直接关系的还有起征点和免征额两个概念。

1.起征点

起征点是税法规定的开始征税的起点数额。征税对象数额没达到起征点的不征税，达到或超过起征点的对全部数额征税。

2.免征额

免征额是指在全部征税对象数额中免予征税的数额。它是按照一定标准从征税对象全部数额中预先扣除的数额，免征额部分不征税，只对超过免征额的部分征税。

【育德启智1-1】

“减、退、缓”税组合拳

“减税降费+缓税缓费”成为2021年涉税政策新特点。

数据显示，2021年，我国新增减税降费约1.1万亿元。围绕提振工业经济运行、促进能源电力保供，制造业中小微企业预计办理缓税（费）2 000亿元，煤电和供热企业预计办理“减、退、缓”税270亿元。围绕激发科技创新发展活力，受益于两度“升级”的研发费用加计扣除政策，企业提前享受减免税额3 333亿元。

透过数据可以看出，减税、退税、缓税政策突出支持了制造业创新升级以及量大面广、吸纳就业多的中小微企业和个体工商户，不仅帮助制造业转型升级、中小微市场主体减负，更有助于稳增长、保就业，为我国经济稳步复苏、持续向好注入更强动力。

成效如何？是否达到了激发市场活力的预期？“新办涉税市场主体”数量是一个观察视角。2021年，预计新办涉税市场主体约1 300万户，同比增长13.6%，为2012年的2.4倍。

中国特色社会主义制度具有的制度优势在此次对宏观经济进行精准调控方面得到了完美体现。党中央在对国家经济形势做出精准判断后，及时采用减税、退税、缓税政策，以组合拳的形式发挥宏观经济政策的跨周期调节作用，为我国经济稳步复苏、持续向好注入动力。各位同学应当树立制度自信，相信社会主义制度能够推动经济发展、维护社会稳定。

（七）违章处理

违章处理是对纳税人违反税收法规行为所采取的处罚措施。违章处理具体体现了税收的强制性，即纳税人必须依法纳税，否则要受到法律的制裁。

税收违章行为是指欠税、漏税、偷税、抗税，以及违反其他有关税收征收管理规定的行为。对纳税人的税收违章行为，可以根据情节轻重不同，分别采用不同的处理方式，如批评教育、强行扣款、加收滞纳金、罚款、采取税收保全措施、追究刑事责任等。

需要特别说明的是，从2009年2月28日起，“偷税”在我国不再作为一个刑法概念存在。第十一届全国人大常委会第七次会议通过了《中华人民共和国刑法修正案（七）》，修订后的《中华人民共和国刑法》（以下简称《刑法》）对第二百零一条关于不履行纳税义务的定罪量刑标准和法律规定中的相关表述方式进行了修改，用“逃避缴纳税款”取代了“偷税”。但目前我国的税收征收管理法中还没有做出相应的修改。

【育德启智1-2】

“五步工作法”税收监管显温度有力度

近年来，我国税收法律制度体系不断健全，税收执法行为逐步规范，税收管理方式日趋科学，法治从治税手段发展成为税收治理的基本方式。2021年，个别明星和网络主播因偷逃税款被税务机关处罚。税务部门及时总结对有涉税问题的高收入人群实施监管的有效做法，形成了先提示提醒，再督促辅导，后予以警告，对警告后仍拒不配合整改的依法进行立案稽查，对立案案件选择部分情节严重、影响恶劣的在查处后公开曝光的“五步工作法”，反映了税务部门宽严相济，坚持执法力度和温度相统一的执法理念。

提醒、督促、警告、稽查、曝光的“五步工作法”体现出严格执法的“刚性”和人文关怀的“柔性”，实现了税收执法和税收服务的结合。让监管有温度、有力度，有助于营造更公平且有秩序的竞争环境。这也是落实税收法定原则、健全税收法律体系、推进依法治国的重要体现。

三、税种的分类

通过税种的分类可以全面、正确地认识税收的性质、特点和作用，并能不断完善税收征纳关系。税收有以下几种分类方式：

（一）按征税对象分类

按征税对象分类是最基本的税种分类方式。我国现行税种按征税对象不同一般分为五类：

1.流转税类

流转税类是指对销售商品或提供劳务的流转额征收的一种税。流转税一直是我国的主体税种。我国目前开征的流转税主要有增值税、消费税、关税等。

2.所得税类

所得税类是指以纳税人的所得额为征收对象的一种税。所得税主要包括企业所得税和个人所得税。其特点是可以直接调节纳税人收入，发挥其公平税负、调整分配关系的作用。

3.资源税类

资源税类主要是为保护和合理使用国家自然资源而课征的税。我国现行的资源税、城镇土地使用税、土地增值税和耕地占用税等税种均属于资源税的范畴。

4.财产税类

财产税类是以财产为征税对象的税种。我国对财产征税的税种目前主要有房产税、契税和车船税。

5.行为税类

行为税类是以纳税人的某些特定行为为征税对象征收的一种税。我国目前征收的行为税主要是印花税。

（二）按计税依据分类

1.从价税

从价税是以征税对象的价格为计税依据征收的一种税。我国现行的增值税和企业所得税都是从价税。

2.从量税

从量税是以征税对象的数量（重量、容积、体积、面积、件数）等作为计税依据征收的一种税。我国现行的城镇土地使用税、车船税及耕地占用税等都是从量税。

（三）按税收与价格的关系分类

1.价内税

凡在征税对象的价格之中包含有税款的税称为价内税，如消费税。

2.价外税

凡税款独立于征税对象价格之外的税称为价外税。我国税制中的增值税和关税为价外税。

（四）按税收负担能否转嫁分类

1.直接税

直接税一般是指纳税人直接为负税人，税负不能发生转嫁的税种。各种所得税和财产税都属于直接税。

2.间接税

间接税指的是纳税人并非实际的负税人，纳税人可以通过提高商品价格等手段将税款转嫁给他人负担的税种。我国的增值税、消费税都属于间接税。

●项目二　纳税基本程序概述

根据税法的规定，纳税人履行纳税义务时，要根据国家税务机关征收管理工作的需要，遵循一定的纳税程序。纳税基本程序具体可分为税务登记，账簿、凭证的管理，纳税申报，税款征收和税务检查等几个环节。

一、税务登记

税务登记是指经营应税业务的单位和个人在开业、停业以及经营期间发生改组、合并等变动时，必须向所在地税务机关办理书面登记的一项制度。

企业税务登记制度将在模块二企业纳税实务中做详细介绍，本节不再赘述。

二、账簿、凭证的管理

（一）账簿、凭证的概念

账簿是指全面、系统、连续记载纳税人经济活动事实，反映纳税人经济业务内容的簿籍，是保存会计资料的重要工具和编制会计报表的主要依据。它由具有一定格式而又相互联系的账页所组成。

凭证亦称会计凭证，是记载纳税人经济业务、明确经济责任的一种书面证明，是登记账簿的基础和进行会计核算的工具。凭证一般有原始凭证和记账凭证两种形式。

（二）账簿、凭证的设置和保管

1.设置账簿的范围

（1）从事生产、经营的纳税人应自其领取营业执照之日起15日内按照国务院财政、税务部门的规定设置账簿。

（2）扣缴义务人应当自税收法律、行政法规规定的扣缴义务发生之日起10日内，按照所代扣、代收的税种，分别设置代扣代缴、代收代缴税款账簿。

纳税人、扣缴义务人会计制度健全，能够通过计算机正确、完整计算其收入和所得或者代扣代缴、代收代缴税款情况的，其计算机办理的完整的书面会计记录，可视同会计账簿。

（3）生产经营规模小又确无建账能力的纳税人，可以聘请经批准从事会计代理记账业务的专业机构或者经税务机关认可的财会人员代为建账和办理账务，聘请上述机构或者人员有实际困难的，经县以上税务机关批准，可以按照税务机关的规定，建立收支凭证粘贴簿、进货销货登记簿或税控装置。

2.对纳税人财务、会计制度及处理办法的管理

（1）从事生产、经营的纳税人应当自领取税务登记证件之日起15日内，将其财务、会计制度或者财务、会计处理办法和会计核算软件报送税务机关备案。

（2）纳税人使用计算机记账的，应当在使用前将会计电算化系统的会计核算软件、使用说明书及有关资料报送主管税务机关备案。

3.账簿、凭证的保管

除法律、行政法规另有规定外，账簿、会计凭证的保管期限见表1-1。

（三）完税凭证管理

完税凭证是指税务机关统一制定的、税务人员向纳税人征收税款或纳税人向国家金库缴纳税款时所使用的一种专用凭证。它是纳税人已按法律规定履行了纳税义务的书面证明，也是税务机关检查纳税人是否按期足额缴纳税款的依据之一。对扣缴义务人来讲，其使用的扣税凭证，一方面是凭以扣缴税款的依据，另一方面是证明其已履行扣缴税款义务的书面证明。现行的完税凭证主要有以下几种：

（1）税收完税证。它是税务机关自收和委托代征、代扣税款时使用的凭证。它包括税收通用完税证、税收转账专用完税证和税收定额完税证。

（2）税收缴款书。它是纳税单位或个人直接向国库经收处缴纳税款时使用的票证。它包括税收通用缴款书、税收汇总专用缴款书和出口货物税收专用缴款书。

（3）印花税票。它是税务机关向纳税人征收印花税时所使用的、票面印有固定金额的一种现金收款凭证。印花税票分为100元、50元、10元、5元、2元、1元、5角、2角、1角9种面值。

表1-1 企业和其他组织会计档案保管期限表

序号	档案名称	保管期限	备注
一	会计凭证		
1	原始凭证	30年	
2	记账凭证	30年	
二	会计账簿		
3	总账	30年	
4	明细账	30年	
5	日记账	30年	
6	固定资产卡片		固定资产报废清理后保管5年
7	其他辅助性账簿	30年	
三	财务会计报告		
8	月度、季度、半年度财务会计报告	10年	
9	年度财务会计报告	永久	
四	其他会计资料		
10	银行存款余额调节表	10年	
11	银行对账单	10年	
12	纳税申报表	10年	
13	会计档案移交清册	30年	
14	会计档案保管清册	永久	
15	会计档案销毁清册	永久	
16	会计档案鉴定意见书	永久	

（4）专用扣税凭证。它是税法规定的扣缴义务人向纳税人扣收税款、费用时所使用的一种专用收款凭证。

思政视频1-1

回眸税收这十年：小窗口的大变化

（5）税票调换证。它是税务机关用以调换纳税单位或个人完税证收据联时使用的一种证明性完税凭证。税务机关使用税票调换证将完税证收据联换回，以用来与该完税证存根联和报查联核对审查，因此，税票调换证的作用与完税证收据联相同。

三、纳税申报

（一）纳税申报的概念

纳税申报是指纳税人按照税法规定的期限和内容向税务机关提交有关纳税事项书面报告的法律行为，是纳税人履行纳税义务、承担法律责任的主要依据，是税务机关税收管理信息的主要来源和税务管理的一项重要制度。

（二）纳税申报的对象

根据《中华人民共和国税收征收管理法》（以下简称《税收征管法》）的规定，我国纳税申报的对象主要为纳税人和扣缴义务人。

1.纳税人

在正常情况下，纳税人必须依照法律、行政法规的规定或者税务机关依照法律、行政法规的规定确定的申报期限向主管税务机关办理纳税申报手续，填报纳税申报表。

2.扣缴义务人

扣缴义务人必须依照法律、行政法规的规定或者税务机关依照法律、行政法规的规定确定的申报期限向主管税务机关办理代扣代缴、代收代缴申报手续，报送代扣代缴、代收代缴税款报告表。

3.享受减税、免税待遇的纳税人

纳税人享受减税、免税待遇的，在减税、免税期间应当按照规定办理纳税申报。

（三）纳税申报的内容

纳税申报的主要内容包括两个方面：一是纳税申报表或者代扣代缴、代收代缴税款报告表的填制；二是与纳税申报有关的资料或证件的报送。

1.填制纳税申报表或者代扣代缴、代收代缴税款报告表

纳税人、扣缴义务人填制纳税申报表或者代扣代缴、代收代缴税款报告表时，应将税种，税目，应纳税项目或者应代扣代缴、代收代缴税款项目，计税依据，扣除项目及标准，适用税率或者单位税额，应退税项目及税额，应减免税项目及税额，应纳税额或者应代扣代缴、代收代缴税额，税款所属期限，延期缴纳税款，欠税，滞纳金等内容逐项填写清楚。

2.报送纳税申报有关资料或证件

纳税人应根据不同情况相应报送下列有关资料和证件：

（1）财务报表及其说明材料。

（2）与纳税有关的合同、协议书。

（3）外出进行经营活动的税收管理证明。

（4）境内或境外公证机构出具的有关证明文件。

（5）税务机关规定应当报送的其他有关资料、证件等。

（四）纳税申报的方式

根据《税收征管法》的规定，纳税人、扣缴义务人可以在网上或直接到税务机关办理纳税申报或者报送代扣代缴、代收代缴税款报告表。目前，纳税申报方式主要有以下几种：

1.网上申报

网上申报是指纳税人在法定的期限内利用计算机通过互联网登录税务部门电子申报网站，录入或上传当月应申报数据，提交申报，审核无误后，由银行自动从纳税人税款账户划转应纳税款，完成纳税申报。

纳税人可携带税务登记证件到主管税务机关开通网上申报业务。已实现无纸化报税的地区，纳税人可申请开通CA认证（电子认证身份）。

2.直接申报

直接申报又称上门申报，是指纳税人、扣缴义务人自行到税务机关办理纳税申报。纳税人、扣缴义务人应当在纳税申报期限内到主管税务机关办理纳税申报、提交代扣代缴或代收代缴税款报告。这是一种传统的申报方式。

3.代理申报

纳税人和扣缴义务人可以委托注册税务师办理纳税申报。

（五）纳税申报期限

纳税申报期限是指法律、行政法规规定的，或是税务机关在依照法律、行政法规的规定的基础上，结合纳税人生产经营实际情况确定纳税人、扣缴义务人应纳税额，并向税务机关申报的期限。纳税申报期限分为按期申报纳税和按次申报纳税。

四、税款征收

（一）税款征收的概念

税款征收是指国家税务机关依照税收法律、法规将纳税人的应纳税款组织入库的执法过程的总称。从纳税人角度看，税款征收的过程同时也是税款缴纳的过程，它从一个侧面反映了纳税人依法缴纳税款的遵法与守法过程。税款征收是税款征收管理工作的中心环节。

（二）税款征收的方式

税款征收方式是指税务机关根据税收法律、法规和纳税人生产经营、财务管理状况，本着保证国家税收、便于税务人员征收的原则所采取的具体组织税款入库的方式。税款征收的方式具体表现为以下几种：

1.查账征收

查账征收是指税务机关对会计核算制度比较健全的纳税人，依据其报送的纳税申报表、财务报表和其他有关纳税资料，计算应纳税款，填写缴款书或完税凭证，由纳税人到银行划解税款的征收方式。这种方式一般适用于财务会计制度较为健全，能够认真履行纳税义务的纳税单位。

2.查定征收

查定征收是指税务机关对财务制度不健全，但能控制其材料耗用、产量或进销货物的纳税单位和个人，根据纳税户正常条件下的生产能力，对其生产的应税产品确定产量、销售额并据以核算税款的一种征收方式。这种方式适用于生产规模较小、会计核算不健全的作坊式小企业。

3.查验征收

查验征收是指税务机关对纳税人的应税商品、产品，通过查验数量，按市场一般销售单价计算其销售收入，并据以计算应纳税款的一种征收方式。这种方式适用于城乡集贸市场的临时经营以及场外（如火车站、机场、码头、公路交通要道等地）经销商品的课税，其灵活性较大。

4.定期定额征收

定期定额征收是指对某些营业额、利润额不能准确计算的小型个体工商户，采取自报评议，由税务机关定期确定营业额和所得额附征率，多税种合并征收的一种征收方式。这种方式适用于一些无完整考核依据的纳税人。

5.其他征收方式

其他征收方式有代扣代缴、代收代缴、委托代征、邮寄申报、自行申报等。

（三）税款征收的其他规定

1.税款的延期缴纳制度

纳税人、扣缴义务人应按照法律、行政法规的规定或者税务机关依照法律、行政法规的规定确定的期限，缴纳或者解缴税款。

纳税人因有特殊困难，不能按期缴纳税款的，经省、自治区、直辖市税务局批准，可以延期缴纳税款，但是最长不得超过3个月。其中，特殊困难是指：

（1）因不可抗力，导致纳税人发生较大损失，正常生产经营活动受到较大影响的。

（2）当期货币资金在扣除应付职工工资、社会保险费后，不足以缴纳税款的。

纳税人需要延期缴纳税款的，应当在缴纳税款期限届满前提出申请，并报送申请延期缴纳税款报告、当期货币资金余额情况及所有银行存款账户的对账单、资产负债表、应付职工工资和社会保险费等税务机关要求提供的支出预算等材料。

税务机关应当自收到申请延期缴纳税款报告之日起20日内做出批准或者不予批准的决定；不予批准的，从缴纳税款期限届满之日起加收滞纳金。

2.滞纳金征收制度

纳税人未按照规定期限缴纳税款的、扣缴义务人未按照规定期限解缴税款的，税务机关除责令限期缴纳外，从滞纳税款之日起，按日加收滞纳税款0.5‰的滞纳金。其计算公式为：

应加收滞纳金数额=滞纳税款×滞纳天数×加收率

需要特别说明的是：滞纳税款是指超过纳税期限的最后一天应缴未缴的税款；滞纳天数是指纳税期限届满之次日起到缴纳税款当天的天数；加收率为0.5‰。

【例1-1】2022年7月15日，北京市天马娱乐公司到税务机关申报缴纳6月份增值税税款10万元。该公司应缴纳多少滞纳金?

增值税的纳税申报期是每个月的1日到10日，该公司7月15日申报6月份增值税税款10万元，实际逾期5天，按照滞纳金征收的规定，应依法征收滞纳金250元（100 000×5×0.5‰）。

3.减免税征收制度

纳税人可以依照法律、行政法规的规定书面申请减税、免税。减税、免税的申请须经法律、行政法规规定的减税、免税审查批准机关审批。地方各级人民政府、各级人民政府主管的部门、单位和个人违反法律、行政法规的规定，擅自做出的减税、免税决定无效，税务机关不得执行，并应向上级税务机关报告。

法律、行政法规规定或者经法定的审批机关批准减税、免税的纳税人，应当持有关文件到主管税务机关办理减税、免税手续。减税、免税期满，应当自期满次日起恢复纳税。享受减税、免税优惠的纳税人，减税、免税条件发生变化的，应当自发生变化之日起15日内向税务机关报告；不再符合减税、免税条件的，应当依法履行纳税义务；未依法纳税的，税务机关应当予以追缴。

4.税款核定制度

纳税人有下列情形之一的，税务机关有权核定其应纳税额：

（1）依照法律、行政法规的规定可以不设置账簿的。

（2）依照法律、行政法规的规定应当设置但未设置账簿的。

（3）擅自销毁账簿或者拒不提供纳税资料的。

（4）虽设置账簿，但账目混乱或者成本资料、收入凭证、费用凭证残缺不全，难以查账的。

（5）发生纳税义务，未按照规定的期限办理纳税申报，经税务机关责令限期申报，逾期仍不申报的。

（6）纳税人申报的计税依据明显偏低，又无正当理由的。

税务机关核定应纳税额的具体程序和方法由国务院税务主管部门规定。

5.关联企业的税收调整制度

关联企业是指有下列关系之一的公司、企业和其他经济组织：

（1）在资金、经营、购销等方面，存在直接或者间接的拥有或者控制关系。

（2）直接或者间接地同为第三者所拥有或者控制。

（3）在利益上具有相关联的其他关系。

独立企业之间的业务往来是指没有关联关系的企业之间按照公平成交价格和营业常规所进行的业务往来。

企业或者外国企业在中国境内设立的从事生产、经营的机构、场所与其关联企业之间的业务往来，应当按照独立企业之间的业务往来收取或者支付价款、费用；不按照独立企业之间的业务往来收取或者支付价款、费用，而减少其应纳税的收入或者所得额的，税务机关有权进行合理调整。

纳税人可以向主管税务机关提出与其关联企业之间业务往来的定价原则和计算方法，主管税务机关审核、批准后，与纳税人预先约定有关定价事项，监督纳税人执行。

纳税人与其关联企业未按照独立企业之间的业务往来支付价款、费用的，税务机关自该业务往来发生的纳税年度起3年内进行调整，有特殊情况的，可以自该业务往来发生的纳税年度起10年内进行调整。

6.税收保全措施

税务机关有根据认为从事生产、经营的纳税人有逃避纳税义务行为的，可以在规定的纳税期之前，责令限期缴纳应纳税款；在限期内发现纳税人有明显的转移、隐匿其应纳税的商品、货物以及其他财产或者应纳税的收入的迹象的，税务机关可以责成纳税人提供纳税担保。

如果纳税人不能提供纳税担保，经县以上税务局（分局）局长批准，税务机关可以采取下列税收保全措施：

（1）书面通知纳税人开户银行或者其他金融机构冻结纳税人的金额相当于应纳税款的存款。

（2）扣押、查封纳税人的价值相当于应纳税款的商品、货物或者其他财产。

纳税人在规定的限期内缴纳税款的，税务机关必须立即解除税收保全措施；限期期满仍未缴纳税款的，经县以上税务局（分局）局长批准，税务机关可以书面通知纳税人开户银行或者其他金融机构从其冻结的存款中扣缴税款，或者依法拍卖或变卖所扣押、查封的商品、货物或者其他财产，以拍卖或者变卖所得抵缴税款。个人及其所扶养家属维持生活必需的住房和用品，不在税收保全措施的范围之内。

7.强制执行措施

从事生产、经营的纳税人、扣缴义务人未按照规定的期限缴纳或者解缴税款，纳税担保人未按照规定的期限缴纳所担保的税款，由税务机关责令限期缴纳，逾期仍未缴纳的，经县以上税务局（分局）局长批准，税务机关可以采取下列强制执行措施：

（1）书面通知其开户银行或者其他金融机构从其存款中扣缴税款。

（2）扣押、查封、依法拍卖或者变卖其价值相当于应纳税款的商品、货物或者其他财产，以拍卖或者变卖所得抵缴税款。

税务机关采取强制执行措施时，对纳税人、扣缴义务人、纳税担保人未缴纳的滞纳金同时强制执行。个人及其所扶养家属维持生活必需的住房和用品，不在强制执行措施的范围之内。

8.税款的退还制度

（1）纳税人超过应纳税额缴纳的税款，税务机关发现后应当立即退还。

（2）纳税人自结算缴纳税款之日起3年内发现的，可以向税务机关要求退还多缴的税款并加算银行同期存款利息，税务机关及时查实后应当立即退还。

（3）涉及从国库中退库的，依照法律、行政法规有关国库管理的规定退还。

9.税款的追征制度

（1）因税务机关的责任，致使纳税人、扣缴义务人未缴或者少缴税款的，税务机关在3年内可以要求纳税人、扣缴义务人补缴税款，但是不得加收滞纳金。

（2）因纳税人、扣缴义务人计算错误等失误，未缴或者少缴税款的，税务机关在3年内可以追征税款、滞纳金；有特殊情况的，追征期可以延长到5年。

（3）对偷税、抗税、骗税的，税务机关追征其未缴或者少缴的税款、滞纳金或者所骗取的税款，不受规定期限的限制。

五、税务检查

（一）税务检查的概念

税务检查的依据是国家税收法律、法规以及会计制度的规定，其目的是监督纳税人依法履行纳税义务，促使税务机关完善税收征收管理办法。

在税务检查中，税务机关是税务检查的主体，代表国家行使政治权力，对纳税人所从事的各种经济活动和应税行为进行监督和检查；纳税人是税务检查的客体，依法接受税务机关的检查和监督，如实反映有关情况，并提供有关资料。

（二）税务检查的范围

（1）检查纳税人的账簿、记账凭证、报表和有关资料，检查扣缴义务人代扣代缴、代收代缴税款账簿、记账凭证和有关资料。

（2）到纳税人的生产、经营场所和货物存放地检查纳税人应纳税的商品、货物或者其他财产，检查扣缴义务人与代扣代缴、代收代缴税款有关的经营情况。

（3）责成纳税人、扣缴义务人提供与纳税或者代扣代缴、代收代缴税款有关的文件、证明材料和有关资料。

（4）询问纳税人、扣缴义务人与纳税或者代扣代缴、代收代缴税款有关的问题和情况。

（5）到车站、码头、机场、邮政企业及其分支机构检查纳税人托运、邮寄应纳税商品、货物或者其他财产的有关单据、凭证和资料。

（6）经县以上税务局（分局）局长批准，凭全国统一格式的检查存款账户许可证明，查询从事生产、经营的纳税人、扣缴义务人在银行或者其他金融机构的存款账户。税务机关在调查税收违法案件时，经设区的市、自治州以上税务局（分局）局长批准，可以查询案件涉嫌人员的储蓄存款。

税务机关查询所获得的资料不得用于税收以外的用途。

税务机关对从事生产、经营的纳税人以前纳税期的纳税情况依法进行税务检查时，如发现纳税人有逃避纳税义务行为，并有明显的转移、隐匿其应纳税的商品、货物以及其他财产或者应纳税的收入的迹象的，可以采取税收保全措施或者强制执行措施。

练习题

随堂测1

一、单项选择题

1.下列各项中，不属于税收三特征的是（　　）。

A.强制性　　B.固定性

C.无偿性　　D.稳定性

2.税收制度的三要素是（　　）。

A.纳税人、课税对象、税率　　B.纳税人、税目、税率

C.纳税人、课税对象、计税依据　　D.纳税人、减免税、计税依据

3.下列各项中，表述正确的是（　　）。

A.税目是区分不同税种的主要标志

B.税率是衡量税负轻重的重要标志

C.纳税人就是负担税款的单位和个人

D.征税对象就是税收法律关系中征纳双方的权利义务关系

4.解决征税计算问题的是（　　）。

A.征税对象　　B.税目　　C.计税依据　　D.税源

二、多项选择题

1.税收的基本特征有（　　）。

A.固定性　　B.强制性　　C.社会性　　D.无偿性

2.我国现行税率形式有（　　）。

A.比例税率　　B.定额税率　　C.全额累进税率　　D.超率累进税率

3.确立税收管辖权所遵循的两个原则是（　　）。

A.属人原则　　B.属地原则　　C.效率原则　　D.公平原则

4.关于税收制度的构成要素，下列说法中，不正确的有（　　）。

A.纳税人是税法规定的直接负有纳税义务的单位和个人，是实际负担税款的单位和个人

B.征税对象是税法中规定的征税的目的物，是国家征税的依据；计税依据是税法中规定的据以计算应纳税款的依据或标准

C.纳税人在计算应纳税款时，应以税法规定的税率为依据，因此，税法规定的税率反

映了纳税人的税收实际负担率

D.税目是课税对象的具体化，反映具体征税范围，代表征税的广度

三、实践训练题

如果你是北京市欣欣房地产开发有限责任公司的会计主管，请你根据纳税人纳税实务操作的基本内容制订公司办理相关涉税事项的基本工作计划。

要求：(1) 分组讨论制订北京市欣欣房地产开发有限责任公司办理相关涉税事项的基本工作计划。

(2) 各组成员以幻灯片的形式讲解制订计划的思路及主要内容。

模块二

企业纳税实务

【实务导入】李浩出资设立的公司，经过筹备于2022年3月开始正常运转。

思考：该公司根据其经营范围在运转过程中需要缴纳哪些税种？如何缴纳相关税种？

【能力目标】能正确判断企业应纳各税种的征税范围；能准确计算企业应纳各税种的应纳税额；能进行企业应纳各税种的纳税申报。

【知识目标】掌握企业应当缴纳的各税种的基本征收制度、计税方式及纳税申报方式。

【素养目标】教育学生增强制度自信和厚植爱国主义情怀；培养学生的法治意识、大局意识、创新意识；启发学生保护生态、关爱环境；倡导学生养成严谨认真的工作态度；引导学生合理消费，树立正确的消费观。

【工作任务】学生分组，根据所搜集的不同类型企业基本信息及公司正常运转至少2个月的经济业务资料，模拟纳税主体完成企业税务登记及应纳税种的纳税申报工作。

【工作程序】

程序一　了解税务报到的相关注意事项。

程序二　了解企业应纳各税种的基本征收制度、计税方式及纳税申报方式。

程序三　根据所搜集的不同类型企业正常运转至少2个月的经济业务资料，模拟企业纳税主体完成应纳税种的核算工作。

程序四　模拟企业纳税主体完成不同类型企业的纳税申报工作。

●项目一　企业办理税务登记实务

2015年10月1日起，我国开始实施“三证合一”登记制度。“三证合一”登记制度是指企业分别由工商行政管理部门[①]核发工商营业执照、质量技术监督部门核发组织机构代码证、税务部门核发税务登记证，改为一次申请，由工商行政管理部门核发一个加载法人和其他组织统一社会信用代码的营业执照的登记制度。自2016年10月1日起，我国开始推行“五证合一”登记制度，在“三证合一”的基础上，整合社会保险登记证和统计登记证，即由工商行政管理部门核发加载法人和其他组织统一社会信用代码的营业执照，实现工商营业执照、组织机构代码证、税务登记证、社会保险登记证和统计登记证“五证合一、一照一码”。“五证合一”后新设立的企业或是变更迁入的企业取得企业法人营业执照

① 2018年3月，不再保留国家工商行政管理总局，组建国家市场监督管理总局。

后需要按报到单上规定的时间到税务局进行税务报到。需要说明的是，“五证合一”的推行并非将税务登记取消，税务登记的法律地位仍然存在，只是政府简政放权，将此环节改为由工商行政管理部门一口受理，核发一个加载法人和其他组织统一社会信用代码的营业执照，这个营业执照在税务机关完成信息补录后具备税务登记证的法律地位和作用。因此，改革后纳税人办理变更、注销、停业和复业税务登记需提供的资料和流程没有变化。

【育德启智2-1】

“五证合一、一照一码”改革落地好处多

2016年6月30日，国务院办公厅发布了《关于加快推进“五证合一、一照一码”登记制度改革的通知》（国办发〔2016〕53号）。通知规定，在全面实施工商营业执照、组织机构代码证、税务登记证“三证合一”登记制度改革的基础上，再整合社会保险登记证和统计登记证，从2016年10月1日起正式实施“五证合一、一照一码”。

“五证合一、一照一码”带来的最直接的便利，是开办企业的办事环节减少了、效率提升了。企业登记时，原来需要依次到相关部门申请办理“五证”（工商营业执照、组织机构代码证、税务登记证、社会保险登记证和统计登记证），现在只需要一次申请、由工商行政管理部门（现市场监督管理部门）核发一个营业执照，然后及时将企业登记注册的有关信息与相关部门共享，以“数据网上行”让“企业少跑路”。

这项改革进一步降低了创业准入的制度性成本，优化了营商环境，激发了企业活力，推进了大众创业、万众创新，促进了就业增加和经济社会持续健康发展。同时，改革将进一步转变政府职能，强化部门协同，促进事中、事后监管，加快构建以信用监管为核心内容的新型市场监管体系。这项改革是在国家精准分析经济形势、充分进行实地调研的基础上制定出台的，和我国其他改革举措一脉相承，反映了我国相关政策的与时俱进和实事求是。

一、税务登记

税务登记是纳税人依法履行纳税义务的法定程序，同时也是税务机关对纳税人实施税收管理的基础工作。

（一）办理税务登记的材料

营业执照副本，公司章程，注册地址及生产、经营地址证明材料，法定代表人（负责人）身份证、护照或其他证明身份的合法证件等税务机关要求的材料。还需要填写税务登记证的申请表。

（二）办理税务登记的流程

1.申请

企业及企业在外地设立的分支机构，从事生产、经营的场所和从事生产、经营的事业单位，应在规定的时间内到行政审批中心税务登记窗口提供办理税务登记手续的相关资料，在申请人资料提供正确、齐全的前提下，由窗口工作人员根据纳税人提供的资料录入、打印《税务登记表》，并经纳税人确认签字后留存。

2.受理审核

①审核纳税人是否属于本辖区管理，对于不属于本辖区管理的不予受理，并告知纳税人到管辖地税务机关办理登记；

②审核纳税人附报资料是否齐全，《税务登记表》填写是否完整准确，印章是否齐全；

③审核纳税人《税务登记表》填写内容与附报资料是否一致，原件与复印件是否相符，复印件是否注明“与原件相符”字样并由纳税人签章，核对后原件返还纳税人；

④纸质资料不全或者填写内容不符合规定的，应当场一次性告知纳税人补正或重新填报。

3.核准

五证合一政策实施后，新注册的公司在完成工商注册时，会同时完成税务登记，无需再单独到税务部门登记。

二、变更税务登记

变更税务登记是指纳税人税务登记表上的内容发生变化需要重新办理的税务登记变更手续。

（一）变更税务登记的适用范围

纳税人发生以下变化时应办理变更税务登记：

（1）改变纳税人、扣缴义务人的名称。

（2）改变法定代表人。

（3）改变经济类型。

（4）改变地址或经营地点。

（5）改变生产经营范围或经营方式。

（6）改变生产经营期限。

（7）增设或撤销分支机构。

（8）电话号码发生变化。

（9）改变其他税务登记内容。

（二）变更税务登记的时限要求

纳税人的税务登记内容发生变化时，按规定需要在市场监督管理部门办理变更登记的，应自市场监督管理部门办理变更登记之日起30日内，持有关证件向原税务登记机关申报办理变更税务登记；按规定不需要在市场监督管理部门办理登记的，应当自有关部门批准或者宣布变更之日起30日内，持有关证件向原税务登记机关申报办理变更税务登记。

（三）变更税务登记的办理程序

办理变更税务登记的程序如下：

1.纳税人提出申请

纳税人办理变更税务登记，首先应向税务机关提出变更申请，提交“变更税务登记申请书”，并提供有关证件、资料。

因公司登记变更而需变更税务登记内容的，需要提供以下资料：

①变更税务登记申请书；

②公司变更登记表及公司营业执照复印件；

③纳税人变更登记内容的决议及有关证明文件；

④原税务登记证件；

⑤税务机关需要的其他有关资料。

若纳税人的变更项目不需要办理公司变更登记，应提交下列证件：

①变更税务登记申请书；

②纳税人变更登记内容的决议及有关证明文件；

③税务机关需要的其他有关资料。

对于报送资料齐全、符合规定的，税务机关应在5个工作日内给予办理变更税务登记。

2.税务机关受理

税务机关应对纳税人提交的申请及报送的资料进行初步审核，在资料完备、符合规定的基础上，税务机关予以受理，并向纳税人发放“变更税务登记表”（见附表1）。

3.税务机关审核、认证

税务机关对申请人报送的“变更税务登记表”的内容要认真审核，并与纳税人提供的附列资料认真核对，检查填写的内容是否准确，有无缺漏项目，如需实地调查，还应进行实地调查；审核完毕后对符合条件的要及时办理。如变更税务登记项目不需改变税务登记证内容，则由税务机关将有关变更内容存入分户档案；如变更税务登记项目需要修改税务登记证内容，税务机关应重新换发税务登记证，同时收回原税务登记证正、副本，同时将税务登记变更内容存入分户档案。

办理变更税务登记，纳税人需要根据不同情况提供不同的证件、资料。

三、注销税务登记

纳税人发生解散、破产、撤销以及依法终止纳税义务情形的，应当向税务登记机关申报办理注销税务登记。

（一）办理注销税务登记所需资料

（1）《注销税务登记申请审批表》，一照一码户报送《清税申报表》。

（2）《企业清算所得税申报表》（需要进行企业所得税清算的纳税人提供）。

（3）注销当月或当季的增值税、企业所得税、个人所得税、一税两费附加税、消费税等申报表，及注销当年财务报表。（依据纳税人所核定税（费）种确定）

（4）税务登记证正、副本原件或复印件。

（5）上级主管部门批复文件或决议原件、复印件一式一份（原件核实后退还申请人）（无营业执照的需提供）。

（6）《增值税发票税控系统专用设备注销发行登记表》（使用增值税发票的纳税人提供）或《税控收款机注销登记表》（使用通用机打发票的纳税人提供）。

（7）总公司注销需提供其所有分公司的注销证明。

（二）注意事项

（1）企业办理注销业务时请务必携带好营业执照原件及企业公章，并将经办人身份证在电子税务局网站做完实名认证后前往大厅办理。

（2）存在未申报、欠缴及未结算滞纳金，有涉及稽查事项未办结或未结行政处罚等情况时，请办结上述事项后再办理注销手续。

（3）纳税人申请注销（清税），公章丢失且无法新刻公章的，应由单位法定代表人（负责人）出具公章丢失声明，纳税人填写相关涉税文书时，在需要盖章处由法定代表人（负责人）亲笔签字和按手印。

（4）未换发“一照一码”登记证件的纳税人应到市场监督管理部门办理完换证后再办理注销（市场监督管理部门已吊销营业执照的除外）。

（5）对于符合优化版注销流程的纳税人，请法定代表人及财务负责人前往大厅签署承诺书，当即领取《清税证明》并在承诺日期内完成告知书上所有未完结的流程，否则税务机关将其法定代表人、财务负责人纳入纳税信用D级管理。

四、停业、复业登记

办理停业、复业登记的程序：

（1）申请并提供相关资料。纳税人在营业执照核准经营期限内停业15天以上时（或停业后复业），应向主管税务机关的税务登记窗口提供“停业复业（提前复业）报告书”（见附表2），连同如下资料交税务登记窗口：

①市场监督管理部门要求停业的，提交市场监督管理部门的停业文件；

②主管税务机关原发放的税务登记证正、副本；

③“发票领购簿”及未使用的发票。

（2）领取并填写“停业申请审批表”（见附表3）或“复业单证领取表”（见附表4）。

（3）税务机关审核、批准。主管税务机关税务登记窗口确认申请停业的纳税人税款已结清，已清缴发票并收缴税务登记证件等涉税证件后，核准其停业申请，制发“核准停业通知书”和“复业单证领取表”给纳税人。

纳税人按期或提前复业的，应当在停业期满前持“复业单证领取表”到主管税务机关办理复业手续，领回或启用税务登记证件和“发票领购簿”等，纳入正常营业纳税人管理。

●项目二　企业生产经营各环节纳税实务

企业从事各种生产经营活动分别需要缴纳企业所得税、增值税、消费税、关税、城市维护建设税、教育费附加、土地增值税、耕地占用税、城镇土地使用税、资源税、房产税、车船税、车辆购置税、契税、印花税和环境保护税。纳税人在不同的生产经营环节需要缴纳各种不同的税种，具体缴纳税种见表2-1。

表2-1　我国企业在生产经营各环节应缴纳的主要税种

经营环节	商品或劳务	缴纳税种
购买环节	购买车辆	车辆购置税、车船税
	购买房产	契税
	进口设备及仪器	关税
生产经营环节	占用耕地	耕地占用税
	占用城镇土地	城镇土地使用税
	拥有房产	房产税
	开采矿产	资源税
	凭证	印花税
	排放污染物	环境保护税
销售环节	销售产品、劳务和服务	增值税、城市维护建设税、教育费附加
	销售房地产	土地增值税
	销售应税消费品	消费税、城市维护建设税、教育费附加
	出口产品	关税
利润结算环节	获取收益	企业所得税

任务一 企业购买环节纳税实务

企业在中国境内购置车辆（包括汽车、摩托车、有轨电车、汽车挂车等）应当缴纳车辆购置税；企业如果是车辆、船舶的所有人或者管理人应当缴纳车船税；在中国境内转移土地、房屋权属，承受的企业应当缴纳契税；企业出口货物、进口货物应当缴纳关税。

子任务一 车辆购置税纳税实务

车辆购置税是在我国境内对购置应税车辆征收的一种税。就其性质而言，属于直接税的范畴。2018年12月29日，中华人民共和国第十三届全国人大常务委员会第七次会议通过了《中华人民共和国车辆购置税法》，并于2019年7月1日起正式施行。

一、车辆购置税的税制要素

（一）纳税人

在我国境内购置应税车辆的单位和个人，为车辆购置税的纳税人。

（二）征税范围

车辆购置税的征税范围包括汽车、排气量超过150毫升的摩托车、有轨电车、汽车挂车。

（三）税率

现行车辆购置税的税率为10%。

二、车辆购置税的计算

车辆购置税实行从价定率、价外征收的方法计算应纳税额，公式为：

应纳税额=计税价格×税率

对于车辆购置税的计税价格，应注意以下问题：

（1）纳税人购买自用的应税车辆的计税价格，为纳税人购买应税车辆而支付给销售者的全部价款和价外费用，不包括增值税税款。

（2）纳税人进口自用的应税车辆的计税价格的计算公式为：

计税价格=关税完税价格+关税+消费税

（3）纳税人自产自用的应税车辆的计税价格，按照纳税人生产的同类应税车辆的销售价格确定，不包括增值税税款。

（4）纳税人受赠、获奖或者以其他方式取得并自用的应税车辆的计税价格，按照纳税人购置应税车辆时相关凭证载明的价格确定，不包括增值税税款。

【例2-1】赵某2022年9月购买自用轿车一辆，支付含增值税的价款136 000元，支付购买工具价款3 200元。试计算赵某应纳的车辆购置税税额。

计税价格=（136 000+3 200）÷（1+13%）=123 186（元）

赵某应纳税额=123 186×10%=12 318.60（元）

三、车辆购置税的优惠政策

（一）减免税

下列车辆免税：

（1）外国驻华使馆、领事馆和国际组织驻华机构及其外交人员自用的车辆。

（2）中国人民解放军和中国人民武装警察部队列入装备订货计划的车辆。

（3）设有固定装置的非运输专业作业车辆（如挖掘机、起重机、叉车、推土机等）。

（4）悬挂应急救援专用号牌的国家综合性消防救援车辆。

（5）城市公交企业购置的公共汽电车辆。

（6）国务院规定的其他减征或者免征车辆。

（二）退税

纳税人将已征车辆购置税的车辆退回车辆生产企业或者销售企业的，可以向主管税务机关申请退还车辆购置税。退税额以已缴税款为基准，自缴纳税款之日至申请退税之日，每满一年扣减10%。

四、车辆购置税的申报

（一）纳税环节

纳税人应当在向公安机关等车辆管理机构办理车辆登记注册手续前，缴纳车辆购置税，即车辆购置税是在应税车辆上牌登记注册前的使用环节征收。

车辆购置税选择单一环节征税，实行一车一申报制，购置已征车辆购置税的车辆，不再征收车辆购置税。这就是说，应税车辆在课征车辆购置税后再发生转售、赠送，购买者或受赠者在办理车辆过户、转籍手续时，不再征收车辆购置税。但减免税车辆因转售、赠送后不再满足减免税条件的，仍应按规定补征车辆购置税。

（二）纳税期限

（1）纳税人购买自用应税车辆的，应当自购买之日起60日内申报纳税。

（2）进口自用应税车辆的，应当自进口之日起60日内申报纳税。

（3）自产、受赠、获奖或者以其他方式取得并自用应税车辆的，应当自取得之日起60日内申报纳税。

（4）减税、免税车辆因转让、改变用途等原因不再属于减税、免税范围的，应当在办理车辆过户手续前或者办理变更车辆登记注册手续前缴纳车辆购置税。

（三）纳税地点

纳税人购置应税车辆，应当向车辆登记注册地的主管税务机关申报纳税；购置不需办理车辆登记注册手续的应税车辆，应当向纳税人所在地的主管税务机关申报纳税。

纳税人要如实填写“车辆购置税纳税申报表”（见附表5）。

练习题

随堂测2-1

一、单项选择题

1.关于车辆购置税的计税依据，下列税务处理中，正确的是（　　）。

A.已经缴纳车辆购置税并办理了登记注册手续的车辆，其发动机和底盘发生更换的，不再缴纳车辆购置税

B.抵债取得并自用的车辆，应以抵债金额为计税依据缴纳车辆购置税

C.库存超过3年的车辆，纳税人能出具有效证明的，计税依据为纳税人提供的统一发票或有效凭证注明的计税价格

D.免税条件消失的车辆，自车辆登记注册之日起，使用年限未满10年的，计税依据为最新核发的同类型车辆最低计税价格按每满1年扣减10%

2.进口自用应税车辆的纳税期限为进口之日起（　　）。

A.10日内　　B.20日内　　C.30日内　　D.60日内

3.根据规定，下列行为中，不属于车辆购置税应税行为的是（　　）。

A.购买并使用电车的行为

B.进口自用农用运输车的行为

C.销售豪华小轿车的行为

D.以获奖方式取得并自用摩托车的行为

二、多项选择题

1.下列选项中，属于车辆购置税的征税范围的有（　　）。

A.汽车　　B.有轨电车　　C.农用运输车　　D.人力三轮车

2.下列有关车辆购置税计税依据的说法中，正确的有（　　）。

A.纳税人购买自用的应税车辆的计税价格为纳税人购买应税车辆而支付给销售者的全部价款，但不包括价外支付的费用

B.纳税人自产自用的应税车辆的计税价格，由主管税务机关参照最低计税价格核定

C.纳税人进口自用的应税车辆的计税价格公式为：计税价格=（关税完税价格+关税）÷（1-消费税税率）

D.非贸易渠道进口车辆的最低计税价格，一般情况下为同类型新车的最低计税价格

3.单位购置车辆进行车辆购置税纳税申报时应提供的资料包括（　　）。

A.车主身份证明　　B.车辆价格证明

C.企业注册资金证明　　D.车辆合格证明

三、判断题

1.外商投资企业不是车辆购置税的纳税义务人。（　　）

2.某外商投资企业2022年8月从境内购进小轿车1辆，不含税价格为600 000元（增值税税率为13%），另外还支付提货费10 000元（不含税），该公司应缴纳的车辆购置税为61 000元。（　　）

四、计算题

某公司2022年10月购置小轿车3辆，每辆含增值税的价款为260 000元；购置载货汽车3辆，每辆含增值税的价款为65 000元；进口摩托车4辆，每辆关税完税价格为7 000元。

要求：计算其应纳的车辆购置税税额（提示：摩托车关税税率为6%，摩托车消费税税率为10%，车辆购置税税率为10%）。

子任务二　车船税纳税实务

车船税是对在我国境内拥有车船的单位和个人所征收的一种税。2011年2月25日第十一届全国人民代表大会常务委员会第十九次会议通过《中华人民共和国车船税法》，自2012年1月1日起实施。车船税具有涉及面广、税源流动性强、纳税人多为个人等特点。车船税是第一个从国务院的条例上升为法律的税种。

一、车船税的税制要素

（一）车船税的征税范围

车船税的征税范围是指在机场、港口以及其他企业内部场所行驶或作业，并在车船管

理部门登记的车船。车船管理部门是指公安、交通运输、农业、渔业、军事等依法具有车船管理职能的部门。

（二）车船税的纳税人

车船税的纳税人是在我国境内的车船的所有人或者管理人。

特别说明：车船税按年申报缴纳。从事机动车第三者责任强制保险业务的保险机构为机动车车船税的扣缴义务人，应当在收取保险费时依法代收车船税，并出具代收税款凭证。

（三）税目和税额

车船税的税目和税额见表2-2。

表2-2 车船税税目税额表

税目		计税单位	年基准税额	备注
乘用车	1.0升（含）以下的	每辆	60～360元	核定载客人数9人（含）以下
	1.0升以上至1.6升（含）的		300～540元	
	1.6升以上至2.0升（含）的		360～660元	
	2.0升以上至2.5升（含）的		660～1 200元	
	2.5升以上至3.0升（含）的		1 200～2 400元	
	3.0升以上至4.0升（含）的		2 400～3 600元	
	4.0升以上的		3 600～5 400元	
商用车	客车	每辆	480～1 440元	核定载客人数9人以上，包括电车
	货车	整备质量每吨	16～120元	包括半挂牵引车、三轮汽车和低速载货汽车等
挂车		整备质量每吨	按照货车税额的50%计算	
其他车辆	专用作业车	整备质量每吨	16～120元	不包括拖拉机
	轮式专用机械车		16～120元	
摩托车		每辆	36～180元	
船舶	机动船舶	按净吨位每吨	3～6元	拖船、非机动驳船分别按照机动船舶税额的50%计算
	游艇	艇身长度每米	600～2 000元	
辅助动力帆艇		艇身长度每米	600元	

二、车船税的计算

车船税的计算公式如下：

应纳车船税=应税车船计税单位×单位税额

【例2-2】某小型运输公司拥有并使用以下车辆：(1) 农业机械部门登记的拖拉机5辆，自重吨位为2吨；(2) 自重吨位为5吨的载货卡车10辆；(3) 自重吨位为4吨的汽车挂车5辆。当地政府规定，载货汽车按自重吨位每吨96元缴纳车船税。该公司当年度应当缴纳多少车船税？

在农业机械部门登记为拖拉机的车辆免纳车船税。

卡车缴纳车船税=5×96×10=4 800（元）

汽车挂车缴纳车船税=4×96×5×50%=960（元）

该运输公司应纳车船税=4 800+960=5 760（元）

三、车船税的税收优惠

下列车船免征车船税：

（一）非机动车船（不包括非机动驳船）。

非机动车是指以人力或者畜力驱动的车辆，以及符合国家有关标准的残疾人机动轮椅车、电动自行车等车辆；非机动船是指自身没有动力装置，依靠外力驱动的船舶；非机动驳船是指在船舶管理部门登记为驳船的非机动船。

（二）拖拉机。

拖拉机是指在农业（农业机械）部门登记为拖拉机的车辆。

（三）捕捞、养殖渔船。

捕捞、养殖渔船是指在渔业船舶管理部门登记为捕捞船或者养殖船的渔业船舶，不包括在渔业船舶管理部门登记为捕捞船或者养殖船以外类型的渔业船舶。

（四）军队、武警专用的车船。

军队、武警专用的车船是指按照规定在军队、武警车船管理部门登记，并领取军用牌照、武警牌照的车船。

（五）警用车船。

警用车船是指公安机关、国家安全机关、监狱、劳动教养管理机关和人民法院、人民检察院领取警用牌照的车辆和执行警务的专用车船。

（六）按照有关规定已经缴纳船舶吨税的船舶。

（七）依照我国有关法律和我国缔结或者参加的国际条约的规定应当予以免税的外国驻华使馆、领事馆和国际组织驻华机构及其有关人员的车船。

（八）符合标准的新能源车船。

【育德启智2-2】

新能源汽车免征车船税和车辆购置税

“绿水青山就是金山银山。”不能为了发展经济而不顾环境保护。随着我国经济的不断发展，我国城镇化进程明显加快，大众不仅对居住环境有了更高的要求，而且开始追求更便捷的出行工具，家用车辆呈爆发式增长。由此导致能源需求的指数不断增加，引发了一系列环境问题。为了顺应低碳经济发展潮流，新能源汽车将成为首选。其原因在于它不仅排放量低，而且污染低，不仅能够解决环境污染问题，还能提高能源利用率。国家也鼓励大众购买新能源汽车，2018年7月，财政部、税务总局、工业和信息化部、交通运输部联合发布的《关于节能新能源车船享受车船税优惠政策的通知》规定，对符合标准的新能源车船免征车船税。2020年4月，财政部、税务总局、工业和信息化部联合发布的《关于新能源汽车免征车辆购置税有关政策的公告》规定，自2021年1月1日至2023年12月31日，对购置的新能源汽车免征车辆购置税。免征车辆购置税的新能源汽车是指纯电动汽车、插电式混合动力（含增程式）汽车、燃料电池汽车。

通过这两个税收优惠政策，引导人民群众多购置新能源车，将有利于我国节能减排事业的发展，对新能源汽车行业和市场都是利好，有助于促进新能源汽车的销售，客观上也促进了环境保护。

四、车船税的纳税申报与缴纳

（一）车船税的纳税义务发生时间

（1）车船税的纳税义务发生时间为车船管理部门核发的车船登记证书或者行驶证书所记载日期的当月。

（2）纳税人未按照规定到车船管理部门办理应税车船登记手续的，以车船购置发票所载开具时间的当月作为车船税的纳税义务发生时间。对未办理车船登记手续且无法提供车船购置发票的，由主管地方税务机关核定纳税义务发生时间。

（3）购置的新车船，购置当年的应纳税额自纳税义务发生的当月起按月计算。其计算公式为：

应纳税额=年应纳税额÷12×应纳税月份数

（二）纳税期限

车船税按年征收，分期缴纳，具体纳税期限由省、自治区、直辖市人民政府确定。

（三）纳税地点

车船税的纳税地点为车船的登记地或者车船税扣缴义务人所在地。依法不需要办理登记的车船，车船税的纳税地点为车船的所有人或者管理人所在地。

自2021年6月1日起，纳税人申报缴纳车船税使用“财产和行为税纳税申报表”（见附表6）和“财产和行为税减免税明细申报附表”（见附表7）。

练习题

随堂测2-2

一、单项选择题

1.应税车船如有租赁关系，拥有人与使用人不一致时，如车辆拥有人未缴纳车船税，（　　）应当代为缴纳车船税。

A.税务机关指定其中一方　　B.租赁双方共同

C.租赁方　　D.使用人

2.下列各项中，不符合车船税有关规定的是（　　）。

A.电车，以“自重每吨”为计税依据

B.载货汽车，以“自重每吨”为计税依据

C.载客汽车，以“每辆”为计税依据

D.船舶，以“净吨位”为计税依据

3.车船税按（　　）征收。

A.年　　B.月

C.季　　D.半年

4.机动船舶的计税单位为（　　）。

A.载重吨位　　B.艘

C.净吨位　　D.面积

二、多项选择题

1.根据车船税法律制度的规定，下列使用中的交通工具，属于车船税征收范围的有（　　）。

A.小轿车　　B.货船

C.摩托车　　D.客轮

2.按照我国现行税制的有关规定，车船税的计税依据有（　　）。

A.车船的价格　　B.车船的净值

C.车的辆数　　D.船的吨位数

3.下列纳税主体中，属于车船税纳税人的有（　　）。

A.在中国境内拥有并使用船舶的国有企业

B.在中国境内拥有并使用车辆的外籍个人

C.在中国境内拥有并使用船舶的内地居民

D.在中国境内拥有并使用车辆的外国企业

三、判断题

1.某中外合作经营企业拥有一辆上路行驶的客货两用车，该车辆不用缴纳车船税。（　　）

2.车船税实行从量定额征收。（　　）

3.载重量不超过10吨的渔船免征车船税。（　　）

四、计算题

甲运输公司拥有并使用以下车辆：

（1）农业机械部门登记的拖拉机6辆，自重吨位为2吨。

（2）自重吨位为5吨的载货汽车7辆。

（3）自重吨位为4吨的汽车挂车5辆。

当地政府规定，载货汽车按自重吨位每吨96元缴纳车船税。该公司当年应纳的车船税为多少？

子任务三　契税纳税实务

契税是以所有权发生转移变动的不动产为征税对象，向产权承受人征收的一种税，即在土地、房屋权属发生转移时，按当事人双方所签订合同（契约）的成交价格的一定比例，向土地使用权、房屋所有权承受者征收的一种税，就房屋买卖而言，由买房者缴纳。2020年8月11日，第十三届全国人民代表大会常务委员会第二十一次会议通过了《中华人民共和国契税法》，自2021年9月1日起施行。

【育德启智2-3】

契税法立法推进税收法定

2020年8月11日，第十三届全国人民代表大会常务委员会第二十一次会议通过了《中华人民共和国契税法》，自2021年9月1日起施行，同时废止1997年7月7日国务院发布的《中华人民共和国契税暂行条例》。从《中华人民共和国契税暂行条例》到《中华人民共和国契税法》，是从国务院规章提升到国家法律，是一个质的飞跃，体现了现代立法精神的要求，推进了建立现代财政制度的进程。这一变化也反映出我国国家治理体系与治理能力现代化的进程不断加快，依法治国不是一句口号，而是实实在在地一步一步推进。

一、契税的税制要素

（一）契税的征税范围

契税的征税范围是发生权属转移变动的土地、房屋。契税的具体征税范围包括以下五项内容：

1.国有土地使用权出让

国有土地使用权出让是指土地使用者向国家交付土地使用权出让费用，国家将国有土地使用权在一定年限内让予土地使用者的行为。

2.土地使用权转让

土地使用权转让是指土地使用者以出售、赠予、交换或其他方式将土地使用权转移给其他单位和个人的行为，但不包括农村集体土地承包经营权的转移。

3.房屋买卖

房屋买卖是指房屋所有者将其房屋出售，由购买者交付货币、实物、无形资产或其他经济利益的行为。

4.房屋赠予

房屋赠予是指房屋所有者将其房屋无偿转让给受赠者的行为。

5.房屋交换

房屋交换是指房屋所有者之间相互交换房屋所有权的行为。

（二）契税的纳税人

契税的纳税人是在我国境内承受土地使用权、房屋所有权转移的单位和个人。

（三）契税的税率

契税税率为3%～5%。契税的具体适用税率，由省、自治区、直辖市人民政府在前款规定的税率幅度内提出，报同级人民代表大会常务委员会决定，并报全国人民代表大会常务委员会和国务院备案。

二、契税的计算

契税的计算公式为：

应纳契税=计税价格（或成交价、市场价、差价）×税率

特别说明：契税以土地、房屋权属发生转移变动时，当事人双方签订的契约价格为计税依据，具体规定如下：

（1）国有土地使用权出让、土地使用权出售、房屋买卖，以成交价格为计税依据。

（2）土地使用权赠予、房屋赠予，以征收机关参照土地使用权出售、房屋买卖的市场

价格核定的价格为计税依据。

（3）土地使用权交换、房屋交换，以所交换的土地使用权、房屋的价格差额为计税依据。

成交价格明显低于市场价格且无正当理由的，或者所交换土地使用权、房屋的价格差额明显不合理且无正当理由的，由征收机关参照市场价格核定。

【例2-3】周某向谢某借款80万元，后因谢某急需资金，周某以一套价值90万元的房产抵偿所欠谢某债务，谢某取得该房产产权的同时支付周某差价款10万元。该地区契税税率为3%。试计算应纳契税。

应纳契税=90×3%=2.7（万元）

三、契税的优惠政策

根据税法的规定，下列项目可减征或免征契税。

（1）国家机关、事业单位、社会团体、军事单位承受土地、房屋用于办公、教学、医疗、科研和军事设施的，免征契税。

（2）非营利性的学校、医疗机构、社会福利机构承受土地、房屋权属用于办公、教学、医疗、科研、养老、救助的，免征契税。

（3）婚姻关系存续期间夫妻之间变更土地、房屋权属的，免征契税。

（4）对法定继承人继承土地、房屋权属的，免征契税。

（5）承受荒山、荒沟、荒丘、荒滩的使用权，并用于农、林、牧、渔业生产的，免征契税。

（6）依照法律规定应当予以免税的外国驻华使馆、领事馆和国际组织驻华代表机构承受土地、房屋权属等情形的，可以免征契税。

根据国民经济和社会发展需要，国务院对居民住房需求保障、企业改制重组、灾后重建等情形可以规定免征或减征契税，并报全国人民代表大会常务委员会备案。同时，省、自治区、直辖市可以决定对部分情形免征或者减征契税。

四、契税的纳税申报与缴纳

（一）纳税义务发生时间

契税的纳税义务发生时间为纳税人签订土地、房屋权属转移合同的当天，或者纳税人取得其他具有土地、房屋权属转移合同性质凭证的当天。

（二）纳税期限

纳税人应当自纳税义务发生之日起10日内，向土地、房屋所在地的契税征收机关办理纳税申报，并在契税征收机关核定的期限内缴纳税款并索取完税凭证。

纳税人出具契税完税凭证，土地管理部门、房产管理部门才能给予办理变更登记手续。

（三）纳税地点

契税的纳税地点为土地、房屋所在地的主管税务机关。

自2021年6月1日起，纳税人申报缴纳契税使用“财产和行为税纳税申报表”（见附表6）和“财产和行为税减免税明细申报附表”（见附表7）。

练习题

随堂测2-3

一、单项选择题

1.出售土地使用权而发生的土地权属转移，按（ ）计算应纳契税。

A.协议价格　　B.市场价格

C.成交价格　　D.评估价格

2.土地使用权交换、房屋交换，若交换价格相等，（ ）。

A.由交换双方各自缴纳契税　　B.由交换双方共同分担契税

C.免征契税　　D.由双方协商一致确定纳税人

3.下列继承已故张某的房屋的人员中，应缴纳契税的是（ ）。

A.张某的外祖父　　B.张某的表弟　　C.张某的姐姐　　D.张某的祖母

4.甲某是一家个人独资企业的业主，2022年9月以200万元的价格购入A公司一处房屋作为办公场所，并将其价值60万元的自有房屋投入企业作为经营场所；为节省运输费用，甲某将自有价值160万元的仓库与另一企业价值200万元的仓库互换，由甲某向该企业支付差价。甲某上述经济事项应缴纳契税（ ）万元。（适用税率为4%）

A.8　　B.8.4　　C.9.6　　D.16

5.周某原有两套住房，2022年9月出售其中一套，成交价为70万元；将另一套以市场价格60万元与谢某的住房进行了等价置换；又以100万元的价格购置了一套新住房，已知契税的税率为3%。周某计算应缴纳的契税的下列方法中，正确的是（ ）。

A.100×3%=3（万元）　　B.（100+60）×3%=4.8（万元）

C.（100+70）×3%=5.1（万元）　　D.（100+70+60）×3%=6.9（万元）

二、多项选择题

1.下列有关房屋附属设施的说法中，符合契税规定的有（ ）。

A.对于承受与房屋相关的附属设施房屋所有权的行为，应征收契税

B.对于承受与房屋相关的附属设施土地使用权的行为，应征收契税

C.承受的房屋附属设施不论是否单独计价，均适用与房屋相同的契税税率

D.对于不涉及土地使用权和房屋所有权转移变动的，不征收契税

2.下列单位和个人中，属于契税纳税人的有（ ）。

A.转让自己居住用房屋的个人　　B.购买自己居住用房屋的个人

C.转让自己生产用房屋的单位　　D.购买自己生产用房屋的单位

3.下列各项中，可依法减免契税的有（ ）。

A.某市人民医院购买的医疗大楼

B.老王承受一片荒山土地使用权，用于开发果园

C.小红家为改善住房条件而新买的商品房

D.某大厦刚收购的营业大楼

4.契税暂行条例规定可按实际成交价格征收契税的有（ ）。

A.土地使用权出售　　B.土地使用权赠予

C.房屋买卖　　D.土地使用权划拨

5.下列项目中，属于契税征收范围的有（ ）。

A.房屋交换　　B.房屋出租　　C.房屋买卖　　D.房屋赠予

6.下列说法中，符合契税制度规定的有（　　）。

A.非法定继承人承受遗赠房屋，免纳契税

B.先买房后拆除的，由于没有获得房屋权属，不缴纳契税

C.以房产抵债视同房屋买卖，应由房产承受人按规定税率缴纳契税

D.契税征收机关认为成交价格不实，可按实际评估价征收契税

三、判断题

1.非债权人承受关闭、破产企业土地、房屋权属，凡妥善安置原企业30%以上职工的，减半征收契税。（　　）

2.在企业分立中，存续分立的企业承受原企业土地、房屋权属的，不征收契税；新设分立的企业承受原企业土地、房屋权属的，也不征收契税。（　　）

3.对国有控股公司以部分资产投资组建新公司，且该国有控股公司占新公司股份80%以上的，对新公司承受该国有控股公司土地、房屋权属免征契税。（　　）

四、计算题

1.甲、乙互换房屋，甲房屋价格为10万元，乙房屋价格为12万元。应由谁缴纳契税？税额为多少？（契税税率为5%）

2.某企业接受赠房，该房的市场价格为150万元，契税税率为5%。该企业应缴纳多少契税？

子任务四　关税纳税实务

关税是由海关对进出国境或关境的货物、物品征收的一种税。关税包括进口税、出口税和过境税。

一、关税的税制要素

（一）纳税义务人

1.贸易性货物的纳税人

根据税法规定，贸易性货物的纳税人是进出口货物的收货人、发货人，具体包括：

（1）外贸进出口公司。

（2）工贸或农贸结合的进出口公司。

（3）其他经批准经营进出口商品的企业。

2.物品的纳税人

物品的纳税人包括：

（1）携带物品进境的入境人员。

（2）进境邮递物品的收件人。

（3）以其他方式进口物品的收件人。

（二）征税对象

关税的征税对象是准许进出口的货物和进境物品。

1.货物

这里所说的货物，是指贸易性商品，即国际贸易中运进或运出的商品。

2. 物品

这里所说的物品，是指非贸易性商品，包括入境旅客随身携带的行李物品、个人邮递物品、各种运输工具上的服务人员携带进口的自用物品、馈赠物品以及以其他方式进境的个人物品。

（三）进出口税则

1. 税则税目

进出口税则是为了体现关税政策和便于货物监管，按商品分类目录编制，由国家公布的对进出关境货物征收关税时所适用税率的法规性规定，是进出口关税条例的组成部分。

2. 税率

（1）进口关税税率。关税的税率是税则的关键组成部分。根据国际惯例和我国的对外贸易政策，在实际执行过程中会不断进行调整。

（2）出口关税税率。我国征收出口关税的货物品种不多，仅对少数资源性产品及易于竞相杀价、盲目进口、需要规范出口秩序的半制成品征收出口关税。

（3）进境物品的税率。进境物品的关税以及进口环节海关代征税合并为进口税，由海关依法征收，税率为比例税率。

二、关税应纳税额的计算

（一）应纳税额的计算

1. 从价计征应纳税额的计算公式

应纳税额=进出口货物的完税价格×关税税率

2. 从量计征应纳税额的计算公式

应纳税额=进出口货物的数量×单位税额

3. 复合计征应纳税额的计算公式

应纳税额=进出口货物的完税价格×关税税率+进出口货物的数量×单位税额

（二）完税价格的确定

1. 进口货物的完税价格和成交价格

进口货物的完税价格由海关以符合规定的成交价格，以及该货物运抵中华人民共和国境内输入地点起卸前的运输及其相关费用、保险费为基础审查确定。

进口货物的成交价格是指卖方向中华人民共和国境内销售该货物时，买方为进口该货物向卖方实付、应付的，并按照规定调整后的价款总额，包括直接支付的价款和间接支付的价款。

2. 出口货物的完税价格和成交价格

出口货物的完税价格由海关以该货物的成交价格以及该货物运至中华人民共和国境内输出地点装载前的运输及其相关费用、保险费为基础审查确定。

出口货物的成交价格是指该货物出口时卖方为出口该货物应当向买方直接收取和间接收取的价款总额。出口关税不计入完税价格。

【例 2-4】某进出口贸易公司从澳大利亚进口优质铁矿石一批，共12 000吨，其单位完税价格为每吨280元人民币，假设关税税率为50%。试计算该批铁矿石的应纳关税税额。

应纳关税税额=12 000×280×50%=1 680 000（元）

【例 2-5】某商场从美国进口电子玩具一批，当地正常批发价格折合人民币580 000

元，运抵我国输入地点起卸前支付包装费折合人民币13 000元，搬运费、手续费折合人民币52 000元，保险费折合人民币9 000元。假设该进口货物关税税率为60%。试计算该批电子玩具的应纳关税税额。

关税完税价格=580 000+13 000+52 000+9 000=654 000（元）

应纳关税税额=654 000×60%=392 400（元）

【例2-6】某烟酒公司从意大利进口优质葡萄白酒20吨，每吨90 000元，假设进口关税税率为100%，消费税税率为10%。试计算应纳关税税额。

应纳关税税额=20×90 000×100%=1 800 000（元）

三、关税的优惠政策

（一）法定减免税

法定减免税是税法中明确列出的减税或免税，如关税税额在人民币50元以下的一票货物，无商业价值的广告品和货样，外国政府、国际组织无偿赠送的物资，进出境运输工具装载的途中必需的燃料、物料和饮食用品等，可免征关税。

（二）特定减免税

特定减免税也称政策性减免税。在法定减免税之外，国家按照国际通行规则和我国实际情况制定发布的有关进出口货物减免关税的政策，称为特定或政策性减免税，如科教用品，残疾人专用品，扶贫、慈善性捐赠物资及特定行业或用途的减免税政策。

（三）临时减免税

临时减免税是指以上法定和特定减免税以外的其他减免税，即由国务院根据《中华人民共和国海关法》针对某个单位、某类商品、某个项目或某批进出口货物的特殊情况，给予特别照顾，一案一批，专文下达的减免税，一般有单位、品种、期限、金额或数量等限制，不能比照执行。

【育德启智2-4】

惠民生，促经济！2022年关税调整大变革

自2022年1月1日起，我国将对954项商品实施低于最惠国税率的进口暂定税率。一是为减轻患者经济负担，不断提升人民健康福祉，对新型抗癌药氯化镭注射液实施零关税，降低颅内取栓支架、人造关节等部分医疗产品的进口关税。二是为满足人民美好生活需要，顺应消费升级趋势，营造浓厚的北京冬奥会氛围，降低部分消费品的进口关税，包括鲑鱼、鳕鱼等优质水产品，婴儿服装，洗碗机，滑雪用具等。三是适应文化消费需求，对超过100年的油画等艺术品实施零关税。四是为改善环境质量，推动绿色低碳发展，对可提高车辆燃油效率、减少尾气排放的汽油机颗粒捕集器、汽车用电子节气门，以及可用于土壤修复的泥煤，降低进口关税。五是助力制造业优化升级，降低高纯石墨配件、高速动车使用的高压电缆、燃料电池用膜电极组件和双极板等关键零部件的进口关税，降低可可豆、植物精油、动物毛皮等食品加工、日化、皮革制造行业所需原材料的进口关税。六是降低国内短缺的黄铁矿、纯氯化钾等资源产品的进口关税。

当前，我国社会主要矛盾已经转化为人民日益增长的美好生活需要和不平衡不充分的发展之间的矛盾，因此国家今后的工作都将围绕解决这个矛盾来展开。2022年关税调整体现了惠民生和促进产业升级的政策导向，也为我国形成强大国内市场、构建新发展格局提供了重要支撑。

四、关税的申报

（一）申报时间

进口货物的纳税义务人应当自运输工具申报进境之日起14日内，出口货物的纳税义务人除海关特准的之外，应当在货物运抵海关监管区后、装货的24小时以前，向货物的进（出）境地海关申报，海关根据税则归类和完税价格计算应缴纳的关税和进口环节代征税，并填发税款缴款书。

（二）纳税期限

纳税义务人应当自海关填发税款缴款书之日起15日内向指定银行缴纳税款。

如关税缴纳期限的最后1日是周末或法定节假日，则关税缴纳期限顺延至周末或法定节假日过后的第1个工作日。

纳税义务人未在关税缴纳期限内缴纳税款，即构成关税滞纳。滞纳金自关税缴纳期限届满之日起，至纳税义务人缴纳关税之日止，按滞纳税款0.5‰的比例按日征收，周末或法定节假日不予扣除。其具体计算公式为：

关税滞纳金金额=滞纳关税税额×滞纳金征收比例×滞纳天数

关税纳税义务人因不可抗力或者在国家税收政策调整的情形下，不能按期缴纳税款的，经海关总署批准，可以延期缴纳税款，但是最长不得超过6个月。

（三）纳税地点

为方便纳税义务人，经申请且海关同意，进（出）口货物的纳税义务人可以在设有海关的指运地（起运地）办理海关申报、纳税手续。

（四）关税补征和追征

进出境货物和物品放行后，海关发现少征或者漏征税款，应当自缴纳税款或者货物、物品放行之日起1年内，向纳税义务人补征税款；因纳税义务人违反规定而造成的少征或者漏征的税款，海关可以自纳税义务人缴纳税款之日起3年内追征税款，并从缴纳税款之日起按日加收少征或者漏征税款0.5‰的滞纳金。

（五）关税退还

关税退还是关税纳税义务人按海关核定的税额缴纳关税后，因某种原因，海关将实际征收多于应当征收的税额退还给原纳税义务人的一种行政行为。

海关发现多征税款的，应当立即通知纳税义务人办理退还手续。纳税义务人发现多缴税款的，可以自缴纳税款之日起1年内，书面声明理由，连同原纳税收据向海关申请退税并加算银行同期活期存款利息，海关应当自受理退税申请之日起30日内，做出书面答复并通知退税申请人。

练习题

随堂测2-4

一、单项选择题

1.进口货物完税价格是指货物的（　　）。

A.以成交价格为基础的完税价格

B.以到岸价格为基础的成交价格

C.组成计税价格

D.实际支付金额

2.下列项目中，属于进口完税价格组成部分的是（　　）。

A.进口人向境外采购代理人支付的佣金

B.进口人向卖方支付的购货佣金

C.进口设施的安装调试费用

D.货物运抵境内输入地点起卸之后的运输费用

3.进出口货物关税申报时间分别为（　　）。

A.进口货物运输工具申报进境7日内

B.进口货物运输工具申报进境14日内

C.进口货物运输工具申报进境15日内

D.出口货物运抵海关监管区装货后14小时内

二、多项选择题

1.我国现行进口关税的计征办法有（　　）。

A.普通税率　　B.协定税率　　C.优惠税率　　D.最惠国税率

2.下列各项目中，不计入进口完税价格的有（　　）。

A.进口关税及其他国内税

B.进口设备进口后的维修服务费用

C.货物运抵我国境内输入地起卸后的运输装卸费

D.进口货物在境内的复制权费

3.下列各项目中，应征进口关税的货物有（　　）。

A.运往境外加工复运进境的货物

B.正在国内举办展览会的进口汽车展品

C.外国政府无偿赠送的物资

D.海关核准免验进口的货物

三、判断题

1.我国目前对进出口货物试行从量关税、复合关税和滑准关税。（　　）

2.关税的征税对象是贸易性商品，不包括入境旅客携带的个人行李和物品。（　　）

3.关税完税价格是纳税义务人向海关申报的价格，即货物实际成交价格。（　　）

4.进口完税价格以到岸价格为基础，到岸价格除货价外，还包括货物送抵我国输入地点起卸前的包装、运输、保险及其他劳务费用。（　　）

四、计算题

1.某进出口公司2022年9月份从国外进口一批施工设备共40台，每台价格为6 000元人民币，该批设备运抵我国宁波港起卸前的包装、运输、保险和其他劳务费用共计50 000元人民币，海关于3月15日填发税款缴纳证，由于该公司发生暂时性经济困难，于4月11日才缴清税款，假设该类设备进口关税税率为30%。要求：计算该公司应纳关税税额及滞纳金（按1‰计算）。

2.某公司从韩国海运进口一批化妆品，成交价格为200 000美元（汇率1∶6.8），不包括对方付给的正常回扣100 000元人民币，从起运地至境内口岸运输费1 000美元，从境内口岸至输入地点起卸前运输及装卸费8 000元人民币，保险费按货价与运费的3‰计算确定。

要求：计算该批化妆品进口环节应纳的各种税金。（关税税率为40%，消费税税率为30%）

任务二 企业生产经营环节纳税实务

企业占用耕地建房或者从事其他非农业建设需要缴纳耕地占用税；在城市、县城、建制镇、工矿区范围内使用土地的企业应当缴纳城镇土地使用税；企业在城市、县城、建制镇、工矿区拥有房产的应当缴纳房产税；企业在中国境内开采应税矿产品或者生产盐的应当缴纳资源税；在中国境内书立或领受应税凭证的企业应当缴纳印花税；在中华人民共和国领域和中华人民共和国管辖的其他海域，直接向环境排放应税污染物应当缴纳环境保护税。

子任务一 耕地占用税纳税实务

耕地占用税是对占用耕地建房或者从事其他非农业建设的单位和个人征收的一种税。2018年12月29日，第十三届全国人民代表大会常务委员会第七次会议通过《中华人民共和国耕地占用税法》，自2019年9月1日起施行。

【育德启智2-5】

耕地占用税立法更好发挥税收调节作用

我国是人均耕地少、农业后备资源严重不足的国家。相关数据显示，我国耕地面积只有约19.14亿亩。2019年9月1日正式实施的《中华人民共和国耕地占用税法》从更高层级以更大力度贯彻落实国家最严格的耕地保护制度，限制非农业建设无序、低效占用农业生产用地，以经济手段保护有限的土地资源，尤其是耕地资源，促进土地资源的合理配置。《中华人民共和国耕地占用税法》的实施是利用经济手段限制乱占滥用耕地，补偿占用耕地所造成的农业生产力的损失，为大规模的农业综合开发提供必要的资金来源，促进农业生产的稳定发展。中国耕地的保护，涉及国家的粮食安全这一根本问题，必须从国家安全这一战略高度来看待。这一立法不仅仅是税收政策的调整，更是为我国每人手中的饭碗增加一份保障。

一、耕地占用税的税制要素

（一）征税对象和征税范围

耕地占用税的征税对象是纳税人占用耕地的行为。耕地占用税的征税范围包括国家所有和集体所有的耕地。

（二）纳税人

耕地占用税的纳税人是占用耕地建设建筑物、构筑物或者从事非农业建设的单位和个人。所称单位，包括国有企业、集体企业、私营企业、股份制企业、外商投资企业、外国企业以及其他企业和事业单位、社会团体、国家机关、军队以及其他单位；所称个人，包括个体工商户以及其他个人。

占用耕地建设农田水利设施的，不缴纳耕地占用税。

（三）税率

耕地占用税实行地区差别幅度定额税率，以县、自治县、不设区的市、市辖区为单位，按照人均耕地拥有量，确定每平方米应征的税额标准，具体规定见表2-3。

表2-3　耕地占用税税率表

级别	每平方米税额（元）
人均耕地在1亩以下（含1亩）的地区	10～50
人均耕地在1亩至2亩（含2亩）的地区	8～40
人均耕地在2亩至3亩（含3亩）的地区	6～30
人均耕地在3亩以上的地区	5～25

各地方政府可按照国务院统一确定的计税标准范围，根据本地的实际情况，确定本地的适用税额。

二、耕地占用税的计算

耕地占用税以纳税人实际占用的耕地面积为计税依据，按照规定的适用税额标准计算应纳税额，实行一次性征收。

应纳税额=实际占用的耕地面积×适用税额标准

【例2-7】某农场经批准占用耕地13 000平方米，其中有10 000平方米用于建造旅游饭店及相关设施，另有3 000平方米用于建造幼儿园和养老院。当地政府规定的耕地占用税税额为5元/平方米。试计算其应纳的耕地占用税税额。

建造旅游饭店及相关设施用地应按规定征收耕地占用税，其应纳税额为：

应纳税额=10 000×5=50 000（元）

用于建造幼儿园和养老院的耕地免征耕地占用税。

企业实际应向征收机关缴纳耕地占用税50 000元。

三、耕地占用税的税收优惠

下列情形减免耕地占用税：

（1）军事设施占用耕地。

（2）学校、幼儿园、养老院、医院占用耕地。

（3）铁路线路、公路线路、飞机场跑道、停机坪、港口、航道占用耕地，减按每平方米2元的税额征收耕地占用税。

（4）农村居民在规定用地标准以内占用耕地新建自用住宅，按照当地适用税额减半征收耕地占用税。

农村烈士家属、残疾军人、鳏寡孤独以及革命老根据地、少数民族聚居区和边远贫困山区生活困难的农村居民，在规定用地标准以内新建住宅缴纳耕地占用税确有困难的，经所在地乡（镇）人民政府审核，报经县级人民政府批准后，可以免征或者减征耕地占用税。

四、耕地占用税的纳税申报

耕地占用税由地方税务机关负责征收。

土地管理部门在通知单位或者个人办理占用耕地手续时，应当同时通知耕地所在地同级税务机关。获准占用耕地的单位或者个人应当在收到土地管理部门的通知之日起30日内缴纳耕地占用税。土地管理部门凭耕地占用税完税凭证或者免税凭证和其他有关文件发放建设用地批准书。

自2021年6月1日起，纳税人申报缴纳耕地占用税使用“财产和行为税纳税申报表”（见附表6）和“财产和行为税减免税明细申报附表”（见附表7）。

子任务二 城镇土地使用税纳税实务

城镇土地使用税是对城镇和工矿区范围内使用土地的单位和个人，按其实际使用的土地面积和规定的等级征收的一种税。

一、城镇土地使用税的税制要素

（一）城镇土地使用税的征税范围

城镇土地使用税在城市、县城、建制镇、工矿区内开征。

（二）城镇土地使用税的纳税人

在城市、县城、建制镇、工矿区范围内使用土地的单位和个人，为城镇土地使用税的纳税人。所称单位，包括国有企业、集体企业、私营企业、股份制企业、外商投资企业、外国企业以及其他企业和事业单位、社会团体、国家机关、军队以及其他单位；所称个人，包括个体工商户以及其他个人。根据经济生活中的实际情况，城镇土地使用税的纳税人具体包括：

（1）拥有土地使用权的单位和个人。

（2）若拥有土地使用权的单位和个人不在土地所在地，以其实际使用人或代管人为纳税人。

（3）土地使用权未确定或权属纠纷未解决的，其实际使用人为纳税人。

（4）土地使用权共有的，共有各方都是纳税人，由共有各方分摊纳税。

（三）城镇土地使用税的税率

城镇土地使用税采用幅度定额税率，按大、中、小城市等规定幅度差别税额。城镇土地使用税每平方米年幅度税额见表2-4。

表2-4 城镇土地使用税税额表

级别	人口（人）	每平方米税额（元）
大城市	50万以上	1.5 ~ 30
中等城市	20万 ~ 50万	1.2 ~ 24
小城市	20万以下	0.9 ~ 18
县城、建制镇、工矿区		0.6 ~ 12

二、城镇土地使用税的计算

城镇土地使用税的计算如下：

应纳城镇土地使用税=实际占用的土地面积×适用税额

【例2-8】东方农场2022年年初实际占用土地63 000平方米，其中60 000平方米用于农业生产。该农场地处城市郊区，当地人民政府规定城镇土地使用税单位税额为每年每平方米5元。7月，经批准占用耕地2 400平方米，用于建设一个停车场。试计算其应纳的城镇土地使用税税额。

按规定，农业企业用于农业生产的土地免征城镇土地使用税，而其他土地的城镇土地使用税应当按企业实际占用的土地面积和规定的单位税额计算确定。该企业占用的3 000平方米土地应纳城镇土地使用税税额为：

年应纳税额=3 000×5=15 000（元）

月应纳税额=15 000÷12=1 250（元）

按规定，农业企业将耕地用于建设停车场，应当按规定缴纳耕地占用税。对于已经缴纳了耕地占用税的，从批准占用之日起满1年征收城镇土地使用税，在此以前不征收城镇土地使用税。从2022年7月份起，企业应征收城镇土地使用税的土地面积为5 400平方米（3 000+2 400），其应纳税额为：

年应纳税额=5 400×5=27 000（元）

月应纳税额=27 000÷12=2 250（元）

三、城镇土地使用税的税收优惠

根据条例规定，下列土地免征城镇土地使用税：

（1）国家机关、人民团体、军队自用的土地。

（2）由国家财政部门拨付事业经费的单位自用的土地。

（3）宗教寺庙、公园、名胜古迹自用的土地。

（4）市政街道、广告、绿化地带等公共用地。

（5）直接用于农、林、牧、渔业的生产用地。

（6）经批准开山填海整治的土地和改造的废弃土地，从使用的月份起免征土地使用税5～10年。

（7）由财政部另行规定免税的能源、交通、水利设施用地和其他用地。

【育德启智2-6】

国务院常务会议：部分税费优惠政策延续执行至2023年年底

国务院延续对科技企业孵化器、大学科技园和众创空间使用的房产、土地免征房产税和城镇土地使用税。2021年1月19日召开的国务院常务会议指出，减税降费是直接有效、公平的惠企利民政策。会议决定，免征符合条件的科技企业孵化器、大学科技园和众创空间孵化服务增值税，对其自用及提供给在孵对象使用的房产、土地免征房产税和城镇土地使用税。

创新创业是建立创新型国家和高质量发展的重要推力和抓手，而创新成果的转化，尤其是科研机构、大学如何通过市场化方式将一些具有应用前景的创新成果转化为生产力，需要特别关注。此次对相关企业实施税费优惠政策，目的就在于减轻创新创业的成本负担，助力创新型国家建设。

科技、就业创业税费优惠政策的延续关系到科技企业孵化器、大学科技园、众创空间等，这些是科技创新的主体，也是国家创新体系的重要载体，对这些环节实施持续性的减税降费政策有助于从源头上提升我国科技创新的能力和水平。

这一政策的实施，可以看出国家对我国人民特别是广大青年的殷切期望。青年人是创新创业的主体，也是未来我国实现产业升级、发展转型的主力军。各位青年朋友应该立志为强国事业贡献自己的力量。

四、城镇土地使用税的纳税申报与缴纳

（一）纳税申报

城镇土地使用税的纳税人应当依照当地税务机关规定的期限，填写“财产和行为税纳税申报表”（见附表6）和“财产和行为税减免税明细申报附表”（见附表7），将其占用土地的权属、位置、用途、面积和税务机关规定的其他内容，据实向当地税务机关办理纳税申报登记，并提供有关的证明文件资料。纳税人新征用的土地，必须于批准新征用之日起30日内申报登记。纳税人如有住址变更、土地使用权属转移等情况，从转移之日起，按规定期限办理变更登记。

（二）纳税期限

城镇土地使用税按年征收，分期缴纳。

（三）纳税地点

城镇土地使用税由土地所在地的主管税务机关征收。纳税人使用的土地不属于同一省管辖范围内的，由纳税人分别向土地所在地的税务机关申报缴纳。

练习题

随堂测2-5

一、单项选择题

1.根据城镇土地使用税的有关规定，经济发达地区，城镇土地使用税的适用税额标准可以（　　）。

A.适当提高，但提高额不得超过规定的最高税额的30%

B.适当提高，但提高额不得超过规定的最低税额的30%

C.适当提高，但须报经国家税务总局批准

D.适当提高，但须报经财政部批准

2.某企业实际占地面积共为30 000平方米，其中企业子弟学校占地2 000平方米，医院占地1 000平方米。该企业每年应缴纳的城镇土地使用税为（　　）元。（该企业所处地段适用年税额3元/平方米）

A.81 000　　B.84 000　　C.87 000　　D.90 000

3.某外商投资企业2022年年初实际占地面积为50 000平方米，其中，企业自办幼儿园占地2 000平方米，职工医院占地2 000平方米，企业绿化占地5 000平方米，无偿向某部队提供训练用地1 000平方米。2022年4月该企业为扩大生产，根据有关部门的批准，新征用非耕地8 000平方米。该企业所处地段适用年税额3元/平方米。该企业2022年应缴纳城镇土地使用税（　　）万元。

A.15.3　　B.15.1　　C.13.8　　D.13.3

4.下列各项中，不属于城镇土地使用税开征区的是（　　）。

A.城市　　B.县城　　C.建制镇　　D.农村

5.下列关于城镇土地使用税纳税人的确定的说法中，正确的是（　　）。

A.拥有土地使用权的纳税人不在所在地的，由代管人或实际使用人纳税

B.土地使用权共有的，由使用人纳税

C.土地使用权未确定的，不纳税

D.土地属于国家的，由使用单位纳税

二、多项选择题

1.下列各项中，属于城镇土地使用税纳税人的有（　　）。

A.县城的私营企业　　B.农村的股份制企业

C.市区的集体企业　　D.城市、县镇、工矿区外的工矿企业

2.对纳税人实际占用的土地面积，可以按照（　　）确定。

A.凡由省、自治区、直辖市人民政府确定的单位组织测定土地面积的，以测定面积为准

B.尚未组织测量，但纳税人持有政府部门核发的土地使用证书的，以证书确认面积为准

C.尚未核发土地使用证书的，应由纳税人申报土地面积据以纳税，待核发土地使用证以后再做调整

D.尚未核发土地使用证书的，应由当地人民政府予以确定，作为计税依据

3.在征税范围内，下列占用土地免征城镇土地使用税的有（　　）。

A.公园自用的土地　　B.外商投资企业占用的生产用地

C.企业内绿化占用的土地　　D.国家机关自用的土地

4.下列关于城镇土地使用税的表述中，正确的有（　　）。

A.纳税人使用的土地不属于同一省（自治区、直辖市）管辖范围内的，由纳税人分别向土地所在地的税务机关申报缴纳

B.纳税人使用的土地在同一省（自治区、直辖市）管辖范围内，纳税人跨地区使用的土地，由纳税人分别向土地所在地的税务机关申报缴纳

C.纳税人出租房产，自交付出租房产之次月起计征城镇土地使用税

D.城镇土地使用税按年计算，分期缴纳

三、判断题

1.几个人或几个单位共同拥有同一块土地的使用权，则由其轮流缴纳这块土地的城镇土地使用税。（　　）

2.经批准开山填海整治的土地和改造的废弃土地，可以由各省、自治区、直辖市税务局确定是否减免其城镇土地使用税。（　　）

3.在未核发土地使用证书的情况下，城镇土地使用权的拥有人可以暂不缴纳城镇土地使用税，待核发土地使用证书后再补缴。（　　）

4.外商投资企业和外国企业用地不征收城镇土地使用税。（　　）

四、计算题

某企业2022年度共计拥有土地65 000平方米，其中免费租给邻近部队训练占地3 000平方米、幼儿园占地1 200平方米、企业内部绿化占地2 000平方米。2022年上半年企业共有房产原值4 000万元，7月1日起企业将原值200万元、占地面积400平方米的一栋仓库出租给某商场存放货物，租期1年，每月租金收入1.5万元。8月10日对委托施工单位安装中央空调的生产车间办理验收手续，由在建工程转入固定资产原值500万元，中央空调单项核算。（城镇土地使用税4元/平方米；房产税计算余值的扣除比例为20%）

要求：（1）计算该企业2022年应缴纳的城镇土地使用税。

（2）计算该企业2022年应缴纳的房产税。

子任务三 资源税纳税实务

资源税是为了体现国家的权益，促进合理开发利用资源，调节资源级差收入，对开采资源产品征收的一种税。2019年8月26日第十三届全国人民代表大会常务委员会第十二次会议通过了《中华人民共和国资源税法》，自2020年9月1日起施行。

【育德启智2-7】

资源税助力绿色发展

党的十九大报告提出，加快建立绿色生产和消费的法律制度和政策导向，建立健全绿色低碳循环发展的经济体系。2020年9月1日《中华人民共和国资源税法》（以下简称《资源税法》）开始施行。《资源税法》的最大亮点是将资源税从量计征变为从价计征。从价计征建立了税收与资源价格直接挂钩的调节机制，使资源税收入与反映市场供求和资源优劣的矿价挂钩，有利于调节资源收益，保障资源产业持续健康运行，提高资源利用效率，同时增强全社会的生态保护意识。在治理污染、促进资源有效利用的过程中，《资源税法》利用税收杠杆，有“限”有“奖”，对资源消耗高、污染环境的增加税收成本，对节约资源、利于环保的给予税收优惠，并鼓励企业想方设法提高资源利用水平，助力企业生产转型升级。

我国是个资源大国，但是从人均资源角度来讲，却是个资源贫国。资源的合理利用，关系到我们国家未来发展的后劲，关系到子孙后代的福祉。资源税将推动形成绿色发展方式和生活方式，不仅为我国经济社会发展创造更加良好的生产生活环境，同时也能为国家的长远发展奠定基础！

一、资源税的税制要素

（一）资源税的征税范围

资源税的征税范围是矿产品和盐，具体包括：

（1）能源矿产。其主要是指原油、天然气、煤、铀、钍、油页岩、油砂、天然沥青、石煤和地热等资源。

（2）金属矿产。其主要是指黑色金属矿原矿和有色金属矿原矿，是指纳税人开采后自用或销售的，用于直接入炉冶炼或作为主产品先入选矿，制造人工矿，再最终入炉冶炼的金属矿原矿。

（3）非金属矿产。其主要是指矿物类、岩石类和宝玉石类。

（4）水汽矿产。其主要是指二氧化碳气、硫化氢气、氦气、氡气和矿泉水。

（5）盐。其包括钠盐、钾盐、镁盐、锂盐、天然卤水和海盐。

（二）资源税的纳税人

思政视频 2-1

回眸税收这十年：绿色税制 助力深山矿区华丽转型

在中华人民共和国领域和中华人民共和国管辖的其他海域开发应税资源的单位和个人，为资源税的纳税人。所称单位，是指国有企业、集体企业、私有企业、股份制企业、其他企业和行政单位、事业单位、军事单位、社会团体及其他单位。所称个人，是指个体经营者及其他个人。

（三）资源税的税率

资源税具有调节资源级差收入的作用，即对资源条件好、级差收入大的品种，税额定得相对高些；对资源条件差、级差收入小的品种，税额定得相对低些，具体税目和税率幅度见表2-5。

表2-5　资源税税目税率表

税目			征税对象	税率
能源矿产	原油		原矿	6%
	天然气、页岩气、天然气水合物		原矿	6%
	煤		原矿或者选矿	2%～10%
	煤成（层）气		原矿	1%～2%
	铀、钍		原矿	4%
	油页岩、油砂、天然沥青、石煤		原矿或者选矿	1%～4%
	地热		原矿	1%～20%或者每立方米1～30元
金属矿产	黑色金属	铁、锰、铬、钒、钛	原矿或者选矿	1%～9%
	有色金属	铜、铅、锌、锡、镍、锑、镁、钴、铋、汞	原矿或者选矿	2%～10%
		铝土矿	原矿或者选矿	2%～9%
		钨	选矿	6.5%
		钼	选矿	8%
		金、银	原矿或者选矿	2%～6%
		铂、钯、钌、锇、铱、铑	原矿或者选矿	5%～10%
		轻稀土	选矿	7%～12%
		中重稀土	选矿	20%
		铍、锂、锆、锶、铷、铯、铌、钽、锗、镓、铟、铊、铪、铼、镉、硒、碲	原矿或者选矿	2%～10%
非金属矿产	矿物类	高岭土	原矿或者选矿	1%～6%
		石灰岩	原矿或者选矿	1%～6%或者每吨（或者每立方米）1～10元
		磷	原矿或者选矿	3%～8%
		石墨	原矿或者选矿	3%～12%
		萤石、硫铁矿、自然硫	原矿或者选矿	1%～8%
		天然石英砂、脉石英、粉石英、水晶、工业用金刚石、冰洲石、蓝晶石、硅线石（矽线石）、长石、滑石、刚玉、菱镁矿、颜料矿物、天然碱、芒硝、钠硝石、明矾石、砷、硼、碘、溴、膨润土、硅藻土、陶瓷土、耐火粘土、铁矾土、凹凸棒石粘土、海泡石粘土、伊利石粘土、累托石粘土	原矿或者选矿	1%～12%

续表

税目			征税对象	税率
非金属矿产	矿物类	叶蜡石、硅灰石、透辉石、珍珠岩、云母、沸石、重晶石、毒重石、方解石、蛭石、透闪石、工业用电气石、白垩、石棉、蓝石棉、红柱石、石榴子石、石膏	原矿或者选矿	2%～12%
		其他粘土（铸型用粘土、砖瓦用粘土、陶粒用粘土、水泥配料用粘土、水泥配料用红土、水泥配料用黄土、水泥配料用泥岩、保温材料用粘土）	原矿或者选矿	1%～5%或者每吨（或者每立方米）0.1～5元
	岩石类	大理岩、花岗岩、白云岩、石英岩、砂岩、辉绿岩、安山岩、闪长岩、板岩、玄武岩、片麻岩、角闪岩、页岩、浮石、凝灰岩、黑曜岩、霞石正长岩、蛇纹岩、麦饭石、泥灰岩、含钾岩石、含钾砂页岩、天然油石、橄榄岩、松脂岩、粗面岩、辉长岩、辉石岩、正长岩、火山灰、火山渣、泥炭	原矿或者选矿	1%～10%
		砂石（天然砂、卵石、机制砂石）	原矿或者选矿	1%～5%或者每吨（或者每立方米）0.1～5元
	宝玉石类	宝石、玉石、宝石级金刚石、玛瑙、黄玉、碧玺	原矿或者选矿	4%～20%
水气矿产	二氧化碳气、硫化氢气、氦气、氡气		原矿	2%～5%
	矿泉水		原矿	1%～20%或者每立方米1～30元
盐	钠盐、钾盐、镁盐、锂盐		选矿	3%～15%
	天然卤水		原矿	3%～15%或者每吨（或者每立方米）1～10元
	海盐			2%～5%

二、资源税的计算

资源税的计算公式为：

应纳资源税=应税产品的销售额或销售数量×适用税率或税额

特别说明：

（一）关于销售额的认定

销售额是指纳税人销售应税产品向购买方收取的全部价款和价外费用，不包括增值税销项税额和运杂费用。

运杂费用是指应税产品从坑口或洗选（加工）地到车站、码头或购买方指定地点的运输费用、建设基金以及随运销产生的装卸、仓储、港杂费用。运杂费用应与销售额分别核算，凡未取得相应凭据或不能与销售额分别核算的，应当一并计征资源税。

（二）关于原矿销售额与选矿销售额的换算或折算

为公平原矿与选矿之间的税负，对同一种应税产品，征税对象为选矿的，纳税人销售原矿时，应将原矿销售额换算为选矿销售额缴纳资源税；征税对象为原矿的，纳税人销售自采原矿加工的选矿，应将选矿销售额折算为原矿销售额缴纳资源税。换算比或折算率原则上应通过原矿售价、选矿售价和选矿比计算，也可通过原矿销售额、加工环节平均成本和利润计算。

金矿以标准金锭为征税对象，纳税人销售金原矿、金选矿的，应比照上述规定将其销售额换算为金锭销售额缴纳资源税。

【例2-9】某油田2022年10月共计开采原油8 000吨，当月销售原油6 000吨，取得销售收入（不含增值税）18 000 000元，同时还向购买方收取违约金23 400元，优质费5 850元；支付运输费用20 000元（运输发票已比对）。已知销售原油的资源税税率为6%。试计算该油田10月份应纳的资源税。

应纳资源税税额=［18 000 000+（23 400+5 850）÷（1+13%）］×6%=1 081 553.10（元）

三、资源税的税收优惠

（一）减、免税项目

下列项目免征资源税：

1.开采原油过程中，用于加热、修井的原油免税。

2.油田范围内运输原油过程中，用于加热、修井的原油（提示：天然气也免）免税。

3.煤炭开采企业因安全生产需要抽采的煤成（层）气。

下列项目酌情减免资源税：

1.纳税人开采或者生产应税产品过程中，因意外事故或者自然灾害等原因遭受重大损失的。

2.对鼓励利用的低品位矿、废石、尾矿、废渣、废水、废气等提取的矿产品。

3.为促进共伴生矿的综合利用，纳税人开采销售共伴生矿，共伴生矿与主矿产品销售额分开核算的，对共伴生矿暂不计征资源税。

下列项目减征资源税

1.油气田：三次采油资源税减征30%；对低丰度油气田资源税暂减征20%；深水油气田资源税减征30%。

2.铁矿石减按40%征收资源税。

3.对设计开采年限在15年以上的衰竭期矿山开采的矿产资源，资源税减征30%。

4.对依法在建筑物下、铁路下、水体下通过充填开采方式采出的矿产资源，资源税减征50%。

5.为促进页岩气开发利用，有效增加天然气供给，对页岩气资源税减征30%。

（二）出口应税产品不退（免）资源税的规定

由于对进口的应税产品不征收资源税，因此对出口的应税产品不退还（或免征）已纳的资源税。

四、资源税的纳税申报与缴纳

（一）纳税义务发生时间

纳税人销售应税产品纳税义务发生的时间，根据其结算方式不同分为以下几种情况：

（1）采取分期收款结算方式的，为销售合同规定的收款日期的当天；采取预收货款结算方式的，为发出应税产品的当天；采取其他结算方式的，为收讫销售款或取得索取销售款凭据的当天。

（2）纳税人自产自用应税产品的纳税义务发生时间，为移送使用应税产品的当天。

（3）扣缴义务人代扣代缴税款的纳税义务发生时间，为支付首笔货款或者开具应支付货款凭据的当天。

（二）纳税期限

资源税按月或者按季申报缴纳；不能按固定期限计算缴纳的，可以按次申报缴纳。

纳税人按月或者按季申报缴纳的，应当自月度或者季度终了之日起15日内，向税务机关办理纳税申报并缴纳税款；按次申报缴纳的，应当自纳税义务发生之日起15日内，向税务机关办理纳税申报并缴纳税款。

（三）纳税环节和纳税地点

资源税在应税产品的销售或自用环节计算缴纳。以自采原矿加工选矿产品的，在原矿移送使用时不缴纳资源税，在选矿销售或自用时缴纳资源税。

纳税人以自采原矿加工金锭的，在金锭销售或自用时缴纳资源税。纳税人销售自采原矿或者自采原矿加工的金选矿、粗金，在销售时缴纳资源税，在移送使用时不缴纳资源税。

以应税产品投资、分配、抵债、赠予、以物易物等，视同销售，计算缴纳资源税。

纳税人应当向矿产品的开采地或盐的生产地缴纳资源税。纳税人在本省、自治区、直辖市范围开采或者生产应税产品，其纳税地点需要调整的，由省级税务机关决定。

自2021年6月1日起，纳税人申报缴纳资源税使用“财产和行为税纳税申报表”（见附表6）和“财产和行为税减免税明细申报附表”（见附表7）。

练习题

随堂测2-6

一、单项选择题

1.下列各项中，征收资源税的是（　　）。

A.人造石油　　B.洗煤、选煤

C.煤矿生产的天然气　　D.铝土矿

2.下列各项中，属于资源税征税范围的是（　　）。

A.油田生产的天然气　　B.以油母页岩炼制的原油

C.洗煤　　D.伴选矿

3.下列各项中，不属于资源税纳税人的是（　　）。

A.开采煤矿的个体经营者　　B.开采原煤的煤矿生产企业

C.开采天然气的中外合作企业　　D.开采盐的企业

二、多项选择题

1.纳税人销售应纳资源税的产品，下列关于其资源税的纳税义务发生时间的说法中，不正确的有（　　）。

A.纳税人采取分期收款结算方式的，其纳税义务发生时间为收到全部价款的当天

B.纳税人采取其他结算方式的，其纳税义务发生时间为收讫销售款或者取得索取销售款凭据的当天

C.纳税人采取预收货款结算方式的，其纳税义务发生时间为收到预收款的当天

D.纳税人自产自用应税产品的纳税义务发生时间为移送使用应税产品的当天

2.下列关于资源税纳税义务发生时间的表述中，正确的说法有（　　）。

A.自产自用的应税产品，其纳税义务发生时间为移送使用的当天

B.代扣代缴资源税的应税产品，其纳税义务发生时间为支付货款的当天

C.以预收货款方式销售应税产品，其纳税义务发生时间为发出应税产品的当天

D.以其他结算方式销售应税产品，其纳税义务发生时间为收讫价款或者取得索取价款凭证的当天

3.关于资源税的纳税地点，下列表述中，正确的有（　　）。

A.资源税纳税人应向开采或生产所在地主管税务机关纳税

B.跨省开采的，在开采所在地纳税

C.扣缴义务人应向收购地税务机关缴纳

D.省内开采的，在机构所在地主管税务机关缴纳

三、计算题

某油田2022年12月生产原油20万吨，加热修井用0.5万吨，当月销售19.5万吨，取得不含税收入1 800万元；开采天然气1 000万立方米，当月销售900万立方米，取得含税销售额187.2万元。按照当地的规定，原油资源税税率为6%，天然气资源税税率为6%。试计算该油田本月应纳的资源税税额。

子任务四　房产税纳税实务

房产税是以城市、县城、建制镇和工矿区的房屋为征税对象，按房屋的计税余值或租金收入向房屋产权所有人征收的一种财产税。

一、房产税的税制要素

（一）房产税的征税范围

房产税的征税范围为城市、县城、建制镇、工矿区。

（1）城市是指国务院批准设立的市。

（2）县城是指人民政府所在地的地区。

（3）建制镇是指经省、自治区、直辖市人民政府批准设立的建制镇。

（4）工矿区是指工商业比较发达，人口比较集中，符合国务院规定的建制镇标准，但尚未设立建制镇的大中型工矿企业所在地。开征房产税的工矿区须经省、自治区、直辖市人民政府批准。

（二）房产税的纳税人

房产税暂行条例规定，凡在我国境内拥有房屋产权的单位和个人，都是房产税的纳税人。其具体分以下几种情况：

（1）产权属于国家所有的，其经营管理单位为纳税人；产权属于集体和个人所有的，由集体单位和个人纳税。

（2）产权出典的，承典人为纳税人。

（3）产权所有人、承典人不在房屋所在地的，或者产权未确定及纠纷未解决的，房产代管人或者使用人为纳税人。

（4）无租使用其他房产的问题。纳税单位或个人无租使用房产管理部门、免税单位及纳税单位的房产，应由使用人代为缴纳房产税。

外商投资企业、外国企业和外国人经营的房产不适用房产税。

（三）房产税的税率

现行房产税采用的是比例税率，具体有两种：

（1）依照房产原值一次减除10%～30%后的余值计算缴纳的，税率为1.2%；

（2）依照房产租金收入计算缴纳的，税率为12%。

自2008年3月1日起，对个人出租住房，不区分用途，按4%的税率征收房产税。

二、房产税的计算

（一）从价计征

房产税依照房产原值一次减除10%～30%后的余值计算缴纳。所谓房产原值，是指纳税人按照会计制度的规定，在“固定资产”科目中记载的房屋原价。其计算公式为：

应纳房产税=原值×（1-规定的扣除率）×1.2%

特别说明：

1.投资联营房产问题

（1）以房产投资联营，投资者参与投资利润分红，并承担经营风险的，以房产的余值作为计税依据征收房产税。

（2）以房产投资，收取固定收入，不承担经营风险的，由出租方按租金收入计算缴纳房产税。

2.对融资租赁房屋

这实质上属于一种分期付款购买固定资产的行为，因此，以房产的余值作为计税依据征收房产税，租赁期间的纳税人由当地税务机关根据具体情况确定。

3.对新建房屋的中央空调设备，应区别对待

（1）若该中央空调设备已经计算在房产原值中，则房产原值应包含中央空调设备。

（2）若该中央空调设备作为单项固定资产入账，单独核算计提折旧，则房产原值不包含中央空调设备。

（二）从租计征

房产出租的，以房产租金收入为房产税的计税依据。所谓房产的租金收入，是房屋产权所有人出租房产使用权所得的报酬，包括货币收入和实物收入。其计算公式为：

应纳房产税=房产租金收入×12%（4%）

【例2-10】某商店的经营用房账面原值为6 000万元，当地规定允许按照减除25%后的余值计算缴纳房产税，适用税率为1.2%。试计算其应纳的房产税。

应纳房产税=6 000×（1-25%）×1.2%=54（万元）

【例2-11】李某拥有一套价值50万元的住房，租给他人经营使用，每年租金5万元。试计算李某今年应纳的房产税。

应纳房产税=5×4%=0.2（万元）

三、房产税的优惠政策

根据税法的规定，下列房产免征房产税：

（1）国家机关、人民团体、军队自用的房产免征房产税。

（2）由财政部拨付事业经费的单位自用的房产免征房产税。

（3）宗教寺庙、公园、名胜古迹自用的房产免征房产税，但宗教寺庙、公园、名胜古迹中附设的经营单位，如影剧院、饮食部、茶社等所使用的房产及其出租的房产，则应征收房产税。

（4）非营利性医疗机构、疾病控制机构、妇幼保健机构等医疗卫生机构自用的房产免征房产税。营利性医疗机构所取得的经营收入直接用于改善医疗卫生条件的，从其取得执业资格之日起3年内，其自用房产免征房产税。

（5）个人所有非营业用的房产免征房产税。

（6）经财政部批准免税的其他房产。

四、房产税的纳税申报与缴纳

（一）纳税义务发生时间

（1）纳税人将原有房产用于生产经营，从生产经营之月起，缴纳房产税。

（2）纳税人自行建造房屋用于生产经营，从建成之次月起，缴纳房产税。

（3）纳税人委托施工企业建造的房屋，从办理验收手续之次月起，缴纳房产税。纳税人在办理手续前，已经使用或出租、出借的新建房屋，应从使用或出租、出借的当月起，缴纳房产税。

（二）纳税申报

房产税按年计算，分期缴纳，具体纳税期限由省、自治区、直辖市人民政府规定。纳税人应按照条例的有关规定，及时办理纳税申报。自2021年6月1日起，纳税人申报缴纳房产税使用“财产和行为税纳税申报表”（见附表6）和“财产和行为税减免税明细申报附表”（见附表7）。

（三）纳税地点和征收机关

房产税在房产所在地缴纳。房产不在同一地方的纳税人，应按房产的坐落地点，分别向房产所在地的税务机关缴纳房产税。

【育德启智2-8】

房产税立法，打造幸福安居工程

“衣、食、住、行”自古以来就是人民最切身利益所系，而现代社会“衣、食、行”的问题已基本解决，“住”却成为一个老大难，成为关系到百姓安居乐业的一项大事。居高不下的房价与炒房集团的存在成为通往幸福生活的道路上不可逾越的障碍。2016年中央经济工作会议中提出“房子是用来住的，不是用来炒的”，要求回归住房的居住属性，一系列的举措应运而生。

推进房产税立法，坚持先立法后改革，逐步推进。将“房子是用来住的，不是用来炒的”作为房产税立法原则确立下来，并作为房产税要素设计的重要前提，从而使房产税立法取得广泛的社会共识。

坚持房产税立法，使房产回归居住属性，有利于促进更多的百姓实现“广厦千万间，人人俱欢颜”的安居梦，也体现了我党“权为民所用，情为民所系，利为民所谋”的施政原则。

练习题

随堂测2-7

一、单项选择题

1.纳税人出租的房屋，如承租人以劳务或者其他形式为报酬抵付房租收入的，应（ ）房产税。

A.根据出租房屋的原值减去10%～30%后的余值，实行从价计征

B.根据当地同类房产的租金水平确定一个标准租金额，实行从租计征

C.根据税务机关的审核，实行从租计征

D.根据纳税人的申报，实行从租计征

2.下列各项中，符合房产税规定的是（ ）。

A.对纳税人未按会计制度规定记载原值的，应按规定调整房产原值

B.房产原值明显不合理的，由房屋所在地税务机关参考市场价核定

C.对没有房产原值的，应以评估确认的价值作为计税依据

D.对以房产投资，收取固定收入，不承担联营风险的，应由出租方按房产余值计税

3.赵某拥有两处房产，一处原值60万元的房产供自己及家人居住，另一处原值20万元的房产于2022年7月1日出租给王某居住，按市场价每月取得租金收入1 200元。赵某当年应缴纳的房产税为（ ）元。

A.288　　B.576　　C.840　　D.864

4.某人自有住房8间，房产原值为15万元，其中3间门面房出租给某公司，租金按其当年营业收入的10%收取，该公司当年营业收入50万元；另有3间出租给居民居住，每间月租金收入为2 000元。该地区规定按房产原值一次扣除20%后的余值计税。该人出租房产本年应纳的房产税为（ ）万元。

A.0.6　　B.0.268　　C.0.888　　D.0.48

5.甲公司委托某施工企业建造一幢办公楼，工程于2022年12月完工，2023年1月办妥（竣工）验收手续，4月付清全部价款。甲公司此幢办公楼房产税的纳税义务发生时间是（ ）。

A.2022年12月　　B.2023年1月

C.2023年2月　　D.2023年4月

6.下列有关房产税纳税义务的表述中，错误的是（ ）。

A.房屋出租的，由承租人纳税

B.房屋产权出典的，由承典人纳税

C.房屋产权未确定的，由代管人或使用人纳税

D.产权人不在房屋所在地的，由房屋代管人或使用人纳税

7.某企业2022年度自有生产用房原值5 000万元，账面已提折旧1 000万元。已知房产税税率为1.2%，当地政府规定计算房产余值的扣除比例为30%。该企业2022年度应缴纳的房产税税额为（ ）万元。

A.18　　B.33.6　　C.42　　D.48

二、多项选择题

1.可由财政部批准免税的房产有（ ）。

A.个人所有的非营业用房产

B.损坏不堪使用的房屋

C.人民团体自用的房产

D.在基建工地为基建工程服务的临时性房屋

2.下列各项中，符合房产税规定的有（ ）。

A.非营利性医疗机构、疾病控制机构和妇幼保健机构等卫生机构自用的房产，免征房产税

B.营利性医疗机构自用的房产，自2000年起免征房产税3年

C.纳税人确有困难的，可由省、自治区、直辖市税务局确定定期减征或者免征房产税

D.营利性医疗机构自用的房产，自开业之日起免征房产税3年

3.下列各项中，符合房产税纳税义务发生时间规定的有（ ）。

A.纳税人购置新建商品房，自房屋交付使用之次月起纳税

B.自行新建房产用于生产经营，从建成之月起纳税

C.纳税人出借房产，自交付出借房产当月起纳税

D.委托施工企业建设的房产，在办理验收手续之次月起纳税

三、判断题

1.房地产开发企业建造的商品房在出售前不征收房产税，但对出售前房地产开发企业已使用或出租、出售的房产应按规定征收房产税。（ ）

2.新建建筑物安装的中央空调设备，已计算在房产原值中的，应征收房产税；旧建筑物安装中央空调设备，不征收房产税。（ ）

3.对以融资租赁方式租出的房屋，在计征房产税时应当以房产余值计算纳税。（ ）

4.纳税人购置房屋，应自办理房屋权属转移、变更登记手续，房地产权属登记机关签发房屋权属证书之次月起，缴纳房产税。（ ）

四、计算题

张某拥有商业房产1套，原值为100万元，本年1月将其出租用于商业经营，每月取得租金1万元，另拥有一套自住住宅，原值为80万元，另经营一家服装店并且拥有该店面房屋的产权，该房产的原值为120万元，该地区规定按房产原值一次扣除20%后的余值计税。

要求：计算张某当年应缴纳的房产税。

子任务五 印花税纳税实务

一、印花税概述

（一）印花税的概念

印花税是对经济活动和经济交往中书立、领受的应税凭证征收的一种税。由于该税的纳税人是通过在应税凭证上粘贴“印花税票”来完成纳税义务的，故名印花税。

2021年6月10日，第十三届全国人民代表大会常务委员会第二十九次会议表决通过《中华人民共和国印花税法》，自2022年7月1日起施行。

（二）印花税的特点

1.兼有凭证税和行为税的性质

印花税是对单位和个人书立、使用、领受的应税经济凭证征收的一种税，具有凭证税性质；另外，任何一种应税经济凭证反映的都是某种特定的经济行为，因此，对凭证征税实质上是对经济行为的课税。

2.征收面比较广

印花税规定的征税范围极其广泛，包括了经济活动和经济交往中的各种应税凭证，凡书立、使用和领受这些凭证的单位和个人都要缴纳印花税。

3.实行轻税重罚的政策

印花税与其他税种相比较，税率要低得多，其税负较轻，但对于违反税法有关规定使用印花税票或少纳、不纳印花税税款的，则给予较重的处罚，以规范纳税人的纳税行为。

4.实行“四自”纳税办法

印花税纳税人采取按照应税凭证的性质和适用税率自行计算应纳税额、自行购买印花税票、自行粘贴印花税票并在印花税票和凭证的骑缝处自行盖戳或划销的办法来完成纳税义务。

二、印花税的税制要素

（一）印花税的征税范围

印花税的征税范围为在中华人民共和国境内书立应税凭证及进行证券交易。应税凭证是指“印花税税目税率表”列明的合同、产权转移数据和营业账簿；证券交易是指转让在依法设立的证券交易所、国务院批准的其他全国性证券交易场所交易的股票和以股票为基础的存托凭证。

证券交易印花税对证券交易的出让方征收，不对受让方征收。

（二）纳税人

印花税的纳税人是指在中华人民共和国境内书立应税凭证、进行证券交易的单位和个人。

在中华人民共和国境外书立在境内使用的应税凭证的单位和个人，应当依照本法的规定缴纳印花税。

特别说明：两方或两方以上共同书立的应税凭证，其当事人各方都是印花税的纳税人，分别履行各自的纳税义务。

（三）税率

印花税实行比例税率。

印花税的税目税率见表2-6。

表2-6 印花税税目税率表

应税凭证类别	税目	税率	备注
合同或具有合同性质的凭证	1.买卖合同	按价款0.3‰贴花	指动产买卖合同（不包括个人书立的动产买卖合同）

续表

<table>
<tr><th>应税凭证类别</th><th>税目</th><th>税率</th><th>备注</th></tr>
<tr><td rowspan="10">合同或具有合同性质的凭证</td><td>2.承揽合同</td><td>按报酬的0.3‰贴花</td><td rowspan="4"></td></tr>
<tr><td>3.建设工程合同</td><td>按价款的0.3‰贴花</td></tr>
<tr><td>4.融资租赁合同</td><td>按租金的0.05‰贴花</td></tr>
<tr><td>5.租赁合同</td><td>按租赁金额的1‰贴花，税额不足1元的，按1元贴花</td></tr>
<tr><td>6.运输合同</td><td>按运输收取的费用的0.3‰贴花</td><td>指货运合同和多式联运合同（不包括管道运输合同）</td></tr>
<tr><td>7.仓储合同</td><td>按仓储费的1‰贴花</td><td rowspan="3"></td></tr>
<tr><td>8.保管合同</td><td>按保管费的1‰贴花</td></tr>
<tr><td>9.借款合同</td><td>按借款金额的0.05‰贴花</td></tr>
<tr><td>10.财产保险合同</td><td>按收取的保险费收入的1‰贴花</td><td>不包括再保险合同</td></tr>
<tr><td>11.技术合同</td><td>按价款、报酬或者使用费的0.3‰贴花</td><td>不包括专利权、专有技术使用权转让书据</td></tr>
<tr><td rowspan="4">产权转移书据</td><td>12.土地使用权出让书据</td><td>按价款的0.5‰贴花</td><td rowspan="4">转让包括买卖（出售）、继承、赠与、互换、分割</td></tr>
<tr><td>13.土地使用权、房屋等建筑物和构筑物所有权转让书据（不包括土地承包经营权和土地经营权转移）</td><td>按价款的0.5‰贴花</td></tr>
<tr><td>14.股权转让书据（不包括应缴纳证券交易印花税的）</td><td>按价款的0.5‰贴花</td></tr>
<tr><td>15.商标专用权、著作权、专利权、专有技术使用权转让书据</td><td>按价款的0.3‰贴花</td></tr>
<tr><td>账簿</td><td>16.营业账簿</td><td>按实收资本（股本）与资本公积合计总额的0.25‰征收</td><td></td></tr>
<tr><td>证照</td><td>17.证券交易</td><td>按成交金额的1‰贴花</td><td></td></tr>
</table>

三、印花税的计算

印花税实行从价定率计算方法，其计算公式为：

应纳税额=计税金额×比例税率

【例2-12】某公司2022年8月营业账簿中，实收资本2 000 000元。当月企业与其他单位签订产品购销合同两份，合同金额分别为200 000元和500 000元。12月末，企业经批准增加投资，实收资本增加至3 000 000元，资本公积增加500 000元。试计算应纳税额。

（1）按照规定，对于企业营业账簿中的资金账簿，应按实收资本和资本公积金额的合计数计税贴花，税率为0.25‰，则资金账簿应纳税额为：

应纳税额=2 000 000×0.25‰=500（元）

（2）按照规定，签订的购销（买卖）合同应以合同所载金额为计税依据计税贴花，税率为0.3‰，则购销合同应纳税额为：

应纳税额=（200 000+500 000）×0.3‰=210（元）

（3）8月份企业应当缴纳的印花税为：

应纳税额=500+210=710（元）

（4）12月，对于资金账簿增加金额，其应纳税额为：

应纳税额=（1 000 000+500 000）×0.25‰=375（元）

12月份企业应当缴纳印花税375元。

四、印花税的优惠政策

根据印花税法的规定，下列凭证免纳印花税：

（1）应税凭证的副本或者抄本。

（2）财产所有权人将财产赠与政府、学校、社会福利机构、慈善组织书立的产权转移书据。

（3）依照法律规定应当予以免税的外国驻华使馆、领事馆和国际组织驻华代表机构为获得馆舍书立的应税凭证。

（4）中国人民解放军、中国人民武装警察部队书立的应税凭证。

（5）农民、家庭农场、农民专业合作社、农村集体经济组织、村民委员会购买农业生产资料或者销售农产品书立的买卖合同和农业保险合同。

（6）无息或者贴息借款合同、国际金融组织向中国提供优惠贷款书立的借款合同。

（7）非营利性医疗卫生机构采购药品或者卫生材料书立的买卖合同。

（8）个人与电子商务经营者订立的电子订单。

根据国民经济和社会发展的需要，国务院对居民住房需求保障、企业改制重组、破产、支持小型微型企业发展等情形可以规定减征或者免征印花税，报全国人民代表大会常务委员会备案。

五、印花税的纳税申报与缴纳

（一）纳税方法

印花税的纳税方法及适用范围见表2-7。

表2-7　**印花税的纳税方法及适用范围**

纳税方法	适用范围
自行贴花	一般适用于应税凭证较少或同一凭证纳税次数较少的纳税人
汇贴或汇缴	一般适用于应纳税额较大或贴花次数频繁的纳税人
委托代征	凡通过国家有关部门发放、鉴证、公证或仲裁的应税凭证可由税务机关委托相关部门代为征收印花税税款

印花税可以采用粘贴印花税票或者由税务机关依法开具其他完税凭证的方式缴纳。印花税票粘贴在应税凭证上的，由纳税人在每枚税票的骑缝处盖戳注销或者画销。印花税票由国务院税务主管部门监制。

（二）印花税的纳税义务发生时间

印花税的纳税义务发生时间为纳税人书立应税凭证或者完成证券交易的当日。

证券交易印花税扣缴义务发生时间为证券交易完成的当日。

印花税按季、按年或者按次计征。实行按季、按年计征的，纳税人应当自季度、年度终了之日起15日内申报缴纳税款；实行按次计征的，纳税人应当自纳税义务发生之日起15日内申报缴纳税款。

证券交易印花税按周解缴。证券交易印花税扣缴义务人应当自每周终了之日起5日内申报解缴税款以及银行结算的利息。

（三）纳税地点

纳税人为单位的，应当向其机构所在地的主管税务机关申报缴纳印花税；纳税人为个人的，应当向应税凭证书立地或者纳税人居住地的主管税务机关申报缴纳印花税。

不动产产权发生转移的，纳税人应当向不动产所在地的主管税务机关申报缴纳印花税。

纳税人为境外单位或者个人，在境内有代理人的，以其境内代理人为扣缴义务人；在境内没有代理人的，由纳税人自行申报缴纳印花税，具体办法由国务院税务主管部门规定。

证券登记结算机构为证券交易印花税的扣缴义务人，应当向其机构所在地的主管税务机关申报解缴税款以及银行结算的利息。

（四）处罚规定

印花税由税务机关依照印花税法和《中华人民共和国税收征收管理法》的规定征收管理。

纳税人、扣缴义务人和税务机关及其工作人员违反印花税法规定的，依照《中华人民共和国税收征收管理法》和有关法律、行政法规的规定追究法律责任。

自2021年6月1日起，纳税人申报缴纳印花税使用“财产和行为税纳税申报表”（见附表6）和“财产和行为税减免税明细申报附表”（见附表7）。

【育德启智2-9】

印花税小税种大处罚

南京市税务局在对某商场进行的一次稽查时发现，该商场有一个1 000万元的合同因故未履行，也没有申报缴纳印花税。稽查人员根据税法规定要求其补缴印花税，并处以相应的滞纳金和罚款时，该企业却不接受，理由是1 000万元的合同并未履行，因此不应缴印花税。我国《印花税法》规定，印花税的纳税义务发生时间并不是合同完成的时间，而是合同书立的时间，合同签订时即应贴花，履行完税手续。因此，不论合同是否兑现或按期兑现，都需要按照规定贴花，商场未按法律、法规申报缴纳印花税，是违法行为，应当接受税务机关的处理意见，补缴印花税。

特别提醒，别看小小的印花税体量小、发言少，很容易被忽视，但经常在稽查时迸发出巨大的“能量”，让企业“栽跟头”！这些企业在增值税、企业所得税方面都没有问题，但是却在印花税上过不了关。“细节决定成败”，工作中必须做到一丝不苟，不能有一丝一毫的马虎大意。因此，财务人员应该特别注意各个税种的细节要求，千万要重视其背后的风险，别掉以轻心。

练习题

随堂测2-8

一、单项选择题

1. 甲公司与乙公司分别签订了两份合同：一是以货换货合同，甲公司的货物价值200万元，乙公司的货物价值150万元；二是采购合同，甲公司购买乙公司50万元货物，但因故合同未能兑现。甲公司应缴纳印花税（　）元。

A.150　　B.600　　C.1 050　　D.1 200

2. 某企业2022年度签订了如下合同：向某公司租赁设备一台，年租金10万元，租期3年；与银行签订借款合同，借款金额为500万元，因该借款用于企业技术改造项目，为无息贷款；受甲公司委托加工一批产品，总金额为200万元，签订的加工承揽合同中注明原材料由甲公司提供，金额为180万元，该企业提供加工劳务和辅助材料，金额为20万元，则该企业2022年度的这些经济事项应纳印花税（　）元。

A.450　　B.940　　C.1 190　　D.400

3. 甲企业受托分别为乙、丙企业各加工一批产品：与乙企业签订合同，原材料金额50万元由乙企业提供，甲企业向乙企业收取加工费30万元；与丙企业签订合同，原材料金额40万元由甲企业提供，丙企业只向甲企业支付加工费10万元，则甲企业应缴纳印花税（　）元。

A.120　　B.200　　C.320　　D.400

二、多项选择题

1. 根据印花税的有关规定，下列凭证中，属于印花税应税凭证的有（　）。

A. 发电厂与电网之间签订的购售电合同

B. 国家电网公司系统内部各级电网互供电量的购售电合同

C. 电网与用户之间签订的供用电合同

D. 国家电网公司与南方电网公司之间签订的购售电合同

2. 下列各项中，按照“产权转移书据”缴纳印花税的有（　）。

A. 商品房销售合同

B. 土地使用权出让合同

C. 土地使用权转让合同

D. 个人无偿赠送不动产签订的“个人无偿赠予不动产登记表”

3. 下列账簿中，属于印花税征税范围的有（　）。

A. 事业单位实行企业化管理，从事生产经营活动核算的账簿

B. 企业单位内的职工食堂设置的收支账簿

C. 企业单位内工会组织以及自办的学校设置的收支账簿

D. 企业采用分级核算形式，财务部门在车间设置的明细分类账簿

4. 下列关于印花税计税依据的表述中，正确的有（　）。

A. 对于由委托方提供原材料、受托方提供辅助材料并收取加工费的加工合同，以辅助材料和加工费合计数，依照加工承揽合同计税贴花，原材料按购销合同计税贴花

B. 货物运输合同的计税依据为所运输货物的金额

C.建筑安装工程承包合同的计税依据为承包金额

D.记载资金的营业账簿，计税依据为实收资本和资本公积之和

三、判断题

1.印花税是对经济活动和经济交往中书立、领受的一切凭证征收的一种税。（　）

2.印花税的纳税义务发生时间是书立的应税凭证所反映的行为生效时。（　）

3.立合同人是印花税的纳税义务人，其是指合同的受益各方。（　）

4.立账簿人是印花税的纳税义务人，其只需要对各单位的总账账簿贴花。（　）

5.一份由两个企业签订的以物易物合同，应按各自提供货物的金额相加计税，并由双方共同承担印花税税额。（　）

6.加工承揽合同中，如有受托方提供原材料和辅助材料的金额，可将二者剔除后计征印花税。（　）

7.对融资租赁合同，应以合同所载租赁总额暂按借款合同计税贴花。（　）

8.记载资金的账簿，每年应以“实收资本”和“资本公积”两项账面余额合计金额计税贴花。（　）

9.一份应税凭证载有两项经济事项，并分别记载金额，应按两项合计和最高适用税率计税贴花。（　）

10.对于签订无法确定计税金额的合同，可在合同结算时根据实际计税金额汇总缴税。（　）

11.应税合同中未兑现的部分不需缴纳印花税。（　）

四、计算题

1.某中外合资企业于2022年8月18日开业，领受营业执照、房产证、商标注册证各一件，注册资本为380万元，实收资本为200万元。开业当年签订财产保险合同一份，投保金额为120万元，收取保险费2.4万元；与银行签订借款合同一份，借款金额50万元（利率8%）；购销合同2份，其中一份为外销合同，所载金额为180万元，另一份为内销合同，所载金额为100万元。2023年，该企业与某公司签订技术转让合同一份，合同金额为30万元；与货物运输公司签订运输合同一份，支付运输费5万元，装卸费0.4万元；实收资本数额增加到280万元。

要求：请计算2022年、2023年该企业应缴印花税税额。

2.某电子企业2022年10月签订以下合同：

（1）与某工厂签订加工承揽合同。合同规定，受托方提供价值70万元的原材料，加工费20万元，合同总金额为90万元。

（2）与铁路局签订运输合同，所载运输费及保管费共计25万元。

（3）与某开发公司签订技术转让合同，规定按开发产品销售收入的0.2%提取转让收入，每季度结算一次。

（4）与某农机站签订租赁合同，将本企业3台闲置设备出租，总价值21万元，租期1年，每年每台租金2万元。

要求：请计算该电子企业2022年10月缴纳的印花税税额。

3.某股民2022年9月30日买卖股票记录见表2-8：

表2-8 某股民2022年9月30日买卖股票记录

股票名称	买或卖	委托价（元/股）	成交价（元/股）	成交数量（股）
××钢铁	买	7.5	7.48	8 000
××大众	卖	7.4	7.46	2 000
××国际	买	6.8	6.8	4 000
××机场	卖	9.9	9.9	20 000

要求：计算股票交易的印花税。

4.某钢铁公司2022年发生的业务如下：

（1）7月10日与A建筑公司签订一份建筑承包合同，金额3 000万元，又将该工程的一部分分包给B建筑公司并签订合同，分包金额500万元。

（2）7月28日，与C企业签订一份协议，公司承租C企业设备1台，每月租赁费5万元，暂不确定租赁期限；与D公司发生融资租赁业务，租赁D公司的一台大型机械，合同注明租赁费总金额是220万元。

（3）在国外签订1份设备进口合同，合同注明价款70.23万元，已安装完毕。

（4）5月份，与保险公司签订财产保险合同，保险标的物价值总额5 000万元，按12‰的比例支付保险费用，当月为本企业建筑队的30名建设人员签订人寿保险合同，支付保费50万元。

要求：计算该公司各项业务应缴纳的印花税。

子任务六 环境保护税纳税实务

环境保护税是对在中华人民共和国领域和中华人民共和国管辖的其他海域，直接向环境排放应税污染物的企业事业单位和其他生产经营者征收的一种税。《环境保护税法》自2018年1月1日起正式施行。

【育德启智2-10】

保护资源，从环境保护税开始

党的十八届三中、四中全会提出，推动环境保护费改税，用严格的法律制度保护生态环境。党的十九大报告提出，必须树立和践行“绿水青山就是金山银山”的发展理念，坚持节约资源和保护环境的基本国策，像对待生命一样来对待生态环境。中央经济工作会议要求，要打好污染防治的攻坚战，打赢蓝天保卫战。习近平总书记强调，以对人民群众、对子孙后代高度负责的态度和责任，真正下决心把环境污染治理好，把生态环境建设好，绝不以牺牲环境为代价来换取一时的经济增长。习近平总书记在党的二十大报告中也特别指出：“完善支持绿色发展的财税、金融、投资、价格政策和标准体系，发展绿色低碳产业，健全资源环境要素市场化配置体系，加快节能降碳先进技术研发和推广应用，倡导绿色消费，推动形成绿色低碳的生产方式和生活方式。”

自2018年1月1日开始正式实施的《中华人民共和国环境保护税法》正是落实党中央、国务院决策部署的重要举措，正是着眼于解决好人民群众最关心、最直接、最现实的环境问题，统筹推进“五位一体”的总体布局，用良好的生态环境提供最公平的公共产品，来增进最普惠的民生福祉，来助力为子孙后代留下天蓝、地绿、水清的生产生活环境。可以说环境保护税不仅承载着保护和改善环境的功能，还承载着人们对美好生产生活环境的期待。只有理解了法律制定的初衷，才会更好地自觉遵守法律。广大青年应该树立环保意识，从我做起，为国家的环境保护贡献力量。

一、环境保护税的税制要素

（一）征税范围

环境保护税应税污染物包括大气污染物、水污染物、固体废物、噪声。具体如下所述：

1.大气污染物

每一排放口或者没有排放口的应税大气污染物，按照污染当量数从大到小排序，对前三项污染物征收环境保护税。

2.水污染物

每一排放口的应税水污染物，按照税法所附“应税污染物和当量值表”，区分第一类水污染物和其他类水污染物，按照污染当量数从大到小排序，对第一类水污染物按照前五项征收环境保护税，对其他类水污染物按照前三项征收环境保护税。

省、自治区、直辖市人民政府根据本地区污染物减排的特殊需要，可以增加同一排放口征收环境保护税的应税污染物项目数，报同级人民代表大会常务委员会决定，并报全国人民代表大会常务委员会和国务院备案。

3.固体废物

固体废物包括煤矸石、尾矿、危险废物、冶炼渣、煤粉灰、炉渣等。

4.噪声

（1）一个单位边界上有多处噪声超标，根据最高一处超标声级计算应纳税额；当沿边界长度超过100米有两处以上噪声超标，按照两个单位计算应纳税额。

（2）一个单位有不同地点作业场所的，应当分别计算应纳税额，合并计征。

（3）昼、夜均超标的环境噪声，昼、夜分别计算应纳税额，累计计征。

（4）夜间频繁突发和夜间偶然突发厂界超标噪声，按等效声级和峰值噪声两种指标中超标分贝值高的一项计算应纳税额。

（二）纳税义务人

在中华人民共和国领域和中华人民共和国管辖的其他海域，直接向环境排放应税污染物的企业事业单位和其他生产经营者为环境保护税的纳税人，应当依照《中华人民共和国环境保护税法》的规定缴纳环境保护税。

（三）税目税额

环境保护税税目税额见表2-9。

二、环境保护税的计算

应纳税额=污染当量数（大气或水污染数）或排放量（固体废物）×具体适用税额

特别说明：

1.应税大气污染物按照污染物排放量折合的污染当量数确定；

2.应税水污染物按照污染物排放量折合的污染当量数确定；

表2-9 环境保护税税目税额表

税目		计税单位	税额	备注
大气污染物		每污染当量	1.2元至12元	
水污染物		每污染当量	1.4元至14元	
固体废物	煤矸石	每吨	5元	
	尾矿	每吨	15元	
	危险废物	每吨	1 000元	
	冶炼渣、粉煤灰、炉渣、其他固体废物（含半固态、液态废物）	每吨	25元	
噪声	工业噪声	超标1～3分贝	每月350元	1.一个单位边界上有多处噪声超标，根据最高一处超标声级计算应纳税额；当沿边界长度超过100米有两处以上噪声超标，按照两个单位计算应纳税额 2.一个单位有不同地点作业场所的，应当分别计算应纳税额，合并计征 3.昼、夜均超标的环境噪声，昼、夜分别计算应纳税额，累计计征 4.夜间频繁突发和夜间偶然突发厂界超标噪声，按等效声级和峰值噪声两种指标中超标分贝值高的一项计算应纳税额 5.声源一个月内超标不足15天的，减半计算应纳税额
		超标4～6分贝	每月700元	
		超标7～9分贝	每月1 400元	
		超标10～12分贝	每月2 800元	
		超标13～15分贝	每月5 600元	
		超标16分贝以上	每月11 200元	

3.应税固体废物按照固体废物的排放量确定；

4.应税噪声按照超过国家规定标准的分贝数确定。

三、环境保护税的减免税

下列情形暂予免征环境保护税：

（1）农业生产（不包括规模化养殖）排放应税污染物的；

（2）机动车、铁路机车、非道路移动机械、船舶和航空器等流动污染源排放应税污染物的；

（3）依法设立的城乡污水集中处理、生活垃圾集中处理场所排放相应应税污染物，不超过国家和地方规定的排放标准的；

（4）纳税人综合利用的固体废物，符合国家和地方环境保护标准的；

（5）国务院批准免税的其他情形。

纳税人排放应税大气污染物或者水污染物的浓度值低于国家和地方规定的污染物排放标准30%的，减按75%征收环境保护税。纳税人排放应税大气污染物或者水污染物的浓度值低于国家和地方规定的污染物排放标准50%的，减按50%征收环境保护税。

企业事业单位和其他生产经营者向依法设立的污水集中处理、生活垃圾集中处理场所排放应税污染物的及在符合国家和地方环境保护标准的设施、场所贮存或者处置固体废物的，不属于直接向环境排放污染物，不缴纳相应污染物的环境保护税。

四、环境保护税的征收管理

环境保护税实行"企业申报、税务征收、环保协同、信息共享"的征管模式。

环境保护税由税务机关征收管理，履行受理纳税申报、比对涉税信息和组织税款入库等职责。环境保护主管部门负责对污染物的监测管理。

税务机关应当将纳税人的纳税申报数据与环境保护主管部门交送的相关数据资料进行比对。发现纳税人的纳税申报数据异常或者纳税人未按照规定期限办理纳税申报的，可以提请环境保护主管部门进行复核，环境保护主管部门应当自收到税务机关的数据资料之日起15日内向税务机关出具复核意见。税务机关应当按照环境保护主管部门复核的数据资料调整纳税人的应纳税额。

各级税务机关应积极主动与环保部门衔接，建立畅通的信息交换机制，及时获取纳税人基本情况、检测数据等涉税信息。

五、环境保护税的申报缴纳

纳税人应当向应税污染物排放地的主管税务机关申报缴纳环境保护税。环境保护税按月计算，按季申报缴纳，纳税人应当自季度终了之日起15日内，向税务机关办理纳税申报并缴纳税款。不能按固定期限计算缴纳的，可以按次申报缴纳，纳税人应当自纳税义务发生之日起15日内，向税务机关办理纳税申报并缴纳税款。纳税人申报缴纳时，应当向税务机关报送所排放应税污染物的种类、数量，大气污染物、水污染物的浓度值，以及税务机关根据实际需要要求纳税人报送的其他纳税资料。纳税人应当依法如实办理纳税申报，对申报的真实性和完整性承担责任。

自2021年6月1日起，纳税人申报缴纳环境保护税使用"财产和行为税纳税申报表"（见附表6）和"财产和行为税减免税明细申报附表"（见附表7）。

任务三　企业销售环节纳税实务

思政视频2-2

税收改革这十年：营改增助力转型添活力

企业在中国境内销售货物、劳务、服务及进口货物都应当缴纳增值税；企业在中国境内生产、委托加工或进口应税消费品（包括烟、酒、高档化妆品、贵重首饰及珠宝玉石、鞭炮、焰火、成品油、摩托车、小汽车、高尔夫球及球具、高档手表、游艇、木制一次性筷子、实木地板、涂料、电池）应当缴纳消费税；转让国有土地使用权、地上的建筑物及其附着物并取得收入的企业应当缴纳土地增值税。凡缴纳增值税、消费税的企业都应当缴纳城市维护建设税和教育费附加。

子任务一　增值税纳税实务

增值税是对在我国境内销售货物和服务、无形资产和不动产，提供加工和修理修配劳务以及进口货物的单位和个人，就其实现的增值额征收的一种税。

一、增值税的税制要素

（一）征税范围

1.增值税征税范围的一般规定

按照税法的规定，现行增值税的征税范围包括：

（1）销售、进口货物（指有形动产，包括电力、热力、气体在内）；

（2）提供的加工、修理修配劳务；

（3）销售服务（指交通运输服务、邮政服务、电信服务、建筑服务、金融服务、现代服务和生活服务）；

（4）销售无形资产（指专利或非专利技术、商标权、著作权、其他权益性无形资产及自然资源使用权）；

（5）销售不动产（指建筑物和构筑物）。

2.增值税征税范围的特殊规定

（1）属于征税范围的特殊项目：

①货物期货（包括商品期货和贵金属期货），应当征收增值税，在期货的实物交割环节纳税。

②银行销售金银的业务，应当征收增值税。

③典当业的死当物品销售业务和寄售业代委托人销售寄售物品的业务，均应征收增值税。

④集邮商品（如邮票、邮折、首日封等）的生产，以及邮政部门以外的其他单位和个人销售的，均征收增值税。

（2）属于征税范围的特殊行为。其具体包括：

一是视同销售货物行为。销售货物是指有偿转让货物的所有权，而下列行为或者没有转让货物的所有权，或者只是无偿转让货物的所有权，为了平衡各类经营方式及各类货物之间的税负，便于税源的控制，税法规定对这类货物视同销售，征收增值税：

①货物代销双方的销售行为应当缴纳增值税。

②设有两个以上机构并实行统一核算的纳税人，将货物从一个机构移送其他机构用于销售，但机构在同一县（市）内的除外。

③将自产或委托加工的货物用于非应税项目、集体福利、个人消费。

④将自产、委托加工或购买的货物用于对外投资、分配给股东或投资者、无偿赠送他人。

二是混合销售行为。混合销售行为是指一项销售行为既涉及货物又涉及服务。

从事货物的生产、批发或零售的单位和个体工商户的混合销售行为，按照销售货物缴纳增值税；其他单位和个体工商户的混合销售行为，按照销售服务缴纳增值税。

三是兼营行为。兼营行为是指纳税人兼营销售货物、劳务、服务、无形资产或者不动产，适用不同税率或者征收率的，应当分别核算适用不同税率或者征收率的销售额；未分别核算的，从高适用税率。

（二）纳税义务人

1.增值税纳税义务人的一般规定

按照规定，在中华人民共和国境内销售货物和服务、无形资产和不动产，提供加工和修理修配劳务以及进口货物的单位和个人为增值税的纳税义务人（以下简称纳税人）。

2.增值税一般纳税人和小规模纳税人

为了严格增值税的征收管理，考虑到我国目前众多纳税人的会计核算水平参差不齐，加上某些经营规模小的纳税人因其销售货物或提供应税劳务（以下简称销售货物或者应税劳务）的对象多是最终消费者而无须开具增值税专用发票，税法规定，将增值税的纳税人按其经营规模大小及会计核算健全与否分为一般纳税人和小规模纳税人。一般纳税人和小规模纳税人具体划分标准见表2-10。

表2-10 一般纳税人和小规模纳税人具体划分标准

项 目	小规模纳税人	一般纳税人
1.从事货物生产或者提供应税劳务的纳税人，以及以从事货物生产或者提供应税劳务为主，并兼营货物批发或零售的纳税人	年应税销售额在500万元以下	年应税销售额在500万元以上
2.批发或零售货物的纳税人		
3.销售服务、无形资产或不动产的纳税人		
4.年应税销售额超过小规模纳税人的认定标准的个人	按小规模纳税人纳税	—
5.非企业性单位	可选择按小规模纳税人纳税	—
6.不经常发生应税行为的企业		

（三）税率及征收率

增值税具体税率见表2-11。

二、增值税的计算

（一）增值税一般计税方法下应纳税额的计算

微课2-1

增值税一般计税法

一般计税方法适用于一般纳税人。我国对一般纳税人采用的计税方法是购进扣税法，即先按当期销售额和适用税率计算出销项税额，然后对当期购进项目已经缴纳的税款进行抵扣，从而间接计算出当期增值额部分的应纳税额。按照税法规定，一般纳税人销售货物或者提供应税劳务，其应纳税额为当期销项税额抵扣当期进项税额后的余额。应纳税额计算公式为：

当期应纳税额=当期销项税额-当期进项税额

=当期销售额×增值税税率-当期进项税额

这种方法是从销售税款中减去购进材料等的已纳税款，所以称为购进扣税法。

1.一般情况下销售额的确定

（1）销售额是指纳税人销售货物收取的全部价款和价外费用，这体现了对一切收入都要征税的原则。

（2）销售额不包括收取的销项税额，这表明增值税是一种价外税，但在实际生活中，常常出现纳税人将销售货物的销售额和销项税额合并定价，成为含税的销售额的情况。遇到这种情况，在计税时先要将含税的销售额换算为不含税的销售额，其换算公式为：

不含税的销售额=含税的销售额÷（1+增值税税率）

2.特殊情况下销售额的确定

（1）采取折扣方式销售货物。

①折扣销售是指销货方在销售货物或应税劳务时，给予购货方的价格优惠。如果销售额和折扣额在同一张发票上分别注明，可以折扣后的余额作为销售额计算增值税；如将折扣额另开发票，不论其在财务上如何处理，均不得从销售额中减除折扣额。

②销售折扣是指销货方在采用赊销方式销售商品时，为了鼓励购货方在一定期限内尽早偿还货款而给予的折扣。这种折扣的实质是一种融资费用，税法规定销售折扣不得从销售额中减除，即应按货价全额计税。

表2-11 增值税税率表

计税方法	具体征税范围			税率
一般计税法	销售或进口货物（另有列举的除外）；提供加工、修理修配劳务；有形动产租赁服务			13%
	粮食、食用植物油、食用盐、农产品（指各种动物、植物初级产品）			9%
	自来水、暖气、冷气、热水、煤气、石油液化气、天然气、沼气、居民用煤炭制品、二甲醚			
	图书、报纸、杂志、音像制品和电子出版物			
	饲料、化肥、农药、农机、农膜			
	国务院规定的其他货物			
	出口货物			0
	销售服务	交通运输服务	陆路运输服务、水路运输服务、航空运输服务、管道运输服务	9%
		邮政服务	邮政普遍服务、邮政特殊服务、其他邮政服务	
		电信服务	基础电信服务	
			增值电信服务	6%
		建筑服务	工程服务、安装服务、修缮服务、装饰服务、其他建筑服务	9%
		不动产租赁服务		9%
		金融服务	贷款服务、直接收费金融服务、保险服务、金融商品转让	6%
		现代服务	研发和技术服务、信息技术服务、文化创意服务、物流辅助服务、租赁服务、鉴证咨询服务、广播影视服务、商务辅助服务、其他现代服务	
		生活服务	文化体育服务、教育医疗服务、旅游娱乐服务、餐饮住宿服务、居民日常服务、其他生活服务	
	销售无形资产	技术	专利技术和非专利技术	6%
		商标、著作权、其他权益性无形资产		
		自然资源使用权	海域使用权、探矿权、采矿权、取水权、其他自然资源使用权	
			土地使用权	9%
	销售不动产			9%
简易计税法	小规模纳税人从事货物销售，提供加工、修理修配劳务以及营改增各项服务			征收率3%
	转让不动产、经营租赁不动产、销售自行开发的房地产项目、劳务派遣差额征税、车辆停放服务、高速公路以外的道路通行服务（包括过路费、过桥费、过闸费等）、转让土地使用权			征收率5%

③销售折让是销货方售出的产品在品种、质量等方面存在问题，而购货方未予退货，销货方给予购货方的一种价格折让，因此销售折让可以按折让后的销售额计税。

（2）采取以旧换新方式销售货物。纳税人采取以旧换新方式销售货物，应按新货物的同期销售价格确定销售额，不得扣减旧货物的收购价格。

（3）采取还本销售方式销售货物。纳税人采取还本销售方式销售货物，不得从销售额中减除还本支出。

（4）采取以物易物方式销售货物。纳税人采取以物易物方式销售货物的，销售双方都应做购销处理，以各自发出的货物核算销售额并计算销项税额，以各自收到的货物核算购货额并计算进项税额。

（5）纳税人销售货物时另收取的包装物押金是否应计入销售额：

①纳税人为销售货物而出租出借包装物收取的押金，单独记账核算的，时间在1年以内，又未过期的，不并入销售额征税。但对销售除啤酒、黄酒外其他酒类产品收取的包装物押金，无论是否返还或会计如何核算，均并入当期销售额征税。

②对因逾期未收回包装物不再退还的押金，应按所包装货物的适用税率征收增值税。“逾期”是指按合同约定实际逾期或以1年为期限，对收取的1年以上的押金，无论是否退还均并入销售额征税。

③逾期包装物押金，应视为含税收入，在计税时换算成不含税收入再并入销售额。

（6）纳税人销售货物价格明显偏低并无正当理由或者视同销售货物行为而无销售额的。纳税人销售货物价格明显偏低并无正当理由或者视同销售货物行为而无销售额者，按下列顺序确定销售额：

第一，按纳税人当月同类货物的平均销售价格确定。

第二，按纳税人最近时期同类货物的平均销售价格确定。

第三，按组成计税价格确定。组成计税价格的公式为：

组成计税价格=成本×（1+成本利润率）

征收增值税的货物，同时又征收消费税的，其组成计税价格中应加计消费税税额。

公式中的成本，销售自产货物的为实际生产成本，销售外购货物的为实际采购成本。公式中的成本利润率由国家税务总局确定。

（7）旧货、旧机动车的销售。一般纳税人销售自己使用过的不得抵扣且未抵扣进项税额的固定资产，按照简易办法依照3%的征收率减按2%征收增值税，即：

应纳增值税=含税销售额÷（1+3%）×2%

一般纳税人销售自己使用过的抵扣过进项税额的固定资产，应当按照适用税率征收增值税。

3.销项税额的计算

销项税额是指纳税人销售货物或者应税劳务，按照销售额和规定的税率计算的增值税税额。纳税人因销货退回或折让而退还给购货方的增值税税额，应从发生销货退回或折让当期的销项税额中冲减。

4.进项税额的计算

进项税额是纳税人购进货物、无形资产、不动产，接受应税劳务、应税服务所支付或负担的增值税税额。

微课 2-2

进项税额

（1）可以从销项税额中抵扣的进项税额有：

第一，增值税扣税凭证上注明的进项税额。

①从销售方取得的增值税专用发票上注明的增值税税额；

②从海关取得的完税凭证上注明的增值税税额；

③从境外单位或者个人购进服务、无形资产或者不动产，从税务机关或者扣缴义务人取得的解缴税款的完税凭证上注明的增值税税额。

微课 2-3

进项税额需要注意的内容

第二，按规定的扣除率计算的进项税额。一般纳税人购进的用于生产销售或委托加工的9%税率的货物或农产品，准予按照买价依9%的扣除率计算进项税额；纳税人购进用于生产销售或委托加工13%税率的货物或农产品，按照买价依10%的扣除率计算进项税额。其计算公式为：

进项税额=买价×扣除率（9%、10%）

第三，纳税人购进旅客运输服务未取得增值税专用发票的，暂按照以下规定确定进项税额：

①取得增值税电子普通发票的，为发票上注明的税额。

②取得注明旅客身份信息的航空运输电子客票行程单的，为按照下列公式计算的进项税额：航空旅客运输进项税额=（票价+燃油附加费）÷（1+9%）×9%。

③取得注明旅客身份信息的铁路车票的，为按照下列公式计算的进项税额：铁路旅客运输进项税额=票面金额÷（1+9%）×9%。

④取得注明旅客身份信息的公路、水路等其他客票的，按照下列公式计算进项税额：公路、水路等其他旅客运输进项税额=票面金额÷（1+3%）×3%。

（2）取得增值税专用发票但不得抵扣的进项税额。下列项目的进项税额不得从销项税额中抵扣：

①纳税人取得的增值税扣税凭证不符合法律、行政法规或者国家税务总局有关规定的，其进项税额不得从销项税额中抵扣。

②用于简易计税方法计税项目、免征增值税项目、集体福利或者个人消费的购进货物、加工和修理修配劳务及服务、无形资产和不动产。其中涉及的固定资产、无形资产、不动产，仅指专用于上述项目的固定资产、无形资产（不包括其他权益性无形资产）、不动产。

③非正常损失的购进货物，以及相关的加工修理修配劳务和交通运输服务。

④非正常损失的在产品、产成品所耗用的购进货物（不包括固定资产）、加工和修理修配劳务及交通运输服务。

⑤非正常损失的不动产，以及该不动产所耗用的购进货物、设计服务和建筑服务。

⑥非正常损失的不动产在建工程所耗用的购进货物、设计服务和建筑服务。纳税人新建、改建、扩建、修缮、装饰不动产，均属于不动产在建工程。

⑦购进的贷款服务、餐饮服务、居民日常服务、娱乐服务等。

【例2-13】甲企业为增值税一般纳税人，2022年6月发生以下业务：

（1）购进纪念品，取得的增值税专用发票上注明增值税3 400元，将其全部用于集体福利。

（2）从某增值税小规模纳税人处购进原材料，取得普通发票，支付运输企业（增值税一般纳税人）不含税运输费10 000元，取得增值税专用发票。

（3）销售汽车装饰物品，取得不含税收入20 000元；提供汽车修理劳务取得不含税收入12 000元、出租汽车取得不含税租金收入5 000元。

（4）当月将本企业使用过的2008年购入的一台机器设备销售，该机器设备购入时不得抵扣且未抵扣进项税额，取得含税销售收入25 750元，甲企业未放弃减税。

（5）因管理不善丢失一批以前月份购入的原材料（已抵扣进项税额），账面成本为6 000元。

（其他相关资料：上述增值税专用发票的抵扣联均已经过认证）

要求：（1）计算该企业当月准予抵扣的进项税额；

（2）计算该企业当月的增值税销项税额；

（3）计算该企业当月应缴纳的增值税。

第一步：当期销项税额的确定

业务（3）：销售汽车装饰物品、提供汽车修理劳务、出租汽车，均属于增值税征收范围。

该企业当月的增值税销项税额=（20 000+12 000+5 000）×13%=4 810（元）

业务（4）：销售旧的机器设备应缴纳的增值税=25 750÷（1+3%）×2%=500（元）

第二步：当期进项税额的确定

业务（1）：外购货物用于集体福利，属于增值税视同销售货物行为，相应货物的进项税额不得抵扣；

业务（2）：从增值税小规模纳税人处购进原材料，由于取得的是普通发票，所以不得抵扣原材料的进项税额，但是支付的运费取得了增值税专用发票，可以凭票抵扣进项税额。

准予抵扣的进项税额=10 000×9%=900（元）

业务（5）：应转出的进项税额=6 000×13%=780（元）

该企业当月准予抵扣的进项税额=900−780=120（元）

第三步：当期应纳增值税的确定

该企业当月应缴纳的增值税=4 810−120+500=5 190（元）

（二）增值税简易计税方法下应纳税额的计算

微课 2-4

增值税简易计税方法

简易计税方法既适用于小规模纳税人的应税行为，又适用于增值税一般纳税人适用该计税方法的特定应税行为。

简易计税方法的应纳税额，是指按照销售额和规定的征收率计算应纳税额，不得抵扣进项税额。应纳税额计算公式为：

应纳税额=不含增值税销售额×征收率

【例2-14】某商业企业属于小规模纳税人，2022年3月发生如下业务：

（1）将购进的服装销售给一家小服装店，取得含税销售额3 200元，开具普通发票；

（2）购进洗衣粉，共付款12 000元，当月销售给消费者个人取得的销售额为2 300元；

（3）销售给一般纳税人仪器两台，获得不含税销售额12 300元，开具了增值税专用发票。

请计算该小规模纳税人3月份应纳增值税税额。

该小规模纳税人3月份应纳增值税税额 =3 200÷（1+3%）×3%+2 300÷（1+3%）×3%+12 300×3%

=529.19（元）

【例 2-15】甲企业2022年12月份转让2015年建造的办公楼，取得销售收入1 800万元，该办公楼账面原值为1 000万元，已提折旧300万元，该企业为增值税一般纳税人，选择按简易计税方法计税。计算甲企业应纳增值税税额。

增值税一般纳税人销售其2016年4月30日前自建的不动产，可以选择按简易计税方法计税，按照5%的征收率计算应纳税额。

应纳增值税=1 800÷（1+5%）×5%=85.71（万元）

微课 2-5

进口货物应纳增值税税额的计算

（三）进口货物应纳税额的计算

纳税人进口货物，按照组成计税价格和规定的税率计算应纳税额，不得抵扣任何税额。组成计税价格和应纳税额计算公式为：

组成计税价格=关税完税价格+关税+消费税

应纳税额=组成计税价格×税率

【例 2-16】某进出口公司当月进口一批货物，海关审定的关税完税价格为700万元，该货物关税税率为10%，增值税税率为13%；当月销售一批货物，销售额为1 800万元（不含增值税），适用13%的税率。请计算该企业进口货物应纳增值税税额和当月应纳增值税税额。

（1）企业进口货物应纳增值税税额=700×（1+10%）×13%=100.1（万元）

（2）当月销项税额=1 800×13%=234（万元）

（3）当月应纳税额=234-100.1=133.9（万元）

思政视频 2-3

回眸税收这十年：税收助农寻找向往的生活

三、增值税的免税

（一）增值税的免税项目

根据规定，下列项目免征增值税：

（1）农业生产者销售的自产农业产品。

（2）避孕药品和用具。

（3）古旧图书。

（4）直接用于科学研究、科学试验和教学的进口仪器和设备。

（5）外国政府、国际组织无偿援助的进口物资和设备。

（6）对符合国家产业政策要求的国内投资项目，在投资总额内进口的自用设备（特殊规定不予免税的少数商品除外）。

（7）由残疾人组织直接进口供残疾人专用的物品。

（8）销售自己使用过的物品，是指个人（不包括个体经营者）销售自己使用过的除游艇、摩托车、汽车以外的货物。

（9）托儿所、幼儿园提供的保育和教育服务。

（10）养老机构提供的养老服务。

（11）婚姻介绍服务。

（12）殡葬服务。

（13）残疾人员个人为社会提供的劳务。

（14）医疗机构按照国家规定的价格提供的医疗服务。

（15）从事学历教育的学校提供的教育服务。

（16）学生勤工俭学提供的劳务。

（17）农业机耕、排灌、病虫害防治、植物保护、农牧保险以及相关技术培训业务，家禽、牲畜、水生动物的配种和疾病防治。

（18）纪念馆、博物馆、文化馆、美术馆、展览馆、书画院、图书馆、文物保护单位管理机构在自己的场所提供文化体育服务取得的第一道门票收入。

（19）寺院、宫观、清真寺和教堂举办文化、宗教活动的门票收入。

（20）个人转让著作权。

（21）财政部、国家税务总局规定的其他免税项目。

（二）增值税的起征点

起征点是指对纳税人免予征税的起点数额，起征点幅度为：

（1）按期纳税的起征点为月销售额5 000～20 000元（含本数）。

（2）按次纳税的起征点为每次（日）销售额300～500元（含本数）。

【育德启智2-11】

落实税收优惠助力企业轻装上阵

为进一步支持小微企业发展，2021年3月31日，财政部和税务总局联合发布了《关于明确增值税小规模纳税人免征增值税政策的公告》（财政部 税务总局公告2021年第11号）。公告规定，自2021年4月1日至2022年12月31日，对月销售额15万元以下（含本数）的增值税小规模纳税人，免征增值税。

公告是惠民生、促经济、保就业、保稳定的重要举措。小规模纳税人增值税优惠政策实际上就是减轻小微实体企业的税费负担，让小微企业能够消除疫情影响而轻装上阵。疫情期间，国家不放弃小微企业，急小微企业之所急、想小微企业之所想，通过财税优惠政策为小微企业解困，免征小规模纳税人增值税无疑成了最直接、最有效的办法。

2021年，新冠疫情继续肆虐全球，各国经济都受到严重打击。我国虽然经济一枝独秀，但依旧面临着相当大的压力。国家做出免征小规模纳税人增值税的决策具有较强的现实意义，是提振经济、扩大社会就业、稳定社会秩序的必要手段，有利于从根本上推动我国经济的发展，是非常及时和正确的，可在很大程度上促进小微企业恢复生机，为我国经济尽快走出疫情影响低谷提供强大的动能。这一政策的制定也体现了国家应对经济形势的及时性和灵活性，是执政能力不断提高的表现。

四、增值税的纳税申报与缴纳

（一）纳税义务发生时间

销售货物或者应税劳务的纳税义务发生时间，按销售结算方式的不同，具体分为：

（1）采取直接收款方式销售货物，不论货物是否发出，均为收到销售额或者取得索取销售额的凭据，并将提货单交给买方的当天。

（2）采取托收承付和委托银行收款方式销售货物，为发出货物并办妥托收手续的当天。

（3）采取赊销和分期收款方式销售货物，为按合同规定的收款日期的当天。

（4）采取预收货款方式销售货物，为货物发出的当天。

（5）委托代销货物，为收到代销单位的代销清单或者收到全部或者部分货款的当天。未收到代销清单及货款的，为发出代销货物满180天的当天。

（6）销售应税劳务，为提供劳务同时收讫销售额或取得索取销售额的凭据的当天。

（7）纳税人发生视同销售行为，为货物移送的当天。

根据《财政部 国家税务总局关于全面推开营业税改征增值税试点的通知》（财税〔2016〕36号）的相关规定，增值税纳税义务、扣缴义务发生时间为：

（1）纳税人发生应税行为并收讫销售款项或者取得索取销售款项凭据的当天；先开具发票的，为开具发票的当天。

（2）纳税人提供建筑服务、租赁服务采取预收款方式的，其纳税义务发生时间为收到预收款的当天。

（3）纳税人从事金融商品转让的，为金融商品所有权转移的当天。

单位或个体工商户向其他单位或者个人无偿提供服务，单位或个人向其他单位或个人无偿转让无形资产或不动产（但用于公益事业或者以社会公众为对象的除外），均应视同销售服务、无形资产或者不动产。

（二）纳税期限

增值税的纳税期限一般分为1日、3日、5日、10日、15日、1个月或者1个季度。纳税人的具体纳税期限，由主管税务机关根据纳税人应纳税额的大小分别核定。以1个季度为纳税期限的规定适用于小规模纳税人、银行、财务公司、信托投资公司、信用社，以及财政部和国家税务总局规定的其他纳税人。不能按照固定期限纳税的，可按次纳税。

纳税人以1个月或者1个季度为一期纳税的，自期满之日起15日内申报纳税；以1日、3日、5日、10日或者15日为一期纳税的，自期满之日起5日内预缴税款，于次月1日起15日内申报纳税并结清上月应纳税款。

注意：纳税人以1个月或者1个季度为一个纳税申报期的，纳税申报期一般为次月或季后首月1日起至15日止，遇最后一日为法定节假日的，顺延一日；在每月1日至15日内有连续3日以上法定节假日的，按节假日天数顺延。

（三）纳税地点

（1）固定业户应当向其机构所在地主管税务机关申报纳税。总机构和分支机构不在同一县（市）的，应当分别向各自所在地主管税务机关申报纳税；经国家税务总局或其授权的税务机关批准，也可以由总机构汇总向总机构所在地主管税务机关申报纳税。

（2）固定业户到外县（市）销售货物或者劳务的，应当向其机构所在地主管税务机关报告外出经营事项，向其机构所在地主管税务机关申报纳税；未报告的，应当向销售地或者劳务发生地主管税务机关申报纳税；未向销售地或者劳务发生地主管税务机关申报纳税的，由其机构所在地主管税务机关补征税款。

（3）非固定业户应当向应税行为发生地主管税务机关申报纳税；未申报纳税的，由其机构所在地或者居住地主管税务机关补征税款。

（4）其他个人提供建筑服务，销售或者租赁不动产，转让自然资源使用权，应向建筑服务发生地、不动产所在地、自然资源所在地主管税务机关申报纳税。

(5) 扣缴义务人应当向其机构所在地或者居住地主管税务机关申报缴纳扣缴的税款。

(四) 增值税一般纳税人的纳税申报

增值税一般纳税人的纳税申报，必须实行电子信息采集。

纳税申报资料包括纳税申报表及其附列资料。具体需要提报的纳税申报资料如下：

(1) 必报资料。

增值税一般纳税人的必报资料为增值税及附加税费申报表及其附列资料，具体内容见表2-12。

表2-12 增值税一般纳税人必报资料

序号	资料名称	说明
1	增值税及附加税费申报表（一般纳税人适用）	见附表8
2	增值税及附加税费申报表附列资料（一）（本期销售情况明细）	见附表9
3	增值税及附加税费申报表附列资料（二）（本期进项税额明细）	见附表10
4	增值税及附加税费申报表附列资料（三）（服务、不动产和无形资产扣除项目明细）	见附表11
5	增值税及附加税费申报表附列资料（四）（税额抵减情况表）	见附表12
6	增值税及附加税费申报表附列资料（五）（附加税费情况表）	见附表13
7	增值税减免税申报明细表	见附表14
8	增值税及附加税费预缴表	见附表15
9	增值税及附加税费预缴表附列资料（附加税费情况表）	见附表16

(2) 备查资料。备查资料不需报送。纳税人应按要求对备查资料进行装订和妥善保管，以备国税机关检查。其包括：

①已开具的税控机动车销售统一发票和普通发票存根联；

②符合抵扣条件并且在本期申报抵扣的增值税专用发票（含税控机动车销售统一发票）抵扣联；

③符合抵扣条件并且在本期申报抵扣的税收完税凭证及其清单，书面合同、付款证明和境外单位的对账单或者发票；

④符合抵扣条件并且在本期申报抵扣的海关进口增值税专用缴款书、购进农产品取得的普通发票的复印件；

⑤已开具的农产品收购凭证的存根联或报查联；

⑥纳税人销售服务、不动产和无形资产，在确定服务、不动产和无形资产销售额时，按照有关规定从取得的全部价款和价外费用中扣除价款的合法凭证及其清单；

⑦纳税人提供建筑服务、销售不动产、出租不动产按规定预缴增值税后，用于抵减应纳税额的预缴税款的完税凭证及其清单；

⑧税务机关规定的其他备查资料。

(五) 增值税小规模纳税人的纳税申报

小规模纳税人按月申报税款，按规定时间到主管税务机关纳税申报，并提交以下纳税申报资料：

（1）“增值税及附加税费申报表（小规模纳税人适用）”（见附表17）。

（2）“增值税及附加税费申报表（小规模纳税人适用）附列资料一”（见附表18）。

（3）“增值税及附加税费申报表（小规模纳税人适用）附列资料二”（见附表19）。

练习题

随堂测2-9

一、单项选择题

1.单位将自产、委托加工和购进的货物用于下列项目的，属于视同销售货物行为，应征收增值税的是（　　）。

A.继续生产增值税应税货物　B.集体福利

C.个人消费　D.无偿赠送给其他单位

2.下列各项中，不适用9%低税率的是（　　）。

A.牡丹籽油

B.环氧大豆油

C.农用挖掘机

D.国内印刷企业承印的经新闻出版主管部门批准印刷且采用国际标准书号编序的境外图书

3.根据增值税的有关规定，下列关于征收率的表述中，不正确的是（　　）。

A.增值税一般纳税人销售自己使用过的2009年以前购进的属于不得抵扣且未抵扣过进项税额的固定资产，可以放弃减税，按照简易办法依照3%征收率缴纳增值税

B.增值税一般纳税人销售自己使用过的包装物，可按简易办法依3%征收率减按2%征收增值税

C.小规模纳税人（除其他个人外）销售自己使用过的固定资产，可以放弃减税，按照简易办法依照3%征收率缴纳增值税

D.增值税一般纳税人销售旧货按照简易办法依照3%征收率减按2%征收增值税

4.根据增值税的有关规定，下列说法中不正确的是（　　）。

A.小规模纳税人销售旧货，按照简易办法依照3%的征收率减按2%征收增值税

B.自然人个人销售自己使用过的物品，免征增值税

C.小规模纳税人（除其他个人外）销售自己使用过的除固定资产以外的物品，按照简易办法依照3%的征收率减按2%征收增值税

D.属于增值税一般纳税人的单采血浆站销售非临床用人体血液，可以按照简易办法依照3%征收率计算并缴纳应纳税额

5.增值税小规模纳税人发生的下列销售行为中，可以申请税务机关代开增值税专用发票的是（　　）。

A.销售旧货

B.销售免税货物

C.销售自己使用过的固定资产，并依照3%征收率减按2%征收增值税的

D.销售生产经营过程中产生的边角废料

6.根据增值税法律制度的规定，下列各项中，适用的增值税税率为9%的是（　　）。

A.出租车公司向使用本公司自有出租车的出租车司机收取的管理费用

B.港口设施经营人收取的港口设施保安费

C.代理记账

D.放映服务

7.根据增值税法律制度的有关规定，增值税纳税人收取的下列款项应并入销售额征税的是（　　）。

A.受托加工应征消费税的消费品所代收代缴的消费税

B.销售货物的同时代办保险而向购买方收取的保险费

C.销售货物因购货方延期付款而收取的延期付款利息

D.销售汽车向购买方收取的代购买方缴纳的车辆购置税

8.根据增值税的有关规定，下列说法中正确的是（　　）。

A.企业销售货物发生销售折扣的，按折扣后的销售额征收增值税

B.商场采取以旧换新方式销售冰箱的，按照新冰箱的同期销售价格减除旧冰箱的收购价格确定销售额

C.企业采取还本销售方式销售货物，实际上是一种融资行为，不征收增值税

D.企业采取以物易物方式销售货物的，双方都应做购销处理，以各自发出的货物核算销售额并计算销项税额，以各自收到的货物核算购货金额并按规定计算进项税额

二、多项选择题

1.根据增值税法的有关规定，下列说法中，正确的有（　　）。

A.银行销售金银的业务，应当征收增值税

B.纳税人取得的中央财政补贴，不属于增值税应税收入，不征收增值税

C.翻译服务按照咨询服务征收增值税

D.纳税人提供的矿产资源开采、挖掘、切割、破碎、分拣、洗选劳务，应当征收增值税

2.下列跨境服务中，免征增值税的有（　　）。

A.工程、矿产资源在境外的工程勘察勘探服务

B.会议展览地点在境外的会议展览服务

C.存储地点在境外的仓储服务

D.标的物在境外使用的有形动产租赁服务

3.增值税一般纳税人是指年应税销售额超过规定的小规模纳税人标准的企业和企业性单位。其中年应税销售额包括（　　）。

A.免税销售额　　B.稽查查补销售额

C.纳税评估调整销售额　　D.税务机关代开发票销售额

4.根据增值税法律制度的规定，下列纳税人中，可选择按照小规模纳税人纳税的有（　　）。

A.年应税销售额超过小规模纳税人标准的非企业性单位

B.年应税销售额超过小规模纳税人标准的不经常发生应税行为的企业

C.旅店业和饮食业纳税人销售非现场消费的食品

D.应税服务年销售额超过规定标准但不经常提供应税服务的个体工商户

5.下列各项中，增值税一般纳税人发生的下列业务中，可选择按照简易办法依照3%征收率计算缴纳增值税的有（　　）。

A.寄售商店代销寄售物品　　B.典当业销售死当物品

C.药品经营企业销售生物制品　　D.提供的公共交通运输服务

6.增值税一般纳税人销售或者进口下列货物，按低税率9%计征增值税的有（　　）。

A.巴氏杀菌乳　　B.灭菌乳　　C.调制乳　　D.鲜奶

7.一般纳税人销售自产的下列货物，可选择按照简易办法依照3%征收率计算缴纳增值税的有（　　）。

A.县级及县级以下小型水力发电单位生产的电力

B.自来水

C.以自己采掘的砂、土、石料或其他矿物连续生产的粘土实心砖、瓦

D.以水泥为原料生产的水泥混凝土

8.根据增值税法律制度的规定，增值税一般纳税人发生的下列业务中，适用的增值税税率为13%的有（　　）。

A.远洋运输的程租、期租业务　　B.远洋运输的光租业务

C.航空运输的湿租业务　　D.航空运输的干租业务

9.下列关于包装物押金的增值税处理中，表述不正确的有（　　）。

A.化妆品生产企业销售化妆品时收取的包装物押金，单独记账核算的，时间在1年以内，又未过期的，不并入销售额征税

B.食品生产企业销售食品时收取的包装物押金，应在收取时并入销售额征税

C.黄酒生产企业销售黄酒时收取的包装物押金，应在收取时并入销售额征税

D.白酒生产企业销售白酒时收取的包装物押金，单独记账核算，时间在1年以内，又未过期的，不并入销售额征税

10.根据增值税的有关规定，下列表述中，正确的有（　　）。

A.以积分兑换形式赠送的电信业服务，不征收增值税

B.境内单位和个人向中华人民共和国境外单位提供电信业服务，免征增值税

C.药品生产企业销售自产创新药的销售额，为向购买方收取的全部价款和价外费用，其提供给患者后续免费使用的相同创新药，不属于增值税视同销售范围

D.融资性售后回租业务中，承租方出售资产的行为，不属于增值税的征收范围，不征收增值税

11.根据增值税法律制度的有关规定，下列各项中可以作为增值税进项税额抵扣凭证的有（　　）。

A.增值税专用发票

B.接受境外单位提供的应税服务从税务机关取得的税收缴款凭证

C.增值税普通发票

D.农产品收购发票

12.属于增值税一般纳税人的商业企业，发生的下列行为中，不得开具增值税专用发票的有（　　）。

A.零售烟、酒　　B.零售劳保用品

C.零售化妆品　　D.零售食品

13.根据营改增的有关规定，下列各项中，属于增值电信服务的有（　　）。

A.利用固网、移动网、卫星、互联网，提供语音通话服务

B.利用固网、移动网、卫星、互联网、有线电视网络，提供短信服务

C.出租、出售带宽

D.通过楼宇、隧道等室内通信分布系统，为电信企业提供的移动互联网等无线信号室分系统传输服务

三、不定项选择题

1.甲公司为增值税一般纳税人，主要从事货物运输服务。2022年8月有关经济业务如下：

（1）购进办公用小轿车1部，取得的增值税专用发票上注明的税额为25 500元；购进货车用柴油，取得的增值税专用发票上注明的税额为48 000元。

（2）购进办公室装修用材料，取得的增值税专用发票上注明的税额为8 000元。

（3）提供货物运输服务，取得含增值税价款1 200 000元，另收取保价费1 242元。

（4）提供货物装卸搬运服务，取得含增值税价款31 800元。

（5）提供货物仓储服务，取得含增值税价款116 600元，另收取货物逾期保管费21 200元。已知：交通运输业服务增值税税率为9%，物流辅助服务增值税税率为6%，上期留抵增值税税额为6 400元，取得的增值税专用发票已通过税务机关认证。

要求：根据上述资料，不考虑其他因素，分析回答下列小题。

（1）甲公司下列增值税进项税额中，准予抵扣的是（　　）。

A.购进小轿车的进项税额25 500元

B.购进柴油的进项税额48 000元

C.购进装修材料的进项税额8 000元

D.上期留抵的增值税税额6 400元

（2）甲公司当月提供货物运输服务增值税销项税额的下列计算中，正确的是（　　）。

A.（1 200 000+1 242）×9%=108 111.78（元）

B.1 200 000×9%=108 000（元）

C.（1 200 000+1 242）÷（1+9%）×9%=99 185.12（元）

D.1 200 000×（1+9%）×9%=117 720（元）

（3）甲公司当月提供货物装卸搬运服务增值税销项税额的下列计算中，正确的是（　　）。

A.31 800×13%=4 134（元）

B.31 800×6%=1 908（元）

C.31 800÷（1+6%）×6%=1 800（元）

D.31 800÷（1+13%）×13%=3 658.41（元）

（4）甲公司当月提供货物仓储服务增值税销项税额的下列计算中，正确的是（　　）。

A.116 600×（1+6%）×6%=7 415.76（元）

B.116 600×6%=6 996（元）

C.（116 600+21 200）×6%=8 268（元）

D.（116 600+21 200）÷（1+6%）×6%=7 800（元）

2.甲面包生产企业为增值税一般纳税人，2022年8月有关经济业务情况如下：

（1）从一般纳税人处购进生产用原材料，取得的增值税专用发票上注明的税额为9 000元；委托运输公司（一般纳税人）将原材料运回本企业，支付运输费，取得的增值税专用发票上注明的税额为5 000元。

（2）购进贷款服务，取得的增值税专用发票上注明的税额为500元。

（3）将自产的新型蛋糕无偿捐赠给贫困地区，成本为10 000元，已知该新型蛋糕无同类市场销售价格。

（4）将自产的不含税售价20 000元的面包作为春节福利免费发放给本企业员工，另采取直接收款方式对外销售自产面包取得不含增值税价款80 000元。

（5）对外转让本企业使用过的小轿车一辆，该小轿车为甲面包生产企业于2011年11月购进的，含税转让价格为41 200元。

已知：本题中涉及的货物均适用13%的增值税税率，上期留抵增值税税额4 200元，新型蛋糕的成本利润率为5%，取得的增值税专用发票已通过税务机关认证。

要求：

根据上述资料，不考虑其他因素，分析回答下列小题。

（1）甲面包生产企业的下列增值税进项税额中，准予抵扣的是（　　）。

A.购进生产用原材料的进项税额9 000元

B.支付运输费的进项税额5 000元

C.上期留抵的增值税税额4 200元

D.贷款服务的进项税额500元

（2）甲面包生产企业将自产的新型蛋糕无偿捐赠给贫困地区的增值税销项税额的下列计算列式中，正确的是（　　）。

A.10 000×13%

B.10 000×（1+5%）×13%

C.10 000×（1+5%）÷（1+13%）×13%

D.10 000÷（1+13%）×13%

（3）关于业务（4），甲面包生产企业计算销项税额的下列计算列式中，正确的是（　　）。

A.（20 000+80 000）×13%

B.（20 000+80 000）÷（1+13%）×13%

C.80 000÷（1+13%）×13%

D.80 000×13%

（4）甲面包生产企业对外转让本企业使用过的小轿车应计算缴纳的增值税税额为（　　）元。

A.800　　B.1 200　　C.5 682.76　　D.6 592

3.甲公司为增值税一般纳税人，主要从事各种小汽车的销售、租赁和维修业务，2022年10月有关经济业务如下：

（1）购进维修用原材料及零配件，取得的增值税专用发票上注明的税额为16万元。

（2）为购进上述维修用原材料及零配件支付运输费，取得的增值税专用发票上注明的税额为5万元。

（3）销售电动汽车，取得含税销售额116万元。

（4）销售小汽车内部装饰品，取得含税销售额23.2万元。

（5）销售小汽车租赁服务，取得含税销售额3.48万元。

（6）销售小轿车，取得含税销售额464万元。

（7）对外提供汽车维修劳务，取得含税销售额5.8万元。

已知：增值税留抵税额为2万元，销售货物增值税税率为13%，提供修理修配劳务增值税税率为13%，提供有形动产租赁服务增值税税率为13%，取得的增值税专用发票和专用缴款书均通过认证。

要求：

根据上述资料，不考虑其他因素，分析回答下列小题。

1.甲公司当月准予抵扣进项税额的下列计算列式中，正确的是（　　）。

A.16+5=21（万元）　　B.16+2=18（万元）

C.16+5+2=23（万元）　　D.5+2=7（万元）

2.甲公司当月发生的下列业务中，应按“销售服务”申报缴纳增值税的是（　　）。

A.销售小汽车内部装饰品　　B.销售小汽车租赁服务

C.提供汽车维修劳务　　D.销售电动汽车

3.甲公司当月增值税销项税额的下列计算列式中，正确的是（　　）。

A.销售电动汽车的销项税额=116÷（1+13%）×13%

B.销售小汽车内部装饰品的销项税额=23.2÷（1+13%）×13%

C.销售小汽车租赁服务的销项税额=3.48÷（1+13%）×13%

D.对外提供汽车维修劳务的销项税额=5.8÷（1+13%）×13%

4.甲公司发生的下列业务中，应缴纳消费税的是（　　）。

A.销售电动汽车

B.销售小汽车内部装饰品

C.销售小轿车

D.提供汽车维修劳务

四、计算题

1.某县城一个百货商场为增值税一般纳税人，2022年9月发生如下业务：

（1）销售货物取得货款200万元（不含税价），销售食品取得零售收入14万元。

（2）采用以旧换新方式销售洗衣机80台，每台售价2 000元，旧洗衣机每台收购价为200元，洗衣机实际售价为每台1 800元。

（3）购进货物价值120万元，取得防伪税控系统开具的增值税专用发票上注明税款19.2万元。

（4）从厂家购入大容量电冰箱100台，每台进价4 000元，取得防伪税控系统开具的增值税专用发票上注明税款6.4万元，本期已经通过验证。

要求：计算该商场本月应纳增值税税款。

2.甲商场为增值税一般纳税人，2022年8月发生下列业务：

（1）从小规模纳税人处购入材料一批，取得普通发票上注明的金额为30 000元。

（2）从某增值税一般纳税人处购进货物，取得普通发票，支付价税合计金额46 800元，支付运输企业（增值税小规模纳税人）不含税运输费10 000元，取得税务机关代开的增值税专用发票。

（3）采用预收款方式销售电脑5台，合同中约定，每台电脑不含税售价为5 000元，本月20日收取全部货款，电脑于下月发出。

（4）销售调制乳、鲜奶分别取得含税销售收入11 232元、10 848元；销售蔬菜取得销售收入20 000元。

（5）销售空调并负责安装，取得不含税空调销售收入3 000元，安装劳务收入234元。

（上述增值税专用发票的抵扣联均已经过认证）

要求：根据上述资料，按下列顺序回答问题。

（1）计算该商场当月可以抵扣的增值税进项税额；

（2）计算该商场当月应缴纳的增值税。

3.明辉食品有限责任公司为增值税一般纳税人，2022年10月发生如下经济业务：

（1）购进一批用于生产的花生油，金额为56 500元（含增值税）。

（2）以每千克2元的单价向农业生产者收购草莓2 000千克。

（3）购置办公用电脑10台，单价20 000元，取得的增值税专用发票上注明的增值税税款是2 600元。

（4）向某商厦销售月饼5 000千克，取得销售收入117 000元（含增值税）；销售草莓酱1 000箱，取得销售收入93 600元（含增值税）。

（5）直接向消费者销售月饼400千克，取得销售收入14 040元（含增值税）。

要求：计算该公司当期应缴纳的增值税。

4.A、B为小规模纳税人，其中A为一农户，C为增值税一般纳税人。3月份发生以下业务：A卖给B一批农产品，价款为5.3万元。B卖给C一批货物，开具的普通发票上注明的价款为8.48万元。C当月共销售货物30万元（不含税价），购进货物50万元，其中40万元的货款取得了增值税专用发票，该专用发票上注明的税金为5.2万元。C又为一客户加工一批零件收取加工费和增值税税金共7 020元并开具了增值税专用发票。

要求：根据以上业务，计算A、B、C三个纳税人各应缴纳的增值税税额（增值税税率为13%）。

5.某酒厂为增值税一般纳税人，2022年8月其账面销售额（含增值税价）及包装物押金情况见表2-13。

表2-13　2022年8月某酒厂账面销售额（含增值税价）及包装物押金情况一览表　单位：万元

项目	白酒	黄酒
销售额（含税）	280.8	128.7
当期发出包装物收取押金	24.57	11.7
当期到期未收回包装物押金	4.68	5.85

要求：计算其当月应纳的增值税。

6.视讯电器商场为增值税一般纳税人，2022年7月份发生如下经济业务：

（1）销售特种空调取得含税销售收入177 840元，同时提供安装服务收取安装费19 890元。

（2）销售电视机120台，每台含税零售单价为2 223元。

（3）代销一批数码相机，按含税销售总额的5%提取代销手续费14 391元。

（4）购进热水器50台，不含税单价800元，货款已付；购进洗衣机100台，不含税单价600元，货款已付。两项业务均已取得增值税专用发票。

（5）当月该商场其他商品含税销售额为163 800元。

该商场上月未抵扣进项税额6 110元，增值税税率为13%。

要求：计算该商场7月份应纳的增值税。

7.某石化生产企业为增值税一般纳税人，最近时期同类原油的平均不含税销售单价为1 650元/吨，2022年10月生产经营业务如下：

（1）开采原油8万吨，采用直接收款方式销售原油5万吨，取得不含税销售额8 250万元，另外收取含税优质费9.36万元。

（2）2月份采用分期收款方式销售原油5万吨，合同约定分3个月等额收回价款，每月应收不含税销售额2 800万元，3月按照合同约定收到本月应收款项并收到上月应收未收含税价款117万元及违约金4.68万元。

（3）将开采的原油1.2万吨对外投资，取得10%的股份，开采原油过程中修井用原油0.1万吨；用开采的同类原油2万吨送非独立炼油部门加工生产成品油。

（4）销售汽油0.1万吨，取得不含税销售额400万元。

（5）购置炼油机器设备，取得增值税专用发票，注明税额25.5万元，支付运输费用取得增值税专用发票，注明税额0.33万元。

本月取得的相关凭证均符合税法规定，并在当期认证抵扣进项税额。

要求：请计算该企业当月应纳的增值税。

子任务二　消费税纳税实务

消费税是对在我国境内生产、委托加工和进口应税消费品的单位和个人征收的一种税。它是1994年税制改革时在流转税中新设置的一个税种。在对货物普遍征收增值税的基础上，对少数特殊消费品、奢侈品、高能耗产品、不可再生的稀缺资源等消费品再征收一道消费税。消费税是价内税，除卷烟、金银首饰、钻石及钻石饰品等外，一般消费品只在应税消费品的生产、委托加工和进口环节缴纳，在以后的批发、零售等环节，不再征收消费税。

一、消费税税制要素

（一）征税范围

我国消费税是根据我国的经济状况、群众的消费水平、国家的消费政策并考虑财政需要选择一部分特定消费品列入其课征范围。具体地说，现阶段列入消费税征税范围的应税消费品按其类型和特点可分为以下四大类：

第一类：过度消费会对人类健康、社会秩序、生态环境等方面造成危害的特殊消费品，如烟、酒、鞭炮、焰火等。

第二类：奢侈品、非生活必需品，如贵重首饰及珠宝玉石、高档化妆品等。

第三类：高能耗及高档消费品，如小汽车、摩托车、高档手表、高尔夫球及球具等。

第四类：不可再生和替代的石油类消费品，如汽油、柴油、航空煤油等。

消费税的征税范围不是一成不变的，随着我国经济的不断发展，今后还会根据国家消费政策和经济发展情况及消费结构的变化适当调整。

（二）纳税义务人

消费税的纳税义务人为在我国境内生产、委托加工和进口应税消费品（金银首饰另有规定）的单位和个人。金银首饰消费税的纳税义务人是指在我国境内从事商业零售金银首饰的单位和个人。委托加工、委托代销金银首饰，委托方是纳税人。卷烟批发环节消费税的纳税义务人是从事卷烟批发业务的单位和个人。

（三）税目和税率

目前，消费税的具体征税范围共有15个税目，有的税目还进一步划分为若干子目。

消费税税率分为定额税率、比例税率以及从价定率和从量定额相结合的复合税率。消费税具体税目税率（额）见表2-14。

表2-14 消费税税目税率（额）表

税目	税率（额）
一、烟	
1.卷烟	
（1）甲类卷烟（调拨价70元（不含增值税）/条以上（含70元））	56%加0.003元/支（生产环节）
（2）乙类卷烟（调拨价70元（不含增值税）/条以下）	36%加0.003元/支（生产环节）
（3）商业批发	11%加0.005元/支（批发环节）
2.雪茄烟	36%（生产环节）
3.烟丝	30%（生产环节）
4.电子烟	36%（生产环节） 11%（批发环节）
二、酒	
1.白酒	20%加0.5元/500克（或者500毫升）
2.黄酒	240元/吨
3.啤酒	
（1）甲类啤酒	250元/吨
（2）乙类啤酒	220元/吨
4.其他酒	10%
三、高档化妆品	15%
四、贵重首饰及珠宝玉石	
1.金银首饰、铂金首饰和钻石及钻石饰品	5%
2.其他贵重首饰和珠宝玉石	10%

续表

税目	税率（额）
五、鞭炮、焰火	15%
六、成品油	
1.汽油	1.52元/升
2.柴油	1.20元/升
3.航空煤油	1.20元/升
4.石脑油	1.52元/升
5.溶剂油	1.52元/升
6.润滑油	1.52元/升
7.燃料油	1.20元/升
七、摩托车	
1.气缸容量（排气量，下同）在250毫升（含250毫升）以下的	3%
2.气缸容量在250毫升以上的	10%
八、小汽车	
1.乘用车	
（1）气缸容量（排气量，下同）在1.0升（含1.0升）以下的	1%
（2）气缸容量在1.0升以上至1.5升（含1.5升）的	3%
（3）气缸容量在1.5升以上至2.0升（含2.0升）的	5%
（4）气缸容量在2.0升以上至2.5升（含2.5升）的	9%
（5）气缸容量在2.5升以上至3.0升（含3.0升）的	12%
（6）气缸容量在3.0升以上至4.0升（含4.0升）的	25%
（7）气缸容量在4.0升以上的	40%
2.中轻型商用客车	5%
3.超豪华小汽车	10%（零售环节）
九、高尔夫球及球具	10%
十、高档手表	20%
十一、游艇	10%
十二、木制一次性筷子	5%
十三、实木地板	5%
十四、电池	
铅蓄电池	4%（2016年1月1日起实施）
无汞原电池、金属氢化物镍蓄电池、锂原电池、锂离子蓄电池、太阳能电池、燃料电池和全钒液流电池	免征
十五、涂料	4%
施工状态下挥发性有机物（Volatile Organic Compounds，VOC）含量低于420克/升（含）	免征

【育德启智2-12】

消费税引导合理消费

2016年9月30日，财政部和国家税务总局联合发布了《关于调整化妆品消费税政策的通知》（财税〔2016〕103号）。通知规定，自2016年10月1日起取消对普通美容、修饰类化妆品征收消费税，将"化妆品"税目名称更名为"高档化妆品"。征收范围包括高档美容、修饰类化妆品，高档护肤类化妆品和成套化妆品。税率调整为15%。

"化妆品"税目调整为"高档化妆品"体现了消费税引导合理消费的既定原则。此次调整让普通化妆品成了日常消费品，有助于降低居民的消费税负，释放出了鼓励消费的积极信号。调整后，普通彩妆将不再征收消费税，对一些国外大众品牌彩妆以及本土彩妆品牌来说，将降低税收负担，更方便地进入超市、连锁店等现代销售渠道，提振消费品行业的信心。

此次调整化妆品消费税政策，迈出了我国消费税改革的重要一步：一方面，旨在发挥消费税调节收入分配、引导合理消费的积极作用；另一方面，对普通化妆品免征消费税并降低高档化妆品的税率，有助于减轻消费者的负担。广大青年应该树立合理消费观，增加普通消费，降低奢侈消费，用自身的实际行动促进国家经济健康发展。

特别说明：兼营不同税率应税消费品的税率的选择。纳税人兼营不同税率的应税消费品，应当分别核算不同税率应税消费品的销售额和销售数量，按各自适用税率计算纳税。

如果发生下列情形之一的，应按适用税率中最高税率征税：

①兼营不同税率应税消费品，未分别核算其销售额和销售数量的，按最高税率征收消费税；

②将应税消费品与非应税消费品，以及适用税率不同的应税消费品组成成套消费品销售的，应以成套消费品的销售额按应税消费品中适用的最高税率征收消费税。

二、消费税的计算

（一）消费税应纳税额计算的一般方法

消费税对应税消费品采用从价定率和从量定额两类模式计算应纳税额，并由此形成了三种具体的计算方法，分述如下：

1.从价定率计算方法

对实行从价定率计算方法计算的应税消费品，以其销售额为计税依据，按适用的比例税率计算应纳消费税税额。其基本计算公式为：

应纳税额=销售额×比例税率

特别说明：公式中的"销售额"是指纳税人有偿转让应税消费品所取得的全部收入，即纳税人销售应税消费品向购买方收取的全部价款和价外费用，不包括向购买方收取的增值税税款。

【例2-17】某日用化妆品有限公司为增值税一般纳税人，2022年11月1日，向某大型商场销售高档化妆品一批，开具增值税专用发票，取得不含税销售额30万元，增值税税额3.9万元；10日，向某单位销售高档化妆品一批，开具普通发票，取得含税销售额4.52万元。计算该日用化妆品有限公司11月份应缴纳的消费税税额。

应缴纳的消费税税额=［30+4.52÷（1+13%）］×15%=5.1（万元）

2.从量定额计算方法

在从量定额计算方法下，应纳税额的计算取决于消费品的应税数量和单位税额两个因素。其基本计算公式为：

应纳税额=应税消费品的销售数量×单位税额

在实际销售过程中，一些纳税人往往将计量单位换算为别的计量单位，换算标准如下：

啤酒	1吨=988升	黄酒	1吨=962升
汽油	1吨=1 388升	柴油	1吨=1 176升
航空煤油	1吨=1 246升	石脑油	1吨=1 385升
溶剂油	1吨=1 282升	润滑油	1吨=1 126升
燃料油	1吨=1 015升		

【例2-18】某啤酒厂11月4日将自己生产的啤酒20吨销售给某超市，并收取押金300元/吨（售价的10%），价税款及押金均已收到；另外将10吨啤酒给客户及顾客免费品尝。该啤酒出厂价为2 800元/吨，成本为2 000元/吨。计算该啤酒厂11月份应纳消费税税额。

应缴纳的消费税税额=20×250+10×220=7 200（元）

3.复合计税计算方法

现行消费税的征税范围中，只有卷烟、粮食白酒、薯类白酒采用复合计税计算方法。其基本计算公式为：

应纳税额=应税销售额×比例税率+销售数量×单位税额

【例2-19】某酒厂本月生产粮食白酒1 000箱，每箱10千克。本月销售850箱，每箱不含税的出厂价为500元。计算该酒厂应纳消费税税额。

该酒厂应纳消费税税额=850×10×2×0.5+850×500×20%=93 500（元）

（二）消费税应纳税额计算的特殊方法

为了使消费税的课征制度能够适应复杂多样的生产经营情况，税法除规定消费税的一般计算方法外，还针对纳税人的各种特殊情况，就消费税应纳税额的计算方法做出了下列特殊规定：

1.自产自用应税消费品的计税方法

所谓自产自用应税消费品，是指纳税人自己生产自己使用，未对外销售的应税消费品。按照其用途不同，可分为用于连续生产应税消费品和用于其他方面的应税消费品。用于连续生产应税消费品是指作为生产最终应税消费品的直接材料，并构成最终产品实体的应税消费品；用于其他方面的应税消费品是指纳税人用于生产非应税消费品和在建工程，管理部门、非生产机构，提供劳务，以及用于馈赠、赞助、集资、广告、样品、职工福利、奖励等方面的应税消费品。

（1）纳税人用于连续生产应税消费品。税法规定，纳税人自产自用的应税消费品用于连续生产应税消费品，不缴纳消费税。

（2）纳税人用于其他方面的应税消费品。税法规定，纳税人用于其他方面的应税消费品，应于移送使用时缴纳消费税。其应纳税额的计算方法如下：

纳税人自产自用的应税消费品，按照纳税人生产同类消费品的销售价格计算纳税；没有同类消费品销售价格的，按照组成计税价格计算应纳税额。

自产自用应税消费品组成计税价格的计算公式为：

组成计税价格=（成本+利润）÷（1-消费税税率）

应纳税额=组成计税价格×消费税税率

特别说明：公式中的"成本"是指应税消费品的产品生产成本；公式中的"利润"是指根据应税消费品的全国平均成本利润率计算的利润。应税消费品全国平均成本利润率见表2-15。

表2-15　应税消费品全国平均成本利润率

应税消费品	利润率	应税消费品	利润率
甲类卷烟	10%	摩托车	6%
乙类卷烟	5%	乘用车	8%
雪茄烟	5%	中轻型商用客车	5%
烟丝	5%	游艇	10%
粮食白酒	10%	高档手表	20%
薯类白酒	5%	高尔夫球及球具	10%
其他酒	5%	实木地板	5%
高档化妆品	5%	木制一次性筷子	5%
鞭炮、焰火	5%	电池	4%
贵重首饰及珠宝玉石	6%	涂料	7%

【例2-20】某摩托车生产企业将本企业生产的汽缸容量250毫升以上的摩托车提供给企业管理部门使用，查知无同类产品销售价格，其生产成本为8万元。计算该批摩托车的组成计税价格和应纳税额。

该批摩托车组成计税价格=8×（1+6%）÷（1-10%）=9.42（万元）

应纳税额=9.42×10%=0.942（万元）

2.委托加工应税消费品的计税方法

所谓委托加工的应税消费品，是指由委托方提供原料和主要材料，受托方只收取加工费和代垫部分辅助材料加工的应税消费品。对于由受托方提供原材料生产的应税消费品，或者受托方先将原材料卖给委托方，然后再接受加工的应税消费品，以及由受托方以委托方名义购进原材料生产的应税消费品，不论纳税人在财务上是否做销售处理，都不得作为委托加工应税消费品，而应当按照销售自制应税消费品缴纳消费税。按照税法规定，委托加工的应税消费品，由受托方在向委托方交货时代收代缴消费税。

（1）代收代缴税款的规定。对于税法确定的委托加工的应税消费品，受托方是法定的代收代缴义务人。如果受托方对委托加工的应税消费品未代收代缴或少代收代缴消费税，委托方要补缴税款，对受托方要处以应代收代缴税款50%以上3倍以下的罚款。但受托加工应税消费品的个体经营者不承担代收代缴消费税的义务，一律由委托方收回后在委托方所在地缴纳消费税。

委托加工的应税消费品，受托方在交货时已代收代缴消费税，委托方收回后直接出售的，不再征收消费税。

（2）委托加工应税消费品的计税方法。委托加工应税消费品，按照受托方的同类消费品的销售价格计算纳税；没有同类消费品销售价格的，按照组成计税价格计算。组成计税价格的计算公式如下：

组成计税价格=（材料成本+加工费）÷（1-消费税税率）

应纳税额=组成计税价格×消费税税率

特别说明：公式中的“材料成本”，是指委托方所提供加工材料的实际成本；委托加工应税消费品的纳税人，必须在委托加工合同上如实注明（或以其他方式提供）材料成本，凡未提供材料成本的，受托方所在地主管税务机关有权核定其材料成本。公式中的“加工费”，是指受托方加工应税消费品向委托方所收取的全部费用（包括代垫辅助材料的实际成本）。

【例 2-21】甲企业委托乙企业加工一批应税消费品，甲企业为乙企业提供原材料等，实际成本为7 000元，支付给乙企业加工费2 000元，其中包括乙企业代垫的辅助材料500元。已知适用的消费税税率为10%，同时受托方无同类产品销售价格。计算乙企业代扣代缴的应税消费品的消费税税额。

组成计税价格=（7 000+2 000）÷（1-10%）=10 000（元）

代扣代缴应税消费品的消费税税额=10 000×10%=1 000（元）

3.进口应税消费品的计税方法

进口应税消费品，进口人或其代理人在进口报关时向报关地海关申报缴纳消费税，由海关代征。

纳税人进口应税消费品，按照组成计税价格和规定的税率计算纳税。组成计税价格的计算公式如下：

组成计税价格=（关税完税价格+关税）÷（1-消费税税率）

应纳税额=组成计税价格×消费税税率

【例 2-22】某公司从境外进口一批高档化妆品。经海关核定，关税完税价格为54 000元，进口关税税率为25%，消费税税率为15%。计算该公司进口应税消费品应纳消费税税额。

组成计税价格=（54 000+54 000×25%）÷（1-15%）=79 412（元）

应纳税额=79 412×15%=11 911.80（元）

4.外购已税消费品再生产应税消费品或委托加工已税消费品再生产应税消费品的计税方法

微课 2-6

实耗扣税法

由于某些应税消费品是用外购已缴纳消费税的应税消费品（或委托加工收回的已缴纳消费税的应税消费品）连续生产出来的，在对这些连续生产出来的应税消费品计算应纳税额时，税法规定，应按当期生产领用数量计算准予扣除外购的（或委托加工的）应税消费品已纳的消费税税款。扣除范围包括：

①以外购（或委托加工收回的）已税烟丝为原料生产的卷烟；

②以外购（或委托加工收回的）已税高档化妆品为原料生产的高档化妆品；

③以外购（或委托加工收回的）已税珠宝玉石为原料生产的贵重首饰及珠宝玉石；

④以外购（或委托加工收回的）已税鞭炮、焰火为原料生产的鞭炮、焰火；

⑤以外购（或委托加工收回的）已税杆头、杆身和握把为原料生产的高尔夫球杆；

⑥以外购（或委托加工收回的）已税木制一次性筷子为原料生产的木制一次性筷子；

⑦以外购（或委托加工收回的）已税实木地板为原料生产的实木地板；

⑧以外购（或委托加工收回的）汽油、柴油、石脑油、燃料油、润滑油等生产的应税成品油。

⑨从葡萄酒生产企业购进、进口葡萄酒连续生产应税葡萄酒的，准予从葡萄酒消费税应纳税额中扣除所耗用应税葡萄酒已纳消费税税款。

上述当期准予扣除的外购（或委托加工收回的）应税消费品已纳消费税税款的计算公式为：

当期准予扣除的外购（或委托加工收回的）应税消费品已纳税款	=	期初库存的外购（或委托加工）应税消费品已纳税款	+	当期收回的外购（或委托加工）应税消费品已纳税款	−	期末库存的外购（或委托加工）应税消费品已纳税款

【例2-23】某化妆品公司长期委托某日用化工厂加工某种高档化妆品，将其收回后用于连续生产高档化妆品。2022年受托方按同类化妆品每千克60元的销售价格代扣代缴消费税。2022年10月公司收回加工好的高档化妆品3 000千克，当月销售连续生产的高档化妆品800箱，每箱销售价600元。10月底结算时，账面反映月初库存委托加工高档化妆品2 000千克；月底库存委托加工高档化妆品1 000千克。计算该公司当月销售高档化妆品应纳的消费税税额（高档化妆品消费税税率为15%；销售价格均为不含增值税价格）。

当期应纳消费税税额=600×800×15%=72 000（元）

当期准予抵扣的委托加工化妆品已纳税额=（2 000+3 000−1 000）×60×15%=36 000（元）

当月实际缴纳的消费税税额=72 000−36 000=36 000（元）

三、出口应税消费品的减（免）税

消费税是一种选择税，选择征税的消费品一般为非生活必需品，应税消费品的购买者一般都具有较高的消费能力，因此，不能要求国家给予减（免）税来满足较高的消费需求。为了体现公平税负、确保国家的财政收入、充分发挥消费税调节社会特殊消费的作用，消费税一般不再给予减（免）税。但是，对纳税人出口应税消费品，除国家限制出口的应税消费品外，免征消费税。

（一）退（免）税范围

由于消费税是单环节征收，其退（免）税范围不同于增值税。

（1）免税并退税。适用于有出口经营权的外贸企业购进应税消费品直接出口，以及外贸企业受其他外贸企业委托代理出口应税消费品。在报关出口时可退还其已在生产环节或委托加工环节缴纳的消费税税款。

（2）免税不退税。适用于有出口经营权的生产企业自营出口，或者生产企业委托外贸企业代理出口自产的应税消费品，依据其实际出口数量免征消费税，不予办理退还消费税。不予办理退还消费税，是因为已免征生产环节的消费税，该应税消费品出口时，已不含有消费税，所以也无须再办理退还消费税。

（3）不免税不退税。适用于一般商贸企业委托外贸企业代理出口的应税消费品，在报关出口时一律不予退（免）税。

（二）出口退税率的确定

出口应税消费品应退消费税的税率或单位税额，依据《消费税暂行条例》所附消费税税目税率（额）表规定的税率或单位税额执行。

办理出口退（免）税业务，应将不同税率的应税消费品分开核算和申报，凡是因未分开核算而划分不清适用税率的，一律从低适用税率计算退（免）消费税税额。

四、消费税的纳税申报与缴纳

（一）纳税环节

纳税人生产销售应税消费品的，应在销售环节纳税；自产自用应税消费品的，应在消费品移送使用环节纳税。

此外，为了便于控制税源，防止偷税、漏税，并简化征纳手续，方便纳税人履行纳税义务，税法规定：进口应税消费品的应纳消费税由海关负责在进口环节代征；委托加工应税消费品的应纳消费税，由受托方在委托方提货环节代收代缴。

（二）纳税义务发生的时间

消费税根据纳税人的生产经营方式及所采用的货款结算方式不同，分别规定了消费税纳税义务发生时间的确认标准。具体规定如下：

（1）纳税人销售应税消费品，其纳税义务的发生时间为：

①采取赊销和分期收款结算方式的，为销售合同规定的收款日期的当天；

②采取预收货款结算方式的，为发出应税消费品的当天；

③采取托收承付和委托银行收款方式销售的应税消费品，为发出应税消费品并办妥托收手续的当天；

④采取其他结算方式的，为收讫销售款或者取得索取销售款凭据的当天。

（2）纳税人自产自用应税消费品，其纳税义务的发生时间，为移送使用的当天。

（3）纳税人委托加工应税消费品，其纳税义务的发生时间，为提货的当天。

（4）纳税人进口应税消费品，其纳税义务的发生时间，为报关进口的当天。

（三）纳税期限

为了促使纳税人及时履行纳税义务，保证税收收入及时缴入国库，税法对消费税的纳税期限规定如下：

1.结算期限

结算期限是结算应纳税款的期限，是指结算一次应纳税额的时间跨度。结算期限分别为：1日、3日、5日、10日、15日、1个月或者1个季度。纳税人的具体纳税期限，由主管税务机关根据纳税人应纳税额的大小分别核定，不能按照固定期限纳税的，可以按次纳税。

2.缴款期限

缴款期限是缴纳税款的期限，是指在结算应纳税款后多少天内缴纳税款。消费税的缴款期限分别为：纳税人以1个月或者1个季度为一期纳税的，自期满之日起15日内申报纳税；以1日、3日、5日、10日或者15日为一期纳税的，自期满之日起5日内预缴税款，于次月1日起至15日内申报纳税并结清上月应纳税款。

纳税人进口应税消费品，应当自海关填发海关进口消费税专用缴款书之日起15日内缴纳税款。

（四）纳税地点

为了便于税务机关进行征收管理，防止偷税、漏税，并方便纳税人办理纳税手续，税法就消费税的纳税地点做了下列规定：

1.销售及自产自用应税消费品的纳税地点

（1）纳税人销售及自产自用的应税消费品，向纳税人核算地主管税务机关申报纳税。

（2）纳税人到外县（市）销售或委托外县（市）代销自产应税消费品的，于应税消费品销售后，回纳税人核算地或所在地缴纳消费税。

（3）纳税人的总机构与分支机构不在同一县（市）的，应在生产应税消费品的分支机构所在地缴纳消费税，但经国家税务总局及所属的省、自治区、直辖市国家税务局批准，纳税人分支机构应纳消费税税款也可由总机构汇总向总机构所在地主管税务机关缴纳。

2.委托加工应税消费品的纳税地点

（1）工业企业受托加工的应税消费品，由受托方向所在地主管税务机关解缴消费税税款。

（2）个体工商户受托加工的应税消费品，由委托方在收回应税消费品后，向所在地主管税务机关申报纳税。

3.进口应税消费品的纳税地点

进口应税消费品，由进口人或其代理人向报关地海关申报纳税（在零售环节征收消费税的金银首饰除外）。

（五）纳税申报

1.消费税的纳税申报

消费税纳税人应按有关规定及时办理纳税申报，并如实填写“消费税及附加税费申报表”（见附表20至附表27）和消费税缴款书。

2.缴款办法

消费税的报缴税款办法，由所在地主管税务机关视不同情况，于下列办法中核定一种：

（1）纳税人按期向税务机关填报纳税申报表，并填开消费税缴款书，向所在地代理金库的银行缴纳税款。

（2）纳税人按期向税务机关填报纳税申报表，由税务机关审核后填发缴款书，按期缴纳。

（3）对会计核算不健全的小型企业，税务机关可根据其产销情况，按季或按年核定其应纳税额，分月缴纳。

练习题

随堂测2-10

一、单项选择题

1.下列各项中，属于消费税征收范围的是（　）。

A.销售不动产　　B.提供加工、修理修配劳务

C.销售粮食白酒　　D.销售自来水

2.甲企业通过丙企业介绍，将一批应税消费品委托给乙企业加工，在这项应税行为

中，消费税的纳税人应是（　　），增值税的纳税人是（　　）。

A.甲企业　　B.乙企业

C.甲企业和乙企业　　D.丙企业

3.下列行为中，不需缴纳消费税的是（　　）。

A.珠宝行销售金银首饰

B.进口应税化妆品

C.直接销售委托加工收回后的烟丝

D.将自产的啤酒作为福利发给本企业职工

4.下列各项中，不属于消费税征税范围的是（　　）。

A.金银首饰　　B.卡车　　C.摩托车　　D.药酒

5.下列项目中，应征收消费税的是（　　）。

A.进口钻石饰品　　B.商店销售白酒

C.委托加工烟丝　　D.商店销售高档化妆品

6.受托方将原材料卖给委托方，再接受委托加工的应税消费品，应作为（　　）缴纳消费税。

A.销售自制应税消费品　　B.委托加工应税消费品

C.受托加工应税消费品　　D.提供加工应税消费品劳务

7.下列各项中，属于税法规定的委托加工行为的是（　　）。

A.受托方提供原材料并加工应税消费品，加工后交给委托方

B.受托方将原材料卖给委托方，再接受加工

C.委托方提供原材料，受托方只收取加工费和代垫辅助材料，加工后交给委托方

D.受托方受委托方委托购进原材料并加工，加工后交给委托方

8.下列各项中，应缴纳消费税的是（　　）。

A.委托加工的应税消费品（受托方已代收代缴消费税），委托方收回后直接销售的

B.自产的应税消费品，用于连续生产应税消费品的

C.有出口经营权的生产性企业生产的应税消费品直接出口的

D.自产自用的应税消费品，用于生产非应税消费品的

9.企业销售应税消费品，如果没有销售额，可以采用下列方法确定销售额，除了（　　）。

A.同期同类消费品的加权平均价格　　B.按照成本加利润加消费税税额

C.按照合同约定价格　　D.按照税务机关确认的其他方法

10.下列说法中，正确的是（　　）。

A.企业自产自用的应税消费品，其销售额的确定为同期同类消费品的加权平均价格

B.企业用自产的应税消费品偿债，其销售额为同期同类消费品的加权平均价格

C.企业自产自用的应税消费品，其销售额的确定为同期同类消费品的算术平均价格

D.如果没有同类消费品价格，可以核定组成计税价格，组成计税价格=（成本+利润）÷（1+增值税税率）

11.某商业企业（一般纳税人）2022年6月向消费者个人销售金银首饰取得收入58 950元，销售金银镶嵌首饰取得收入35 780元，销售镀金首饰取得收入32 898元，销售

镀金镶嵌首饰取得收入12 378元，取得修理清洗收入780元。该企业上述业务应纳消费税为（　　）（金银首饰消费税税率为5%）。

A.4 048.29元　　B.5 983.16元　　C.4 081.62元　　D.0

12.某外贸公司2022年6月从生产企业购入化妆品一批，取得的增值税专用发票上注明的价款为25万元，增值税为3.25万元，支付购入化妆品的运输费用3万元，当月该批化妆品全部出口取得销售收入35万元。该外贸公司出口化妆品应退的消费税为（　　）万元。

A.7.5　　B.8.4　　C.9.7　　D.10.5

13.某烟草进出口公司2022年9月进口卷烟300标准箱，进口完税价格280万元。假定进口关税税率为60%，消费税固定税额为每标准箱150元，比例税率为30%，则进口环节应纳消费税为（　　）万元。

A.192　　B.193.93　　C.198.43　　D.251.32

14.甲企业（一般纳税人）从农民手中收购玉米，支付价款180万元，委托乙企业（一般纳税人）加工白酒20吨，提货时支付加工费3.51万元（含税价），乙企业没有同类白酒的销售价格，乙企业应代收代缴的消费税是（　　）万元。

A.66.28　　B.63.17　　C.56.1　　D.54.28

15.下列各项中，符合消费税法规定的是（　　）。

A.纳税人将应税消费品与非应税消费品组成成套消费品销售的，根据应税消费品的销售金额计征消费税

B.纳税人将应税消费品与非应税消费品组成成套消费品销售的，根据组合产品销售金额按应税消费品适用税率计征消费税

C.纳税人将应税消费品与非应税消费品组成成套消费品销售的，不纳消费税

D.纳税人将适用不同税率的应税消费品组成成套消费品销售的，应分别核算不同应税消费品的销售额并根据各自税率计征消费税

16.下列各项中，符合消费税纳税义务发生时间规定的是（　　）。

A.进口的应税消费品，为取得进口货物的当天

B.自产自用的应税消费品，为移送使用的当天

C.采取赊销结算方式的，为收到货款的当天

D.采取预收货款结算方式的，为收到预收款的当天

17.下列各项中，应同时征收增值税和消费税的是（　　）。

A.批发环节销售的卷烟

B.零售环节销售的金基合金首饰

C.生产环节销售的普通护肤护发品

D.进口环节取得外国政府捐赠的小汽车

18.纳税人将自产的应税消费品用于连续生产应税消费品，（　　）。

A.在连续生产的应税消费品销售时一并纳税

B.在移送使用时纳税

C.在移送使用时不纳税

D.在连续生产的应税消费品产出时纳税

19.下列各项中，不征收消费税的是（　　）。

A.用于广告宣传的样品白酒　B.用于本企业的自产应税消费品
C.委托加工收回后直接销售的粮食白酒　D.抵偿债务的汽车轮胎

二、多项选择题

1.下列各项中，应计入消费税应税销售额的有（　）。
A.向购买方收取的增值税销项税额
B.因销售应税消费品向购买方收取的包装费
C.因销售应税消费品向购买方收取的手续费
D.因销售应税消费品向购买方收取的优质费

2.下列应税消费品中，采用复合计税方法计算消费税的有（　）。
A.烟丝　B.卷烟　C.白酒　D.酒精

3.（　）已纳税款准予按照规定从连续生产的应税消费品应纳消费税税额中抵扣。
A.以委托加工收回的已税烟丝为原料生产的卷烟
B.以委托加工收回的已税酒和酒精为原料生产的酒
C.以委托加工收回的已税高档化妆品为原料生产的高档化妆品
D.以委托加工收回的已税护肤护发品为原料生产的护肤护发品

4.下列应税消费品中，在零售环节征收消费税的有（　）。
A.金银首饰　B.钻石及钻石饰品　C.小轿车　D.高档化妆品

5.下列各项中，外购已税消费品连续生产应税消费品时，可以扣除原料已纳的消费税税款的有（　）。
A.外购已税烟丝生产的卷烟
B.外购已税高档化妆品生产的高档化妆品
C.外购已税护肤护发品生产的护肤护发品
D.外购已税酒精生产的粮食白酒

6.某企业生产销售化妆品，在销售环节应纳的税金有（　）。
A.增值税　B.消费税　C.所得税　D.关税

7.纳税人自产的应税消费品用于下列项目时，应当计征消费税的有（　）。
A.用于在建工程　B.用于连续生产应税消费品
C.用于职工福利　D.用于赞助

8.下列应税消费品中实行从量定额计征消费税的有（　）。
A.摩托车　B.汽油　C.黄酒　D.汽车轮胎

9.下列行为中，需缴纳消费税的有（　）。
A.珠宝行销售金银首饰
B.进口应税高档化妆品
C.直接销售委托加工收回后的烟丝
D.将自产的啤酒作为福利发放给本企业职工

10.下列各项中，可以不纳消费税的有（　）。
A.委托加工的应税消费品（受托方已代收代缴消费税），委托方收回后直接销售的
B.自产的应税消费品，用于连续生产应税消费品的
C.有出口经营权的生产性企业生产的应税消费品直接出口的

D.自产自用的应税消费品，用于生产非应税消费品的

11.下列各项中，应当征收消费税的有（　　）。

A.用于本企业连续生产应税消费品的应税消费品

B.用于奖励经销商业绩的应税消费品

C.用于本企业生产性基建工程的应税消费品

D.用于赠送博览会参会者的应税消费品

12.下列项目中，不能直接作为消费税计税依据的有（　　）。

A.销售应税消费品开具的普通发票上的价款

B.白酒的包装物押金

C.销售货物收取的运费

D.用于换取消费资料的应税消费品的加权平均价格

三、判断题

1.企业受托加工应税消费品代收代缴的消费税，在采用组成计税价格计税时，计税价格应当是材料成本与加工费之和。（　　）

2.消费税与增值税的计税依据均为含消费税税金，但不含增值税税金的销售额。（　　）

3.纳税人A委托纳税人B加工应税消费品，交货时B代收代缴A应纳的消费税，A收回的应税消费品直接出售的，不再征收消费税。（　　）

4.消费税属于价内税，即应税消费品的销售价格中包括增值税和消费税税款。（　　）

5.我国消费税的纳税环节主要是应税消费品的消费环节。（　　）

6.某商场本月高档化妆品的不含增值税销售额为10万元，高档化妆品的消费税税率为15%，则其应纳的消费税为1.5万元。（　　）

7.委托加工应税消费品的，受托人是消费税的纳税人。（　　）

8.企业受托加工应税消费品，如果没有同类消费品的售价，企业可将委托加工合同上注明的材料成本与加工费之和作为组成计税价格，计算代收代缴的消费税。（　　）

9.用自产应税消费品换取其他生产资料，可将同期同类消费品的平均销售价格作为销售额计征消费税。（　　）

10.应税消费品连同包装物出售的，若包装物单独计价，则包装物价格不并入销售额计征消费税。（　　）

11.应征增值税的货物均应征收消费税。（　　）

12.用外购已税的珠宝玉石生产的珠宝玉石销售计税，允许扣除全部外购的珠宝玉石的已纳税金。（　　）

13.某纳税人用外购已税烟丝生产卷烟。销售卷烟计征消费税时允许扣除当期生产领用的已税烟丝的已纳税金。（　　）

14.纳税人自产自用的应税消费品用于连续生产应税消费品的不纳税；用于生产非应税消费品的，于移送使用时纳税。（　　）

15.受托加工应税消费品的个体经营者不承担代收代缴消费税的义务。（　　）

16.对应税消费品征收消费税与征收增值税的征税环节是一样的，都是在应税消费品的批发、零售环节征收。（　　）

17.纳税人把自产自用的应税消费品用作广告或样品，也应于移送使用时按销售应税消费品计算纳税。（　）

18.委托加工的应税消费品，委托方收回后如果经税务检查发现受托方没有代收代缴税款，应由受托方补缴税款，委托方不承担补税责任。（　）

19.纳税人进口应税消费品，按照组成计税价格和规定的消费税税率计算应纳消费税税额。其组成计税价格的计算公式是：组成计税价格=关税完税价格+关税。（　）

20.对应税消费品征收消费税后，不再征收增值税。（　）

21.应税消费品的销售额是指纳税人销售应税消费品向购买方收取的全部价款和价外费用，其中也包括向购买方收取的增值税税额。（　）

22.纳税人兼营不同税率的应税消费品，如果未分别核算不同税率应税消费品的销售额、销售数量，或者将不同税率的应税消费品组成成套消费品销售的，从高适用税率。（　）

四、计算题

1.某啤酒制造商为增值税一般纳税人，主要生产中、低档两种啤酒，2022年8月销售情况如下：销售中档啤酒100吨，每吨不含税售价2 900元，随同产品出售的包装物价值15 000元，同时，收取运输费4 000元，开具普通发票。销售低档啤酒150吨，每吨不含税售价2 400元，同时，收取运输费6 000元、包装物押金24 000元。

要求：计算该企业应纳增值税和消费税税额。

2.某化妆品有限公司（中外合资经营企业）生产各种牌号、规格的高档化妆品共15类，该公司除购进各种原料生产化妆品外，为了扩大产品销路，在包装上下功夫，购进各种盒、瓶配套销售，包装成本占产品生产成本的32%，2022年8月共销售各类化妆品3 520件，取得销售收入352 000元，收入中包含外购包装物价值和增值税税款。

要求：根据上述资料计算该公司当月应纳的消费税。

3.某摩托车生产企业将生产的汽缸容量在250毫升以上的摩托车20辆提供给企业管理部门使用。由于其难以确定销售价格，因此，只能按实际生产成本8万元计算价格，已知其成本利润率为6%，适用税率为10%。

要求：请计算该企业应纳的消费税税额。

4.某日化工厂2022年10月份生产、销售高档化妆品取得销售收入46 800元，销售工业用清洁剂取得销售收入160 000元，销售民用洗衣粉和洗涤剂取得销售收入120 000元（以上销售收入均为含增值税的收入），1月份未抵扣完的进项税额为8 000元，支付动力费用取得专用发票上注明的税金为1 200元。

要求：根据以上资料计算该日化工厂10月份应缴纳的消费税税款和增值税税款。

5.某酒厂生产粮食白酒和黄酒，2022年4月销售自产的粮食白酒100吨，其中50吨售价为6 000元/吨，另50吨售价为6 100元/吨；销售自产的黄酒19 240升；销售白酒泡制的药酒10吨，售价为4 000元/吨。其中粮食白酒适用复合税率，比例税率为20%，定额税率为0.5元/500克。以上单价均为不含增值税的单价。

要求：计算该酒厂应纳的消费税税额。

6.甲化妆品厂为增值税一般纳税人，2022年8月份发生如下经济业务：

（1）销售成套高档化妆品取得不含增值税价款30万元，增值税销项税额3.9万元。

（2）当月收回委托加工的高档化妆品，直接出售，不含增值税售价为10万元，收回时受托方按其同类产品售价代收代缴消费税2.5万元。

（3）本月购入高档化妆品一批，取得增值税专用发票上注明的价款为20万元，增值税进项税额2.6万元，全部投入生产。其中50%用于生产高档化妆品，50%用于生产普通护肤品。

（4）为职工搞福利，发放自产高档化妆品，价值5万元（不含税售价），成本价3万元。

（5）企业将自产高档化妆品、护肤品、护发品装入一个盒内作为礼品送给关系单位，不含税售价为2万元。

（6）销售普通护肤品取得不含增值税价款20万元，增值税销项税额2.6万元。

（7）委托乙化妆品厂加工香水，合同约定，产品需求由甲厂提出，材料由乙厂采购，加工后交货付款。乙厂采购材料成本6万元，收取加工费1万元。当月乙厂加工完毕交货，甲厂收货后验收入库并已付款。乙厂无同类香水售价。

要求：根据以上资料计算甲厂应纳消费税税额。

7.某酒厂为增值税一般纳税人，2022年8月份发生如下主要业务：

（1）向农业生产者购入免税粮食，开具的农产品收购发票上注明货款为32 000元；外购各种包装容器，取得的防伪税控增值税专用发票上注明的价款为5 000元；外购各种散装药酒5吨，取得的防伪税控增值税专用发票上注明的价款为20 000元；外购各种瓶装汽酒，取得的防伪税控增值税专用发票上注明的价款为12 000元。取得的增值税专用发票均已向税务机关申请并通过认证，与农产品收购发票一起在当月申请抵扣。

（2）对外销售本厂生产的粮食白酒10吨，取得不含税价款56 000元；另向客户收取包装物押金5 850元（财务上单独核算，未超过1年期限）。

（3）将本厂生产的粮食白酒5吨，连同（1）中购入的20 000元散装药酒分装小瓶，并组合成礼品酒盒对外销售，共取得不含税价款50 000元。

（4）将外购的瓶装汽酒12 000元作为福利分给职工。

要求：根据以上资料计算酒厂应纳的增值税和消费税税额。

8.某酒厂2022年8月份发生以下业务：

（1）自制粮食白酒5吨，对外售出4吨，收到不含税销售额20万元，另收取包装物押金（单独核算）0.20万元。

（2）将自制粮食白酒1 000斤继续加工成药酒1 200斤，全部售出，普通发票上注明的销售额为7.20万元。

（3）从另一酒厂购入粮食白酒800斤（已纳消费税0.40万元），全部勾兑成低度白酒出售，销售数量1 000斤，取得不含税收入2.5万元。

（4）用自制粮食白酒5吨与农民换入酿酒原料高粱等农产品若干，企业开出的农产品收购发票上注明的金额合计14万元，未发生补价，企业按非货币性资产交换进行了会计处理。

要求：根据以上资料计算酒厂应纳的消费税税额。

9.某化妆品生产企业为增值税一般纳税人，2022年10月上旬从国外进口一批散装高档化妆品，支付给国外货价120万元、相关税金10万元、卖方佣金2万元、运抵我国海关前的运杂费和保险费18万元；进口机器设备一套，支付给国外货价35万元、运抵我国海关前的运杂费和保险费5万元，散装高档化妆品和机器设备均验收入库。本月内企业将进口的散装高档化妆品的80%生产加工为成套高档化妆品7 800件，对外批发销售6 000件，取得不含税销售额290万元；向消费者零售800件，取得含税销售额51.48万元。散装高档化妆品关税税率40%，消费税税率15%；机器设备关税税率20%。

要求：(1) 计算该企业在进口环节应缴纳的消费税、增值税。

(2) 计算该企业国内生产销售环节应缴纳的增值税、消费税。

子任务三　城市维护建设税和教育费附加纳税实务

一、城市维护建设税

(一) 城市维护建设税概述

1.城市维护建设税的概念

城市维护建设税是国家对缴纳增值税和消费税的单位和个人征收的一种税。我国开征城市维护建设税的主要目的是加强城市的维护建设，扩大和稳定城市维护建设资金的来源。

2020年8月11日，第十三届全国人民代表大会常务委员会第二十一次会议通过了《中华人民共和国城市维护建设税法》，该法自2021年9月1日起施行。

2.城市维护建设税的特点

城市维护建设税是一种具有受益性质的行为税，它与其他税种相比具有以下特点：

(1) 具有特定目的，税款专款专用。城市维护建设税所征税款要求保证用于城市的公用事业及公共设施的维护和建设。

(2) 属于一种附加税。城市维护建设税与其他税种不同，它没有自己的独立征税对象或税基，而是以增值税和消费税的税额为计税依据，随增值税和消费税同时附征，其征管方法也完全比照增值税和消费税的有关规定办理。

(3) 根据城镇规模设计税率。城市维护建设税的负担水平不是依据纳税人获取的利润水平或经营特点来制定的，而是根据纳税人所在城镇的规模及其资金需要设计的。城镇规模大的，税率高一些；反之，就要低一些。

(4) 征收范围广。增值税和消费税是我国税制中的主要税种，其征税范围基本包括了我国境内所有有经营行为的单位和个人。城市维护建设税以增值税和消费税税额作为税基，意味着对所有纳税人都要征收城市维护建设税。

(二) 城市维护建设税税制要素

1.城市维护建设税的征税范围

城市维护建设税的征税范围比较广，它以增值税和消费税税额作为税基，其征税范围基本包括了我国境内所有有经营行为的单位和个人，即对所有纳税人都要征收城市维护建设税。凡缴纳增值税和消费税的单位和个人所在的地区，无论是城市、县城、镇或者其以外的地区，除税法另有规定者外，都属于城市维护建设税的征税范围。

2.城市维护建设税的纳税人

城市维护建设税以缴纳增值税和消费税的单位和个人为纳税人。

3.城市维护建设税的税率

城市维护建设税按纳税人所在地不同，规定了不同的税率：

(1) 纳税人所在地为市区的，税率为7%。

(2) 纳税人所在地为县城、镇的，税率为5%。

(3) 纳税人所在地不在市区、县城或镇的，税率为1%。

(三) 城市维护建设税的计算

城市维护建设税的计算公式为：

城市维护建设税应纳税额=纳税人实际缴纳的增值税、消费税×适用税率

【例2-24】位于某市市区的一企业本月应缴纳增值税20万元、消费税5万元。计算其应缴纳的城市维护建设税。

应缴纳的城市维护建设税=（20+5）×7%=1.75（万元）

(四) 城市维护建设税的纳税申报与缴纳

自2021年8月1日起，增值税、消费税分别与城市维护建设税、教育费附加、地方教育附加申报表整合，启用附表8至附表16和附表20至附表27。

1.纳税环节

城市维护建设税是与增值税和消费税同时征收的。城市维护建设税的纳税环节实际就是纳税人缴纳增值税和消费税的环节。纳税人只要发生增值税和消费税的纳税义务，就要在缴税环节同时计算缴纳城市维护建设税。

2.纳税期限

由于缴纳增值税和消费税的纳税人需要在申报缴纳增值税和消费税的同时申报缴纳城市维护建设税，所以城市维护建设税的纳税期限分别与增值税和消费税的纳税期限相一致，不能按固定期限纳税的，可以按次纳税。

3.纳税地点

城市维护建设税的纳税地点即纳税人缴纳增值税和消费税的地点。

4.滞纳处理

由于城市维护建设税与增值税和消费税同时征收，所以在一般情况下，城市维护建设税不单独加收滞纳金或罚款。但是，如果纳税人缴纳了增值税和消费税之后，不按规定缴纳城市维护建设税，则可以对其单独加收滞纳金，也可以单独进行罚款。

【育德启智2-13】

税费"瘦身"助小规模纳税人轻装前行

2019年1月，财政部和国家税务总局围绕减税降费出台了《财政部 税务总局关于实施小微企业普惠性税收减免政策的通知》(《财税〔2019〕13号》)。通知规定了采取多项优惠政策支持增值税小规模纳税人发展，如小规模纳税人按50%的税额幅度减征城市维护建设税、教育费附加、地方教育附加、房产税、城镇土地使用税、印花税、耕地占用税和资源税。

这项减税降费"红包"，派发的都是实实在在的"真金白银"，让企业和民众的获得感更为明显，让企业对未来的发展更有信心。该普惠性的减税降费政策不但能够降低小规模纳税人的负担，而且有助于小规模纳税人有更多的资金去创新、去发展，激发他们的活力，进而逐步释放更多的现实利好，对企业的发展有着深远的影响。

随着中国经济的发展，更大规模的减税已经在路上，这将让中国的企业轻装上阵，在世界市场中有更加稳固的竞争优势，让企业和民众有更高的获得感，也让世界对中国的未来有更加坚定的信心。

二、教育费附加

教育费附加是为了加快发展教育事业，扩大教育经费的资金来源而征收的一种税。教育费附加是国家对缴纳增值税、消费税的单位和个人，按其实际缴纳的增值税和消费税税额为依据征收的一种附加费。

（一）教育费附加的征收范围和征收比率

教育费附加在全国范围内对缴纳增值税和消费税的单位和个人征收。教育费附加的征收比率为3%。

（二）教育费附加的纳税人

教育费附加的纳税人是缴纳增值税和消费税的单位和个人。

（三）教育费附加的计算

教育费附加的计算公式为：

应缴纳的教育费附加=纳税人实际缴纳的增值税、消费税×3%

【例2-25】某市一企业本月应缴纳增值税20万元，消费税5万元。计算其应缴纳的教育费附加。

应缴纳的教育费附加=（20+5）×3%=0.75（万元）

（四）纳税申报

1.纳税环节

教育费附加的纳税环节实际就是纳税人缴纳增值税和消费税的环节。纳税人只要发生增值税和消费税的纳税义务，就要在同样的环节分别计算缴纳教育费附加。

2.纳税期限

由于缴纳增值税和消费税的纳税人在申报缴纳增值税和消费税的同时，申报缴纳教育费附加，所以，教育费附加的纳税期限分别与增值税和消费税的纳税期限相一致。

自2021年8月1日起，增值税、消费税分别与城市维护建设税、教育费附加、地方教育附加申报表整合，启用附表8至附表16和附表20至附表27。

练习题

随堂测2-11

一、单项选择题

1.流动经营的单位，在经营地缴纳增值税和消费税的，则其城市维护建设税应在（　　）缴纳。

A.经营地按当地适用税率计算

B.机构所在地按当地适用税率计算

C.经营地但按机构所在地的适用税率计算

D.机构所在地但按经营地的适用税率计算

2.某市进出口公司某月进口小汽车（消费税税率5%）一批，关税完税价格100万元，已纳关税90万元。进口后当月在国内全部销售，取得销售收入300万元（不含增值税），该公司应该缴纳城市维护建设税（　　）。

A.1.19万元　　B.3.57万元　　C.0　　D.1.89万元

二、多项选择题

1.下列各项中，不属于我国城市维护建设税的纳税人的有（　　）。

A.国有企业　　B.外国企业　　C.股份制企业　　D.外商投资企业

2.下列各项中，符合城市维护建设税计征规定的有（　　）。

A.对出口产品退还增值税和消费税的，也一并退还已纳的城市维护建设税

B.纳税人享受增值税和消费税的免征优惠时，也同时免征城市维护建设税

C.纳税人违反增值税和消费税有关规定而加收的滞纳金和罚款，也作为城市维护建设税的计税依据

D.海关对进口产品代征的增值税和消费税，不征收城市维护建设税

3.下列说法中，符合城市维护建设税规定的有（　　）。

A.纳税人缴纳增值税和消费税的地点，就是该纳税人缴纳城市维护建设税的地点

B.缴纳增值税和消费税的企业都应缴纳城市维护建设税

C.海关对进口产品代征的增值税和消费税，不征收城市维护建设税

D.纳税人因延迟缴纳而补缴增值税和消费税的，应同时补缴城市维护建设税

三、判断题

1.城市维护建设税既是一种附加税，又是一种具有特定目的的税种。（　　）

2.由受托方代收代缴消费税的，应代收代缴的城市维护建设税按委托方所在地的适用税率计算。（　　）

子任务四　土地增值税纳税实务

土地增值税是对有偿转让国有土地使用权及地上建筑物和其他附着物产权并取得收入的单位和个人所征收的一种税。开征土地增值税是国家运用税收手段规范房地产市场秩序、合理调节土地增值收益分配、维护国家权益、促进房地产开发健康发展的重要举措。

一、土地增值税税制要素

（一）土地增值税的征税范围

1.一般规定

土地增值税的征税范围包括：转让国有土地使用权、地上建筑物及其附着物连同国有土地使用权一并转让。

特别说明：土地使用权的“转让”和“出让”的概念不同。“出让”体现的是土地所有者与使用者之间的交易，而“转让”体现的则是土地使用者与使用者之间的交易。土地使用权的出让不属于土地增值税的征税范围。

土地增值税的征税范围具有“国有”“转让”“取得收入”三个关键特征，常以下列三个标准来判定：

（1）转让的土地使用权是否属于国家。按照我国《宪法》和《土地管理法》等的规定，城市的土地属于国家所有。农村和城市郊区的土地除由法律规定属于国家所有的以外，属于集体所有。国家为了公共利益，可以依照法律规定对集体土地实行征用，依法被征用的土地属于国家所有。

（2）土地使用权、地上建筑物和其他附着物是否发生产权转让。

（3）转让房地产是否取得收入。土地增值税的征税范围不包括房地产的权属虽转让但未取得收入的行为。

2.土地增值税的具体征税规定

（1）出售征收土地增值税。具体是：

①出售国有土地使用权；

②取得国有土地使用权后进行房屋开发建造后出售；

③存量房地产买卖。

（2）对于以赠予、继承等方式无偿转让的房地产不征税，包括以下两种情况：

①房地产所有人、土地使用权所有人将房屋产权、土地使用权赠予直系亲属或承担赡养义务的人；

②房地产所有人、土地使用权所有人通过中国境内非营利的社会团体、国家机关将房屋产权、土地使用权赠给教育、民政和其他社会福利、公益事业的行为。

（3）房地产的出租。由于出租的房屋产权、土地使用权没有发生转移，因此，房地产的出租不属于土地增值税的征税范围。

（4）房地产的抵押。在抵押期间，不征收土地增值税。抵押期满，若因房地产抵债而发生房地产权属的转移，应当征收土地增值税。

（5）房地产的交换。该行为发生了房屋产权、土地使用权的转移，交易双方又取得了实物形态的收入，应当征收土地增值税。

（6）以房地产进行投资、联营。对于投资、联营一方以土地（或房地产）作价入股进行投资或作为联营条件，将房地产转让到所投资、联营的企业中，暂时免征土地增值税。但若投资、联营企业将上述房地产再转让，则应征收土地增值税。

（7）合作建房。对于一方出地，一方出资金，双方合作建房，建成后按比例分房自用的，暂免征收土地增值税；建成后转让的，应征收土地增值税。

（8）企业兼并转让房地产。对于被兼并企业将房地产转让到兼并企业中去的，暂免征收土地增值税。

（9）房地产商的代建房行为。房地产开发公司代建房取得了收入，但没有发生房地产权属的转移，其收入属于劳务性质，因此，不征收土地增值税。

（10）房地产因重新评估而发生的增值，不征收土地增值税。

（11）因国家收回国有土地使用权、征用地上建筑物及其附着物，免征土地增值税。

（二）土地增值税的纳税人

土地增值税的纳税人为转让中华人民共和国国有土地使用权、地上建筑物及其附着物产权并取得收入的单位和个人。

（三）土地增值税的税率

土地增值税实行四级超率累进税率。与超额累进税率相比，超率累进税率累进依据为相对数，而超额累进税率累进依据为绝对数。土地增值税的累进依据为增值额与扣除项目金额的比率，具体税率见表2-16。

二、土地增值税的计算

土地增值税的计算公式为：

应纳土地增值税=土地增值额×税率-扣除项目金额×速算扣除率

土地增值额=转让房地产的总收入-扣除项目金额

特别说明：纳税人转让房地产所取得的收入包括货币收入、实物收入和其他收入。

表2-16 土地增值税税率表

级数	增值额与扣除项目金额的比率	税率	速算扣除率
1	50%（含）以下的部分	30%	0
2	超过50%，未超过100%（含）的部分	40%	5%
3	超过100%，未超过200%（含）的部分	50%	15%
4	超过200%的部分	60%	35%

土地增值税暂行条例规定的扣除项目金额为：

（1）取得土地使用权时所支付的金额。它包括通过有偿出让方式取得土地使用权所支付的出让金和纳税人在取得土地使用权过程中为办理有关手续而缴纳的登记、过户手续费等。

（2）房地产开发成本。它是指纳税人房地产开发项目实际发生的成本，包括土地的征用及拆迁补偿费、前期工程费、建筑安装工程费、基础设施费、公共配套设施费、开发间接费用等。

房地产开发企业在转让时缴纳的印花税计入管理费用，不在此扣除。

（3）房地产开发费用。它是指与房地产开发项目有关的销售费用、管理费用和财务费用。房地产开发费用按规定的标准扣除，分两种情况：

①纳税人能够按转让房地产项目计算分摊利息支出，并能提供金融机构贷款证明的，其允许扣除的房地产开发费用为：利息+（取得土地使用权所支付的金额+房地产开发成本）×5%以内。这里的利息最高不能超过按商业银行同类同期贷款利率计算的金额。

②纳税人不能按转让房地产项目计算分摊利息支出或不能提供金融机构贷款证明的，其允许扣除的房地产开发费用为：（取得土地使用权所支付的金额+房地产开发成本）×10%以内。

这里需要说明的是，计算扣除的具体比例由各省、自治区、直辖市人民政府规定。

（4）销售税金。它包括在转让房地产时缴纳的城市维护建设税、教育费附加及除房地产开发企业外其他纳税人缴纳的印花税。

（5）对从事房地产开发的纳税人规定的加计扣除。为保护正常的房地产开发、抑制炒买炒卖房地产的投机行为，财政部规定，对从事房地产开发的纳税人可按取得土地使用权所支付的金额和房地产开发成本金额之和，加计20%扣除。

特别说明：转让旧房的，应按房屋及建筑物的评估价格、取得土地使用权所支付的地价款和按国家统一规定缴纳的有关费用、在转让环节缴纳的税金作为扣除项目金额计征土地增值税。对于取得土地使用权时未支付地价款或不能提供已支付地价款凭证的，在计征土地增值税时不允许扣除。

【例2-26】某房地产开发公司出售一幢写字楼，不含税收入总额为10 000万元。开发该写字楼有关支出为：支付地价款及各种费用1 000万元；房地产开发成本3 000万元；财务费用中的利息支出为500万元（可按转让项目计算分摊并提供金融机构证明），但其中有50万元属加罚的利息；转让环节缴纳的有关税费共计为555万元；该单位所在地政府规定的房地产开发费用计算扣除比例为5%。试计算该房地产开发公司应纳的土地增值税。

1. 收入=10 000万元

2. 扣除项目如下：

①地价款=1 000万元

②开发成本=3 000万元

③开发费用可扣除金额=（500-50）+（1 000+3 000）×5%=650（万元）

④允许扣除的税费=555万元

⑤加计扣除=（1 000+3 000）×20%=800（万元）

允许扣除的项目金额合计=1 000+3 000+650+555+800=6 005（万元）

3. 增值额=10 000-6 005=3 995（万元）

4. 增值率=3 995÷6 005×100%=66.53%

5. 该单位应缴纳的土地增值税=3 995×40%-6 005×5%=1 297.75（万元）

三、土地增值税的优惠政策

（一）对建造普通标准住宅的税收优惠

纳税人建造普通标准住宅出售，土地增值额未超过扣除项目金额的20%的，免征土地增值税；土地增值额超过扣除项目金额的20%的，全部增值额依率计征土地增值税。

纳税人建造普通标准住宅又从事其他房地产开发的，应分别核算增值额。未分别核算或不能准确核算增值额的，其建造的普通标准住宅不能适用这一免税规定。

（二）对国家征用收回的房地产的税收优惠

因国家建设需要而被政府征用收回的房地产，免征土地增值税。

（三）对个人转让房地产的税收优惠

个人因工作调动或改善居住条件而转让原有自用住房，经向税务机关申报核准，凡自住满5年及5年以上的，免征土地增值税；居住满3年而未满5年的，减半征收土地增值税；居住未满3年的，按规定征收土地增值税。

四、土地增值税的纳税申报与纳税地点

（一）纳税申报

纳税人应于转让房地产合同签订后的7日内，到房地产所在地主管税务机关办理纳税申报。自2021年6月1日起，纳税人申报缴纳土地增值税使用“财产和行为税纳税申报表”（见附表6）和“财产和行为税减免税明细申报附表”（见附表7）。

（二）纳税地点

土地增值税的纳税地点为房地产所在地。所称的房地产所在地，是指房地产的坐落地。纳税人转让的房地产坐落在两个或两个以上地区的，应按房地产所在地分别申报纳税。

【育德启智2-14】

土地增值税法初现面容，税收法定逐步推进

2019年7月16日，财政部、国家税务总局联合发布了《中华人民共和国土地增值税法（征求意见稿）》，向社会公开征求意见。这一举措体现了贯彻落实税收法定原则，提高了立法公众参与度，广泛凝聚社会共识，进一步推进了科学立法、民主立法和开门立法。

《中华人民共和国土地增值税法（征求意见稿）》基本平移了现行的《中华人民共和国土地增值税暂行条例》的征税范围、计税方式、税率等基本内容。但是与《中华人民共和国土地增值税暂行条例》相比，新增了不少内容，如特别规定出让集体土地使用权等可按照转移房地产收入的一定比例征收土地增值税。另外，也对中央、地方税收优惠做出规定，列出多种情形，可减征或免征土地增值税。

土地增值税立法是贯彻落实税收法定原则的重要步骤，也是健全地方税体系改革的重要内容，有利于完善土地增值税制度，增强权威性和执法刚性，发挥土地增值税筹集财政收入、调节土地增值收益分配、促进房地产市场健康稳定发展的作用，有利于健全我国的房地产税收体系，推进国家治理体系和治理能力现代化。

土地，千百年来一直都是国家最重要的基础资源，也是人民最重要的生产资料。无数次革命、无数次牺牲，都是围绕土地的斗争。土地问题涉及面广，牵扯关系多，必须征集各方的意见，倾听人民的心声，用法律形式加以规范。解决好土地问题，有助于国家的长治久安和社会稳定。土地增值税法的制定过程，即新时代治国理政思想的具体体现。

练习题

随堂测 2-12

一、单项选择题

1.某单位转让一幢1980年建造的公寓楼，当时造价为500万元，经房地产评估机构评定，该楼重置成本为2 000万元，成新度折扣率为六成，在计算土地增值税时其评估价为（　　）万元。

A.500　　B.1 200　　C.2 000　　D.1 500

2.纳税人建造普通标准住宅出售，增值额超过扣除项目金额20%的应就其（　　）按规定计算缴纳土地增值税。

A.超过部分的金额　　B.全部增值额

C.扣除项目金额　　D.出售金额

3.土地增值税的纳税人应向房地产所在地（　　）办理纳税申报，并在核定的期限内缴纳土地增值税。

A.主管税务机关　　B.财政机关

C.房地产主管部门　　D.人民政府

4.下列各项业务中，应缴纳土地增值税的是（　　）。

A.出让国有土地使用权　　B.转让国有土地使用权

C.继承房地产　　D.出租房地产

5.纳税人隐瞒、虚报房地产成交价格的按照（　　）计算征收土地增值税。

A.隐瞒、虚报的房地产成交价格加倍　　B.提供的扣除项目金额加倍

C.最高一档税率　　D.房地产评估价格

6.我国土地增值税实行（　　）。

A.比例税率　　B.超额累进税率

C.超率累进税率　　D.定额税率

7.按土地增值税法规的规定，凡不能按转让房地产项目计算分摊利息支出或不能提供金融机构证明的，房地产开发费用按取得土地使用权所支付金额和开发土地的成本之和的（　　）以内计算扣除。

A.5%　　B.10%　　C.20%　　D.15%

二、多项选择题

1.纳税人转让房地产，有（　　）情形的，按照房地产评估价格计算征收土地增

值税。

A.隐瞒、虚报房地产成交价格　　B.因偷税被税务机关给予二次行政处罚

C.房地产成交价格在1亿元以上　　D.提供的扣除项目金额不实

2.土地增值税的征税范围包括（　　）。

A.转让国有土地使用权

B.出让国有土地使用权

C.地上建筑物及其附着物连同国有土地使用权一并转让

D.房地产的代建房行为

3.根据土地增值税暂行条例的规定，对从事房地产开发的纳税人，可按（　　）之和加计20%扣除。

A.取得土地使用权所支付的金额　　B.房地产开发成本

C.房地产开发费用　　D.与转让房地产有关的税金

三、判断题

1.土地增值税只对新建房屋建筑物的转让征税，而对已使用过的房屋建筑物的转让不征税。（　　）

2.增值额未超过扣除项目金额20%的房地产开发项目，一律免征土地增值税。（　　）

3.纳税人建造普通标准住宅出售，增值额超过扣除项目金额20%的，应就其扣除项目金额按规定计征土地增值税。（　　）

4.纳税人既建普通标准住宅又从事其他房地产开发的，应分别核算其增值额；否则，其建造的普通标准住宅不能享受减免税优惠。（　　）

5.土地增值税的纳税人转让的房地产坐落在两个或两个以上地区的，应向房地产坐落地各方的主管税务机关申报纳税。（　　）

6.对取得土地使用权后，未进行任何开发就转让的纳税人，在计算土地增值税的增值额时，只允许扣除取得土地使用权时所支付的地价款和按国家统一规定交纳的有关费用，以及在转让环节缴纳的税金，不允许对上述支付的地价款和缴纳的有关费用加计20%扣除。（　　）

7.对房地产的抵押，在抵押期间不征收土地增值税。但对于以房地产抵债而发生房地产权属转让的，则应征收土地增值税。（　　）

四、计算题

1.某纳税人取得转让房地产收入200万元，其扣除项目金额为120万元。

要求：请计算该纳税人应纳的土地增值税税额。

2.某房地产开发公司建造并出售了一栋写字楼，取得不含税销售收入1 000万元。该公司为建造该写字楼支付的地价款为100万元，建造该写字楼花费的房地产开发成本为200万元（注：该公司因同时建造别的商品房，不能按该写字楼计算分摊银行贷款利息支出）。该公司所在地政府确定的费用扣除比例为10%。

要求：请计算该公司转让该写字楼应纳的土地增值税税额。

3.某房地产开发公司转让写字楼一栋，共取得不含税销售收入5 000万元，公司按税法规定缴纳了有关税金。已知该公司为取得土地使用权而支付的地价款和按国家统一规定缴纳的有关费用为500万元，投入的房地产开发成本为1 500万元，房地产开发费用中的

利息支出为120万元（能够按转让房地产项目计算分摊并提供金融机构证明），比按工商银行同类同期贷款利率计算的利息多出10万元。公司所在地政府规定的其他房地产开发费用的计算扣除比例为5%。

要求：请计算该公司转让此楼应纳的土地增值税税额。

4. 某房地产开发公司建造一栋普通标准住宅出售，取得不含税销售收入600万元。该公司为建造普通标准住宅而支付的地价款为100万元，建造此楼投入了300万元的房地产开发成本，由于该房地产开发公司同时建造别墅等住宅，对该普通标准住宅所用的银行贷款利息支出无法分摊，该地规定房地产开发费用的计提比例为10%。

要求：该房地产开发公司转让此普通标准住宅是否应缴纳土地增值税？

5. 某房地产开发公司建造一栋普通标准住宅并出售，取得不含税销售收入800万元，并按税法规定缴纳了有关税费，该公司为建此标准住宅而支付的地价款为120万元，投入的建楼成本为350万元，建楼所借银行贷款利息支出为80万元（由于该公司贷款还同时用于一写字楼建造，其利息支出未能单独列示转让项目应分摊的金额），房地产开发费用计提比例适用最高限额。

要求：请计算该房地产开发公司是否应缴纳土地增值税？为什么？如果应缴纳，税额是多少？

6. 某事业单位转让一栋旧办公楼，原造价为500万元，经房地产评估机构评定，该楼重置成本价为1 500万元，成新度折扣率为七成，转让前为取得土地使用权支付的地价款和有关费用为300万元，转让时取得的不含税收入为2 300万元。

要求：请计算该纳税人应缴纳的土地增值税税额。

7. 某房地产开发公司开发一栋写字楼出售，取得不含税销售收入总额2 000万元；支付的开发写字楼的地价款为400万元；开发过程中支付的拆迁补偿费为100万元、供水和供电基础设施费为80万元、建筑工程费用为520万元；开发过程中向非金融机构借款500万元，借款期限为1年，同期金融机构借款利息率为5%；施工、销售过程中发生的管理费用和销售费用为260万元。经当地税务机关确定，除利息以外的其他房地产开发费用扣除比例为5%，写字楼所在地的城市维护建设税税率为7%，教育费附加征收率为3%。

要求：根据题目内容与土地增值税、企业所得税的有关规定，分别计算该房地产开发公司销售写字楼应缴纳的土地增值税及企业所得税。

8. 位于市区的某国有工业企业（增值税一般纳税人）利用厂区空地建造写字楼，2022年发生的相关业务如下：

（1）按照国家有关规定补交土地出让金4 000万元，缴纳相关费用160万元；

（2）写字楼开发成本3 000万元，其中装修费用500万元；

（3）写字楼开发费用中的利息支出为300万元（不能提供金融机构证明）；

（4）写字楼竣工验收，将总建筑面积的1/2销售，签订销售合同，取得不含税销售收入6 500万元；将另外1/2的建筑面积出租，当年取得不含税租金收入15万元。

（其他相关资料：该企业所在省规定，按土地增值税暂行条例规定的最高限额计算扣除房地产开发费用）

要求：根据上述资料计算当期应当缴纳的土地增值税。

任务四　企业利润结算环节纳税实务（企业所得税纳税实务）

企业所得税是国家对我国境内企业的生产经营所得和其他所得征收的一种税。它是国家参与企业利润分配的重要手段。与其他税种相比，企业所得税具有其自身的特点：一是征税对象是净所得，而不是总收入；二是征税以能力负担为原则；三是一般实行按年计征、分期预缴的征收办法。

现行企业所得税是在2007年3月16日第十届全国人民代表大会第五次会议上通过并于2008年1月1日起实施的由企业所得税及外商投资企业和外国企业所得税合并而成的一个税种。

一、企业所得税税制要素

（一）企业所得税的纳税人

1.企业所得税纳税人的一般规定

凡在中华人民共和国境内取得生产经营所得和其他所得（包括来源于中国境内、境外的所得）的企业和组织（以下统称企业）为企业所得税的纳税人，但不包括个人独资企业和合伙企业。

2.居民企业和非居民企业

企业所得税的纳税人分为居民企业和非居民企业。

（1）居民企业是指依法在中国境内成立，或者依照外国（地区）法律成立但实际管理机构在中国境内的企业。居民企业应当就其来源于中国境内、境外的所得缴纳企业所得税。

（2）非居民企业是指依照外国（地区）法律成立且实际管理机构不在中国境内，但在中国境内设立机构、场所的，或者在中国境内未设立机构、场所，但有来源于中国境内所得的企业。

非居民企业在中国境内设立机构、场所的，应当就其所设机构、场所取得的来源于中国境内的所得，以及发生在中国境外但与其所设机构、场所有实际联系的所得，缴纳企业所得税。

非居民企业在中国境内未设立机构、场所的，或者虽设立机构、场所但取得的所得与其所设机构、场所没有实际联系的，应当就其来源于中国境内的所得缴纳企业所得税。

（二）企业所得税的征税对象

企业所得税的征税对象是企业的生产经营所得和其他所得。

生产经营所得是指从事物质生产、交通运输、商品流通、劳务服务以及经国务院财政主管部门确认的其他营利事业取得的所得。

其他所得是指纳税人取得的股息、利息、租金、转让各类资产、特许权使用费以及营业外收益等所得。

（三）企业所得税的税率

（1）企业所得税采用25%的比例税率。

（2）非居民企业在中国境内未设立机构、场所的，或者虽设立机构、场所但取得的所得与其所设机构、场所没有实际联系的，应当就其来源于中国境内的所得采用20%的比例税率缴纳企业所得税。

二、企业所得税的计算

(一) 一般情况下企业所得税的计算

在实际工作中，应纳企业所得税税额的计算有两种方法。

直接计算法：

$$\text{应纳企业所得税税额}=(\text{收入总额}-\text{不征税收入}-\text{免税收入}-\text{各项扣除项目金额}-\text{允许弥补的以前年度亏损})\times25\%$$

间接计算法：

应纳企业所得税税额=（会计利润总额+纳税调整项目金额）×25%

1.收入总额的确定

企业以货币形式和非货币形式从各种来源取得的收入，为收入总额。企业的收入总额包括：

（1）销售货物收入。它是指企业销售商品、产品、原材料、包装物、低值易耗品以及其他存货取得的收入。

（2）提供劳务收入。它是指企业从事建筑安装、修理修配、交通运输、仓储租赁、金融保险、邮电通信、咨询经纪、文化体育、科学研究、技术服务、教育培训、餐饮住宿、中介代理、卫生保健、社区服务、旅游、娱乐、加工以及其他劳务服务活动取得的收入。

（3）转让财产收入。它是指企业转让固定资产、生物资产、无形资产、股权、债权等财产取得的收入。

（4）股息、红利等权益性投资收益。它是指企业因权益性投资从被投资方取得的收入。

（5）利息收入。它是指企业将资金提供给他人使用但不构成权益性投资，或者因他人占用本企业资金而取得的收入，包括存款利息、贷款利息、债券利息、欠款利息等收入。

（6）租金收入。它是指企业提供固定资产、包装物或者其他有形资产的使用权取得的收入。

（7）特许权使用费收入。它是指企业提供专利权、非专利技术、商标权、著作权，以及其他特许权的使用权取得的收入。

（8）接受捐赠收入。它是指企业接受的来自其他企业、组织或者个人无偿给予的货币性资产、非货币性资产。

（9）其他收入。它是指企业取得的包括企业资产溢余收入、逾期未退包装物押金收入、确实无法偿付的应付款项、已作坏账损失处理后又收回的应收款项、债务重组收入、补贴收入、违约金收入、汇兑收益等收入。

2.准予扣除的项目

计算应纳税所得额时准予从收入总额中扣除的项目是指与纳税人取得收入有关的成本、费用、税金、损失和其他支出。

（1）扣除项目的一般规定。

①成本，即生产成本，是指纳税人为生产、经营商品和提供劳务等所发生的各项直接费用和各项间接费用。

②费用，即纳税人为生产、经营商品和提供劳务等所发生的销售（经营）费用、管理费用和财务费用。

③税金，即纳税人按规定缴纳的消费税、城市维护建设税、教育费附加、资源税、土地增值税等。

④损失，即纳税人生产、经营过程中的各项营业外支出、已发生的经营亏损和投资损失，以及其他损失。

纳税人在掌握扣除项目时应注意：纳税人的财务、会计处理与税法规定不一致的，应依照税法规定予以调整，按税法规定予以扣除的金额，准予扣除。

（2）限定条件扣除项目的具体规定。下列项目按规定的范围和标准准予扣除：

第一，企业按照规定计算的固定资产折旧，准予扣除。固定资产是指企业为生产产品、提供劳务、出租或者经营管理而持有的、使用时间超过12个月的非货币性资产，包括房屋、建筑物、机器、机械、运输工具，以及其他与生产经营活动有关的设备、器具、工具等。

固定资产按照以下方法确定计税基础：

①外购的固定资产，以购买价款和支付的相关税费以及直接归属于使该资产达到预定用途发生的其他支出为计税基础。

②自行建造的固定资产，以竣工结算前发生的支出为计税基础。

③融资租入的固定资产，以租赁合同约定的付款总额和承租人在签订租赁合同过程中发生的相关费用为计税基础，租赁合同未约定付款总额的，以该资产的公允价值和承租人在签订租赁合同过程中发生的相关费用为计税基础。

④盘盈的固定资产，以同类固定资产的重置完全价值为计税基础。

⑤通过捐赠、投资、非货币性资产交换、债务重组等方式取得的固定资产，以该资产的公允价值和支付的相关税费为计税基础。

⑥改建的固定资产，除已足额提取折旧的固定资产和租入的固定资产以外的其他固定资产，以改建过程中发生的改建支出增加计税基础。

第二，企业按照规定计算的无形资产摊销费用，准予扣除。无形资产是指企业为生产产品、提供劳务、出租或者经营管理而持有的，没有实物形态的非货币性长期资产，包括专利权、商标权、著作权、土地使用权、非专利技术等。

无形资产按照以下方法确定计税基础：

①外购的无形资产，以购买价款和支付的相关税费，以及直接归属于使该资产达到预定用途发生的其他支出为计税基础。

②自行开发的无形资产，以开发过程中该资产符合资本化条件后至达到预定用途前发生的支出为计税基础。

③通过捐赠、投资、非货币性资产交换、债务重组等方式取得的无形资产，以该资产的公允价值和支付的相关税费为计税基础。

第三，企业发生的下列支出作为长期待摊费用，按照规定摊销的，准予扣除：

①已足额提取折旧的固定资产的改建支出。固定资产的改建支出是指改变房屋或建筑物结构、延长使用年限等发生的支出。

②租入固定资产的改建支出。

③固定资产的大修理支出。固定资产的大修理支出是指同时符合下列条件的支出：一是修理支出达到取得固定资产时的计税基础的50%以上；二是修理后固定资产的使用年

限延长2年以上。

④其他应当作为长期待摊费用的支出。

第四，企业使用或者销售存货，按照规定计算的存货成本准予在计算应纳税所得额时扣除。存货是指企业持有以备出售的产品或者商品、处于生产过程中的在产品、在生产或者提供劳务过程中耗用的材料和物料等。

第五，企业转让资产，该项资产的净值准予在计算应纳税所得额时扣除。资产的净值是指有关资产、财产的计税基础减除已经按照规定扣除的折旧、折耗、摊销、准备金等后的余额。除国务院财政、税务主管部门另有规定外，企业在重组过程中，应当在交易发生时确认有关资产的转让所得或者损失，相关资产应当按照交易价格重新确定计税基础。

第六，企业发生的合理的工资、薪金支出，准予扣除。工资、薪金支出是企业每一纳税年度支付给本企业任职或与其有雇佣关系的员工的所有现金或非现金形式的劳动报酬，包括基本工资、奖金、津贴、补贴、年终加薪、加班工资，以及与任职或者受雇有关的其他支出。

第七，企业依照国务院有关主管部门或者省级人民政府规定的范围和标准为职工缴纳的基本养老保险费、基本医疗保险费、失业保险费、工伤保险费、生育保险费等基本社会保险费和住房公积金，准予扣除。企业为投资者或者职工支付的补充养老保险费、补充医疗保险费，在国务院财政、税务主管部门规定的范围和标准内，准予扣除。

第八，企业发生的职工福利费支出，不超过工资、薪金总额14%的部分，准予扣除。企业发生的合理的劳动保护支出，准予扣除。企业拨缴的工会经费，不超过工资、薪金总额2%的部分，准予扣除。除国务院财政、税务主管部门另有规定外，企业发生的职工教育经费支出，不超过工资、薪金总额8%的部分，准予扣除；超过部分，准予在以后纳税年度结转扣除。

第九，企业在生产经营活动中发生的下列利息支出，准予扣除：

①非金融企业向金融企业借款的利息支出、金融企业的各项存款利息支出和同业拆借利息支出、企业经批准发行债券的利息支出。

②非金融企业向非金融企业借款的利息支出，不超过按照金融企业同期同类贷款利率计算的数额的部分。

第十，企业在货币交易中，以及纳税年度终了时将人民币以外的货币性资产、负债按照期末即期人民币汇率中间价折算为人民币时产生的汇兑损失，除已经计入有关资产成本以及与向所有者进行利润分配相关的部分外，准予扣除。

第十一，企业发生的与生产经营活动有关的业务招待费支出，按照发生额的60%扣除，但最高不得超过当年销售（营业）收入的5‰。

第十二，企业发生的符合条件的广告费和业务宣传费支出，除国务院财政、税务主管部门另有规定外，不超过当年销售（营业）收入15%的部分，准予扣除；超过部分，准予在以后纳税年度结转扣除。

第十三，企业依照法律、行政法规有关规定提取的用于环境保护、生态恢复等方面的专项资金，准予扣除。上述专项资金提取后改变用途的，不得扣除。

第十四，企业参加财产保险，按照规定缴纳的保险费，准予扣除。

第十五，企业根据生产经营活动的需要租入固定资产支付的租赁费，按照以下方法扣除：

①以经营租赁方式租入固定资产发生的租赁费支出，按照租赁期限均匀扣除；

②以融资租赁方式租入固定资产发生的租赁费支出，按照规定构成融资租入固定资产价值的部分应当提取折旧费用，分期扣除。

第十六，企业发生的公益性捐赠支出，在年度利润总额12%以内的部分，准予在计算应纳税所得额时扣除。年度利润总额是指企业依照国家统一会计制度的规定计算的年度会计利润。公益性捐赠是指企业通过公益性社会团体或者县级以上人民政府及其部门，用于《公益事业捐赠法》规定的公益事业的捐赠。

公益事业主要包括四个方面：

①救助灾害、救济贫困、扶助残疾人等困难的社会群体和个人的活动；

②教育、科学、文化、卫生、体育事业；

③环境保护、社会公共设施建设；

④促进社会发展和进步的其他社会公共和福利事业。

公益性社会团体是指同时符合下列条件的基金会、慈善组织等社会团体：

①依法登记，具有法人资格；

②以发展公益事业为宗旨，且不以营利为目的；

③全部资产及其增值为该法人所有；

④收益和营运结余主要用于符合该法人设立目的的事业；

⑤终止后的剩余财产不归属任何个人或者营利组织；

⑥不经营与其设立目的无关的业务；

⑦有健全的财务会计制度；

⑧捐赠者不以任何形式参与社会团体财产的分配；

⑨国务院财政、税务主管部门和国务院民政部门等登记管理部门规定的其他条件。

第十七，企业的下列支出，可以在计算应纳税所得额时加计扣除：

①自2023年1月1日起，企业开展研发活动中实际发生的研发费用，未形成无形资产计入当期损益的，在按规定据实扣除的基础上，再按照实际发生额的100%在税前加计扣除；形成无形资产的，按照无形资产成本的200%在税前摊销。

②安置残疾人员及国家鼓励安置的其他就业人员所支付的工资。企业安置残疾人员所支付的工资的加计扣除，是指企业安置残疾人员的，在按照支付给残疾职工工资据实扣除的基础上，按照支付给残疾职工工资的100%加计扣除。残疾人员的范围适用《残疾人保障法》的有关规定。单位实际支付给残疾人的工资加计扣除部分，如大于本年度应纳税所得额的，可准予扣除其不超过应纳税所得额的部分，超过部分本年度和以后年度均不得扣除。亏损单位不适用上述工资加计扣除应纳税所得额的办法。单位在执行上述工资加计扣除应纳税所得额办法的同时，可以享受其他企业所得税优惠政策。上述“单位”是指税务登记为各类所有制企业（不包括个人独资企业、合伙企业和个体经营户）、事业单位、社会团体和民办非企业单位。企业安置国家鼓励安置的其他就业人员所支付的工资的加计扣除办法，由国务院另行规定。

第十八，创业投资企业从事国家重点扶持和鼓励的创业投资，可以按投资额的一定比例抵扣应纳税所得额。这里的抵扣应纳税所得额，是指创业投资企业采取股权投资方式投资于未上市的中小高新技术企业2年以上的，可以按照其投资额的70%在股权持有满2年的当年抵扣该创业投资企业的应纳税所得额；当年不足抵扣的，可以在以后纳税年度结转抵扣。

【育德启智2-15】

研发费用加计扣除的税收优惠政策力度不断加大

2021年9月，国家税务总局发布了《关于进一步落实研发费用加计扣除政策有关问题的公告》（国家税务总局公告2021年第28号）。公告规定，在2021年10月份预缴申报时，允许企业自主选择提前享受前三季度研发费用加计扣除优惠。公告之前的规定是允许享受上半年（即6个月）研发费用加计扣除，公告规定再多增加享受一个季度（即9个月）的税收优惠。研发费用加计扣除政策是支持科技创新的有效政策抓手，公告可帮助企业更早、更便利地享受优惠，以减税激发企业增加研发投入、促进技术创新的积极性。

企业技术创新在财务方面的体现就是研发费用。国家对研发费用加计扣除反映出了国家对企业加大创新力度、尽早实现企业转型的殷切希望。广大青年应该把个人选择和国家发展结合起来，做创新型人才，勇于创新，在时代发展中做个弄潮儿。

3.不得扣除的项目

根据企业所得税法的规定，下列项目不得从收入总额中扣除：

①向投资者支付的股息、红利等权益性投资收益款项；

②企业所得税税款；

③税收滞纳金；

④罚金、罚款和被没收财物的损失；

⑤超过规定标准的公益、救济性捐赠支出；

⑥企业发生的与生产经营活动无关的各种非广告性质的赞助支出；

⑦未经核定的准备金支出，未经核定的准备金支出是指不符合国务院财政、税务主管部门规定的各项资产减值准备、风险准备等准备金支出；

⑧企业之间支付的管理费、企业内营业机构之间支付的租金和特许权使用费，以及非银行企业内营业机构之间支付的利息；

⑨与取得收入无关的其他支出。

同时应注意以下问题：

第一，下列固定资产不得计算折旧扣除：房屋、建筑物以外未投入使用的固定资产；以经营租赁方式租入的固定资产；以融资租赁方式租出的固定资产；已足额提取折旧仍继续使用的固定资产；与经营活动无关的固定资产；单独估价作为固定资产入账的土地；其他不得计算折旧扣除的固定资产。

第二，下列无形资产不得计算摊销费用扣除：自行开发的支出已在计算应纳税所得额时扣除的无形资产；自创商誉；与经营活动无关的无形资产；其他不得计算摊销费用扣除的无形资产。

【例2-27】某公司纳税年度获得货物销售收入3 800万元。货物进价成本2 400万元，当期发生财务费用150万元，管理费用400万元，销售费用60万元，已纳增值税60万元、消费税140万元、城市维护建设税14万元、教育费附加6万元，“营业外支出”账户中有被工商部门罚款7万元、支付所属街区绿化费1万元、通过民政局向贫困地区捐赠8万元。根据上述资料计算该公司应纳的企业所得税。

（1）该公司纳税年度利润总额=3 800−2 400−150−400−60−140−14−6−7−1−8=614（万元）

（2）通过民政局向贫困地区捐赠扣除限额=614×12%=73.68（万元）

（3）该公司纳税年度应纳税所得额=614+7+1=622（万元）

（4）该公司纳税年度应纳企业所得税=622×25%=155.50（万元）

（二）境外所得应纳税额的计算

居民企业来源于中国境外的应税所得及非居民企业在中国境内设立机构、场所，取得发生在中国境外但与该机构、场所有实际联系的应税所得已在境外缴纳的所得税税额，可以从其当期应纳税额中抵免，抵免限额为该项所得依照现行企业所得税法规定计算的应纳税额；超过抵免限额的部分，可以在以后5个年度内，用每年度抵免限额抵免当年应抵税额后的余额进行抵补。计算公式为：

应纳税额=境内外应纳税所得总额×适用税率−境外所得税税款扣除额

境外所得税税款抵免限额=境外应纳税所得额×25%

【例2-28】某公司当年度境内经营应纳税所得额为2 000万元，其在A国设有分支机构，A国分支机构当年应纳税所得额为600万元，其中生产经营所得为500万元，A国规定的税率为40%；特许权使用费所得为100万元，A国规定的税率为20%。请计算该公司当年度境内外所得汇总缴纳的所得税税额。

（1）公司境内外所得按税法计算的应纳税额=（2 000+600）×25%=650（万元）

（2）A国抵免限额=600×25%=150（万元）

（3）A国实纳税额=500×40%+100×20%=220（万元）

（4）该公司汇总应纳所得税税额=650−150=500（万元）

（三）清算所得应纳税额的计算

纳税人依法进行清算时，以清算所得为计税依据按适用税率计税。计算公式为：

清算所得应纳所得税=（资产总额−损失−负债−企业未分配利润−实缴资本）×适用税率

【例2-29】某企业因经营管理不善而严重亏损，于2022年1月底宣布破产，实施解散清算。经过清算，该企业存货变现损益1 000万元，清算资产盘盈150万元，应付未付职工工资200万元，偿还负债收入400万元，发生清算费用30万元，企业累计未分配利润120万元，企业注册资本金1 000万元。试计算该企业清算时应缴纳的企业所得税。

应缴纳企业所得税=（1 000+150−200−30+400−120−1 000）×25%=50（万元）

三、企业所得税的税收优惠政策

（一）《企业所得税法》规定的优惠政策

1.国家对重点扶持和鼓励发展的产业和项目，给予企业所得税优惠

2.企业的下列收入为免税收入

（1）国债利息收入；

（2）符合条件的居民企业之间的股息、红利等权益性投资收益；

（3）在中国境内设立机构、场所的非居民企业从居民企业取得的与该机构、场所有实际联系的股息、红利等权益性投资收益；

（4）符合条件的非营利组织的收入。

特别说明：注意严格区分“不征税收入”和“免税收入”。不征税收入本身不构成应税收入，如财政拨款，纳入财政管理的行政事业性收费、政府性基金等。而免税收入本身已构成应税收入但予以免除，如国债利息收入，符合条件的居民企业之间的股息、红利收入等。

3.企业的下列所得，可以免征、减征企业所得税

（1）从事农、林、牧、渔业项目的所得。

（2）从事国家重点扶持的公共基础设施项目投资经营的所得。国家重点扶持的公共基础设施项目是指《公共基础设施项目企业所得税优惠目录》规定的港口码头、机场、铁路、公路、城市公共交通、电力、水利等项目。企业从事上述国家重点扶持的公共基础设施项目的投资经营的所得，自项目取得第一笔生产经营收入所属纳税年度起，第1～3年免征企业所得税，第4～6年减半征收企业所得税。

（3）从事符合条件的环境保护、节能节水项目的所得。符合条件的环境保护、节能节水项目包括公共污水处理、公共垃圾处理、沼气综合开发利用、节能减排技术改造、海水淡化等。项目的具体条件和范围由国务院财政、税务主管部门商国务院有关部门制定，报国务院批准后公布施行。企业从事上述符合条件的环境保护、节能节水项目的所得，自项目取得第一笔生产经营收入所属纳税年度起，第1～3年免征企业所得税，第4～6年减半征收企业所得税。

（4）符合条件的技术转让所得。符合条件的技术转让所得免征、减征企业所得税，是指一个纳税年度内，居民企业技术转让所得不超过500万元的部分，免征企业所得税；超过500万元的部分，减半征收企业所得税。

4.企业从事下列项目的所得，免征企业所得税

（1）蔬菜、谷物、薯类、油料、豆类、棉花、麻类、糖料、水果、坚果等作物的种植。

（2）农作物新品种的选育。

（3）中药材的种植。

（4）林木的培育和种植。

（5）牲畜、家禽的饲养。

（6）林产品的采集。

（7）灌溉、农产品初加工、兽医、农技推广、农机作业和维修等农、林、牧、渔服务业项目。

（8）远洋捕捞。

5.企业从事下列项目的所得，减半征收企业所得税

（1）花卉、茶以及其他饮料作物和香料作物的种植。

（2）海水养殖、内陆养殖。

6.下列所得可以免征企业所得税

（1）外国政府向中国政府提供贷款取得的利息所得。

（2）国际金融组织向中国政府和居民企业提供优惠贷款取得的利息所得。

（3）经国务院批准的其他所得。

7.其他优惠

民族自治地方的自治机关对本民族自治地方的企业应缴纳的企业所得税中属于地方分享的部分，可以决定减征或者免征。自治州、自治县决定减征或者免征的，须报省、自治区、直辖市人民政府批准。民族自治地方是指依照《民族区域自治法》的规定，实行民族区域自治的自治区、自治州、自治县。对民族自治地方内国家限制和禁止行业的企业，不得减征或者免征企业所得税。

（二）税率优惠政策

1.符合条件的小型微利企业，减按20%的税率征收企业所得税

符合条件的小型微利企业，是指从事国家非限制和禁止行业，且同时符合年度应纳税所得额不超过300万元，从业人数不超过300人，资产总额不超过5 000万元三个条件的企业。

注意：自2021年1月1日至2022年12月31日，对小型微利企业年应纳税所得额不超过100万元的部分，减按12.5%计入应纳税所得额，按20%的税率缴纳企业所得税。

自2023年1月1日至2024年12月31日，对小型微利企业年应纳税所得额不超过100万元的部分，减按25%计入应纳税所得额，按20%的税率缴纳企业所得税。

自2022年1月1日至2024年12月31日，对小型微利企业年应纳税所得额超过100万元但不超过300万元的部分，减按25%计入应纳税所得额，按20%的税率缴纳企业所得税。

2.国家需要重点扶持的高新技术企业，减按15%的税率征收企业所得税

国家需要重点扶持的高新技术企业，是指拥有核心自主知识产权，并同时符合下列条件的企业：

（1）产品（服务）属于《国家重点支持的高新技术领域》规定的范围；

（2）研究开发费用占销售收入的比例不低于规定比例；

（3）高新技术产品（服务）收入占企业总收入的比例不低于规定比例；

（4）科技人员占企业职工总数的比例不低于规定比例；

（5）高新技术企业认定管理办法规定的其他条件。

思政视频2-4

企业发展这十年：印在轮胎上的“税收密码”

《国家重点支持的高新技术领域》和高新技术企业认定管理办法由国务院科技、财政、税务主管部门商国务院有关部门制定，报国务院批准后公布施行。

（三）亏损企业亏损弥补优惠政策

纳税人发生年度亏损的，可以用下一纳税年度的所得弥补；下一纳税年度的所得不足以弥补的，可以逐年延续弥补，但是延续弥补期最长不得超过5年。

特别说明：自2018年1月1日起，当年具备高新技术企业或科技型中小企业资格（以下统称资格）的企业，其具备资格年度之前5个年度发生的尚未弥补完的亏损，准予结转以后年度弥补，最长结转年限由5年延长至10年。

四、企业所得税的纳税申报与缴纳

（一）纳税地点

（1）居民企业以企业登记注册地为纳税地点；但登记注册地在境外的，以实际管理机构所在地为纳税地点。

（2）居民企业在中国境内设立不具有法人资格的营业机构的，应当汇总计算并缴纳企

业所得税。

（3）非居民企业在中国境内设立机构、场所的，以及发生在中国境外但与其所设机构、场所有实际联系的所得，以机构、场所所在地为纳税地点。非居民企业在中国境内设立两个或者两个以上机构、场所的，经税务机关审核批准，可以选择由其主要机构、场所汇总缴纳企业所得税。

（4）非居民企业在中国境内未设立机构、场所的，或者虽设立机构、场所，但取得的所得与其所设机构、场所没有实际联系的，以扣缴义务人所在地为纳税地点。

（二）企业所得税预缴及汇算清缴

（1）企业所得税按年计算，按月或者按季预缴，年终汇算清缴，多退少补。

（2）按实际数预缴有困难的，可以按上一年度应纳税所得额的1/12或1/4，或者经当地税务机关认可的其他方法分期预缴所得税。

（3）纳税人在年度内无论盈利或亏损，均应当按规定的期限，向当地税务机关报送“中华人民共和国企业所得税月（季）度预缴纳税申报表（A类）”（见附表28）、“中华人民共和国企业所得税月（季）度预缴和年度纳税申报表（B类）”（见附表29）、“中华人民共和国扣缴企业所得税报告表”（见附表30）、“企业所得税汇总纳税分支机构所得税分配表”（见附表31）和会计报表。

（4）企业清算时，应当以整个清算期间作为一个纳税年度，依法计算清算所得及其应纳所得税。企业应当自清算结束之日起15日内，向主管税务机关报送企业清算所得税纳税申报表，结清税款。

练习题

随堂测2-13

一、单项选择题

1.根据企业所得税法的规定，下列收入中，不属于企业其他收入的是（　　）。

A.转让生物资产的收入

B.已做坏账损失处理后又收回的应收款项

C.经营过程中的违约金收入

D.汇兑收益

2.下列各项中，属于企业所得税的视同销售收入的是（　　）。

A.房地产企业将开发房产转作办公使用

B.钢材企业将自产的钢材用于本企业的在建工程

C.某化妆品生产企业将生产的化妆品对外捐赠

D.工业企业将产品移送至分支机构

3.根据企业所得税法的规定，下列对企业所得税征收管理的说法中，正确的是（　　）。

A.按月预缴所得税的，应当自月份终了之日起10日内，向税务机关报送预缴企业所得税纳税申报表，预缴税款

B.企业应当在办理注销登记后，就其清算所得向税务机关申报并依法缴纳企业所得税

C.企业纳税年度亏损，可以不向税务机关报送年度企业所得税纳税申报表

D.依照企业所得税法缴纳的企业所得税，以人民币以外的货币计算的，应当折合成人民币计算并缴纳税款

4.下列支出中，准予在企业所得税税前扣除的是（ ）。

A.企业所得税税款 B.诉讼费

C.行政机关罚款 D.赞助支出

5.某企业2022年取得产品销售收入1 000万元，处置固定资产净收入50万元，另外取得厂房租赁收入200万元。当年发生业务招待费15万元、广告费200万元。则当年计算企业所得税应纳税所得额时，准予扣除的业务招待费和广告费分别为（ ）。

A.6.25万元和187.5万元 B.6.25万元和200万元

C.9万元和180万元 D.6万元和180万元

6.企业在各个纳税期末，提供劳务交易的结果能够可靠估计的，应采用完工进度（完工百分比）法确认提供劳务收入，下列方法中，不属于企业所得税劳务完工进度确定方法的是（ ）。

A.已完工作的测量 B.已提供劳务占劳务总量的比例

C.发生成本占总成本的比例 D.合同约定的劳务量

7.某大型工业企业2022年3月1日以经营租赁方式租入固定资产使用，租期1年，支付租金12万元；6月1日以融资租赁方式租入机器设备一台，租期2年，当年支付租金15万元。公司计算当年企业应纳税所得额时应扣除的租赁费用为（ ）万元。

A.10 B.12 C.15 D.27

8.下列有关企业所得税的特点的表述中，不正确的是（ ）。

A.征税范围广 B.税负公平

C.纳税人与负税人不一致 D.税基约束力强

9.下列税费中，可以在计算企业所得税时一次性扣除的是（ ）。

A.增值税 B.车辆购置税

C.契税 D.车船税

10.下列税金中，可以于发生当期在计算企业所得税应纳税所得额时扣除的是（ ）。

A.消费税、城建税和教育费附加、契税、资源税、印花税

B.增值税、城建税和教育费附加、关税、土地增值税、房产税

C.消费税、城建税和教育费附加、城镇土地使用税、土地增值税、印花税

D.消费税、城建税和教育费附加、契税、土地增值税、车船税

11.下列关于企业所得税非居民纳税人应纳税所得额的确定的说法中，不正确的是（ ）。

A.转让财产所得，以收入全额减除财产净值后的余额为应纳税所得额

B.股息、红利等权益性投资收益，以收入全额为应纳税所得额

C.特许权使用费所得，以收入全额为应纳税所得额

D.租金，以收入减去出租过程中发生的合理费用后的余额为应纳税所得额

12.某外商投资企业以55万元从境外甲公司（关联企业）购入一批产品，又将这批产品以50万元转售给乙公司（非关联企业）。假定该公司的销售毛利率为20%，企业所得税税率为25%。按再销售价格法计算，此次销售业务应缴纳的企业所得税为（ ）。

A.0 B.12 500元 C.15 000元 D.25 000元

13.下列项目中，所得免征企业所得税的是（ ）。

A.牲畜、家禽的饲养 B.花卉作物的种植

C.内陆养殖　　D.香料作物的种植

14.根据企业所得税法的规定，下列项目中享受税额抵免政策的是（　　）。

A.企业综合利用资源，生产符合国家产业政策规定的产品所取得的收入

B.创业投资企业从事国家需重点扶持和鼓励的创业投资的投资额

C.安置残疾人员及国家鼓励安置的其他就业人员所支付的工资

D.企业购置用于环境保护专用设备的投资额

15.根据企业所得税法的规定，下列收入中可以免征企业所得税的是（　　）。

A.债务重组收入　　B.确定无法支付的应付款项

C.接受捐赠收入　　D.国债利息收入

16.根据企业所得税法律制度的规定，下列项目中，纳税人在计算应纳税所得额时准予扣除的是（　　）。

A.罚金　　B.银行按规定加收的罚息

C.税收滞纳金　　D.罚款和被没收财物的损失

17.根据企业所得税法律制度的规定，纳税人应当自年度终了后一定期限内向税务机关报送年度企业所得税纳税申报表，并汇算清缴，结清应缴应退税款。该期限是（　　）。

A.自年度终了之日起15日内　　B.自年度终了之日起45日内

C.自年度终了之日起4个月内　　D.自年度终了之日起5个月内

18.下列关于所得来源地的表述中正确的是（　　）。

A.销售货物所得，按经营机构所在地确定

B.提供劳务所得，按劳务发生地确定

C.动产转让所得，按交易活动发生地确定

D.股息红利等权益性投资所得，按投资企业所在地确定

二、多项选择题

1.下列项目中，属于企业所得税中不征税收入的有（　　）。

A.企业根据法律、行政法规等有关规定，代政府收取的具有专项用途的财政资金

B.居民企业直接投资于其他居民企业取得的投资收益

C.企业取得的，经国务院批准的财政、税务主管部门规定专项用途的财政性资金

D.国债利息收入

2.根据企业所得税法的有关规定，下列有关扣除项目的表述中，正确的有（　　）。

A.企业发生的合理的工资薪金支出准予据实扣除

B.企业按规定为投资者或职工支付的商业保险费，准予扣除

C.企业发生的与生产经营有关的业务招待费，在不超过当年销售（营业）收入0.5%的限额内据实扣除

D.企业参加财产保险，按规定缴纳的保险费，准予扣除

3.下列各项中，属于企业所得税征税范围的有（　　）。

A.居民企业来源于境内的所得

B.非居民企业来源于中国境内的所得

C.在中国设立机构、场所的非居民企业，取得的境内所得与其所设机构、场所有实际联系的所得

D.居民企业来源于境外的所得

4.下列企业中，符合企业所得税法所称居民企业的有（　　）。

A.依照中国法律设立的合伙企业

B.依照中国法律在中国境内成立的外商投资企业

C.依照日本法律成立但实际管理机构在中国境内的企业

D.依照日本法律成立且实际管理机构在日本的企业

5.根据企业所得税法的规定，企业所得税税前扣除项目一般应遵循（　　）。

A.确定性原则　　　　B.相关性原则

C.合理性原则　　　　D.配比性原则

6.下列关于企业所得税的收入的表述中，正确的有（　　）。

A.收入总额包括不征税收入和免税收入

B.收入包括以货币形式和非货币形式从各种来源取得的收入

C.企业以非货币形式取得的收入，应当按照公允价值确定收入额

D.债权人债务的豁免，也是债务人取得的收入

7.根据企业所得税法的规定，下列关于境外所得抵免限额的表述中正确的有（　　）。

A.超过抵免限额的部分，可以在次年起连续五个年度内抵免

B.居民企业来源于中国境外的应税所得，已缴纳的所得税税额，可以从应纳税额中抵免

C.抵免企业所得税税额时，应当提供中国境外税务机关出具的税款所属年度的有关纳税凭证

D.抵免限额应该按实际缴纳的所得税税额抵免

8.居民企业纳税人具有下列情形之一的，核定征收企业所得税（　　）。

A.依照法律、法规规定可以不设置账簿的

B.依照法律、法规规定应当设置账簿但未设置的

C.擅自销毁账簿或拒不提供纳税资料的

D.申报的计税依据明显偏低又无正当理由的

9.企业发生下列资产处置的情形中，属于内部处置资产，不视同销售确认收入的有（　　）。

A.将资产用于市场推广　　　　B.将资产用于股息分配

C.将资产用于生产另一产品　　　　D.改变资产用途

10.根据企业所得税法律制度的规定，下列固定资产项目中，在计算应纳税所得额时，准予扣除折旧的有（　　）。

A.房屋、建筑物　　　　B.以经营租赁方式租出的固定资产

C.以融资租赁方式租入的固定资产　　　　D.与经营活动无关的固定资产

11.根据企业所得税法的规定，固定资产的大修理支出，作为长期待摊费用摊销扣除，下列各项中，属于判断大修理支出标准的有（　　）。

A.修理支出达到取得固定资产时计税基础的20%以上

B.修理支出达到取得固定资产时计税基础的50%以上

C.修理后固定资产的使用年限延长2年以上

D.修理后固定资产的使用年限延长3年以上

12.下列有关亏损弥补的表述中，正确的有（ ）。

A.可弥补的亏损是指企业提供的会计报表上注明的亏损额

B.企业某一纳税年度发生的亏损，经税务机关批准后，方可弥补

C.企业某一纳税年度发生的亏损可用下一年度的所得弥补，下一年度的所得不足以弥补的，可逐年延续弥补，但最长不得超过5年

D.企业境内营业机构的亏损，可以抵减境外营业机构的盈利

13.企业不提供与其关联方之间业务往来资料，或者提供虚假、不完整资料，未能真实反映其关联业务往来情况的，税务机关有权依法核定其应纳税所得额。核定方法有（ ）。

A.参照同类企业的利润率水平核定

B.参照类似企业的利润率水平核定

C.按照企业成本加合理的费用和利润核定

D.按照关联企业集团整体利润的合理比例核定

14.根据企业所得税法的规定，下列固定资产不得计算折旧扣除的有（ ）。

A.单独估价作为固定资产入账的土地　　B.未投入使用的房屋、建筑物

C.未投入使用的机器、设备　　D.以经营租赁方式租入的固定资产

15.下列说法中符合企业所得税法规定的有（ ）。

A.企业发生的资本性支出不得在发生当期直接扣除

B.企业的不征税收入用于支出所形成的费用不得扣除

C.企业实际发生的成本、费用、税金、损失和其他支出一般不得重复扣除

D.企业发生的收益性支出和资本性支出均可在发生当期直接扣除

16.根据企业所得税法的规定，下列有关收入的表述中正确的有（ ）。

A.以分期收款方式销售货物的，按合同约定的收款日期确认收入的实现

B.采取产品分成方式取得收入的，其收入按产品的公允价值确定

C.企业将自产的产品用于在建工程的，应视同销售计征企业所得税

D.采取产品分成方式取得收入的，按企业将分得的产品对外销售的日期确认收入的实现

17.根据企业所得税法的规定，对关联企业所得不实的，可以按照（ ）进行调整。

A.再销售价格法　　B.交易净利润法

C.可比非受控价格法　　D.利润分割法

18.下列收入中，免征或不征企业所得税的有（ ）。

A.证券投资基金从证券市场中取得的收入

B.转让生物资产收入

C.证券投资基金管理人运用基金买卖股票、债券的差价收入

D.企业依法取得的代政府收取的专项用途的财政资金

19.下列税收优惠中，符合企业所得税法规定的有（ ）。

A.所有的小型微利企业，都减按20%的税率征收企业所得税

B.符合条件的居民企业之间的股息、红利等权益性投资收益是免税的收入

C.符合条件的技术转让所得是免税收入

D.国家需要重点扶持的高新技术企业，减按15%的税率征收企业所得税

三、计算题

微课2-7

企业所得税的计算

1.某资产总额900万元的运输公司于2022年成立并开业，2022年全年取得营运收入692万元，取得合作方违约罚款收入18万元。当年各项营运成本及费用支出460万元（不含工资、福利费等），缴纳税金（不含增值税）22.84万元。该公司有职工60人，当年列支工资总额140万元，当年实际发生职工工会经费3万元，职工福利费20万元，职工教育经费3万元，支付财产保险费和运输保险费共计15万元，因运输事故损失40万元，得到保险公司赔偿22万元，用于职工已购商品房修理支出80万元。该公司会计人员计算全年企业所得税：

应纳税所得额=692+18−460−22.84−140−3−20−3−15−40−80=−73.84（万元）

因此应纳所得税为0。

请依据企业所得税法及有关规定，具体分析该公司计算缴纳的企业所得税税额是否正确，如不正确，请指出错误之处并列出步骤计算应纳所得税额。

2.某工业企业，2022年度生产经营情况如下：

（1）销售收入4 500万元；销售成本2 000万元；增值税700万元，税金及附加80万元。

（2）其他业务收入300万元。

（3）销售费用1 500万元，其中含广告费800万元、业务宣传费20万元。

（4）管理费用500万元，其中含业务招待费50万元、研究新产品费用40万元。

（5）财务费用80万元，其中含向非金融机构借款1年的利息50万元，年息10%（银行同类同期贷款利率为6%）

（6）营业外支出30万元，其中含向供货商支付违约金5万元，接受市场监督管理局罚款1万元，通过政府部门向灾区捐赠20万元。

（7）投资收益18万元，系从直接投资外地居民公司分得税后利润17万元（该居民公司适用税率15%）和国债利息1万元。

（8）该企业账面会计利润628万元，已预缴企业所得税157万元。

请计算该企业2022年度的应纳所得税税额和应退补的所得税税额。

3.甲公司为居民企业，属于主要从事笔记本电脑制造业务的大型上市公司。2022年有关经营情况如下：

（1）销售电脑收入1 000万元，提供电脑维修劳务收入20万元，转让股权收入600万元，接受捐赠收入300万元。

（2）缴纳增值税160万元、城市维护建设税和教育费附加16万元、城镇土地使用税20万元、房产税35万元。

（3）发生的与生产经营有关的广宣费支出160万元。

（4）发生新技术研究开发费用，未形成无形资产计入当期损益20万元；购进一台生产设备，价值60万元。

（5）另取得技术转让收入700万元，发生技术转让成本100万元，不考虑相关税费。

已知：广告费和业务宣传费支出不超过当年销售（营业）收入15%的部分，准予

扣除。

要求：根据上述资料，不考虑其他因素，分析回答下列问题：

1.甲公司的下列收入中，应计入收入总额的是（　　）。

A.销售电脑收入1 000万元

B.提供电脑维修劳务收入20万元

C.转让股权收入600万元

D.接受捐赠收入300万元

2.甲公司缴纳的下列税款中，在计算2022年度企业所得税应纳税所得额时，准予扣除的是（　）。

A.增值税160万元

B.城市维护建设税和教育费附加16万元

C.城镇土地使用税20万元

D.房产税35万元

3.甲公司在计算2022年度企业所得税应纳税所得额时，准予扣除的广宣费支出是（　　）万元。

A.153　　B.160　　C.243　　D.198

4.关于甲公司当年可以享受的企业所得税税收优惠的下列表述中，正确的是（　　）。

A.新技术研究开发费用未形成无形资产计入当期损益的，在据实扣除的基础上，按照20万元的100%在计算当年应纳税所得额时加计扣除

B.新技术研究开发费用未形成无形资产计入当期损益的，在据实扣除的基础上，按照20万元的75%在计算当年应纳税所得额时加计扣除

C.购进一台价值60万元的生产设备的支出可以一次性在计算当年应纳税所得额时扣除

D.技术转让所得应纳税所得额=［（700-100）-500］×50%=50（万元）

模块三

个人纳税实务

【实务导入】李浩所设立的公司有员工10人。2022年3月开业后，公司按月为员工支付工资，同时公司部分员工还获得劳务报酬收入、稿酬收入、财产转让收入、财产租赁收入及其他所得。

思考：李浩所设立公司的员工2022年度获取的各种所得应如何计税？是采用代扣代缴方式还是自行申报方式做纳税申报？

【能力目标】能正确判断个人所得税的征税范围；能准确计算个人所得税应纳税额；能进行个人所得税的纳税申报。

【知识目标】掌握个人应当缴纳的各税种的基本征收制度、计税方式及纳税申报方式。

【素养目标】培养学生依法纳税的意识。

【工作任务】学生分组完成个人所得税的计税及纳税申报工作。

【工作程序】

程序一　了解个人所得税的基本征收制度及计税方式。

程序二　模拟纳税主体，根据纳税人的不同所得选择纳税申报方式，帮助纳税人完成个人所得税的计税及纳税申报工作。

●项目一　个人所得税纳税实务

个人所得税是国家对个人取得的各项应税所得征收的一种税，体现国家与个人之间的分配关系。

一、个人所得税税制要素

（一）个人所得税的纳税人和扣缴义务人

《中华人民共和国个人所得税法》（以下简称《个人所得税法》）依据住所和时间两个标准，将个人所得税的纳税人分为居民纳税人和非居民纳税人两大类，各自承担不同的纳税义务。纳税人包括中国公民、个体工商户以及在中国有所得的外籍人员及中国香港、澳门、台湾同胞。个人独资企业和合伙企业，不缴纳企业所得税，只对投资者个人取得的经营所得征收个人所得税。

1.居民纳税人

居民纳税人是指在中国境内有住所，或者无住所而在境内居住满183天的个人。居民纳税人从中国境内和境外取得的所得，依照《个人所得税法》的规定缴纳个人所得税。

（1）在中国境内有住所的个人是指因户籍、家庭、经济利益关系而在中国境内习惯性居住的个人。

（2）习惯性居住地是指个人的学习、工作、探亲等原因消除之后，所要回到的地方。它是判定纳税人属于居民还是非居民的一个重要依据。

（3）“居住满183天”是指在一个纳税年度内，在中国境内居住满183天，即在境内居住满183天，达到这个标准的个人就是中国居民。

2.非居民纳税人

非居民纳税人是指习惯性居住地不在中国境内，而且不在中国居住，或者在一个纳税年度内在中国境内居住累计不满183天的个人。非居民纳税人仅就其来源于中国境内所得依照《个人所得税法》的规定缴纳个人所得税。

上述纳税年度，自公历1月1日起至12月31日止。

对于在中国境内无住所的纳税人，税法给予了一定的优惠：

（1）在中国境内无住所的个人，但是在中国境内居住累计满183天的年度连续不满6年的，经向主管税务机关备案，其来源于中国境外且由境外单位或者个人支付的所得，免予缴纳个人所得税；在中国境内居住累计满183天的任一年度中有一次离境超过30天的，其在中国境内居住累计满183天的年度的连续年限重新起算。

（2）在中国境内无住所，但在一个纳税年度内在中国境内连续或者累计居住不超过90日的个人，其来源于中国境内的所得，由境外雇主支付并且不由该雇主在中国境内的机构、场所负担的部分，免纳个人所得税。

3.扣缴义务人

个人所得税的扣缴义务人是指支付个人应纳税所得的企业（公司）、事业单位、机关、社会组织、军队、驻华机构及个体工商户等单位或者个人。

扣缴义务人向个人支付应纳税所得时，不论纳税人是否属于本单位人员，均应代扣代缴其应纳的个人所得税税款。

（二）个人所得税的征税范围

我国个人所得税的课税对象为纳税人的各项所得，体现了个人所得税的征税范围。现行个人所得税法采取列举法列举了9项应税所得，具体如下：

1.工资、薪金所得

工资、薪金所得是指个人因任职或者受雇而取得的工资、薪金、奖金、年终加薪、劳动分红、津贴、补贴以及与任职或者受雇有关的其他所得。

2.劳务报酬所得

劳务报酬所得是指个人从事设计、装潢、安装、制图、化验、测试、医疗、法律、会计、咨询、讲学、新闻、广播、翻译、审稿、书画、雕刻、影视、录音、录像、演出、表演、广告、展览、技术服务、介绍服务、经纪服务、代办服务以及其他劳务取得的所得。

个人担任董事职务所取得的董事费收入，属于劳务报酬性质，按“劳务报酬所得”项目征税。

上述各项所得一般属于个人独立从事自由职业取得的所得或属于独立个人劳动所得。

3.稿酬所得

稿酬所得是指个人因其作品以图书、报刊形式出版、发表而取得的所得。

4.特许权使用费所得

特许权使用费所得是指个人因提供专利权、商标权、著作权、非专利技术以及其他特许权的使用权而取得的所得。

5.经营所得

经营所得是指:

(1)个体工商户从事生产经营活动取得的所得，个人独资企业投资人、合伙企业的个人合伙人来源于境内注册的个人独资企业、合伙企业生产经营的所得。

(2)个人经政府有关部门批准，取得执照，从事办学、医疗、咨询以及其他有偿服务活动取得的所得。

(3)个人对企事业单位的承包经营、承租经营所得以及转包、转租取得的所得。

(4)个人从事其他生产、经营活动取得的所得。

6.财产租赁所得

财产租赁所得是指个人出租建筑物、土地使用权、机器设备、车船以及其他财产取得的所得。

7.财产转让所得

财产转让所得是指个人转让有价证券、股权、建筑物、土地使用权、机器设备、车船以及其他财产取得的所得。

8.利息、股息、红利所得

利息、股息、红利所得是指个人拥有债权、股权而取得的利息、股息、红利所得。

9.偶然所得

偶然所得是指个人得奖、中奖、中彩以及其他偶然性质的所得。

(三)个人所得税的税率

个人所得税分别按不同个人所得项目，规定了超额累进税率和比例税率两种形式。

1.预扣预缴个人所得税的预扣率

(1)居民个人工资、薪金所得预扣预缴个人所得税的预扣率

居民个人工资、薪金所得预扣预缴个人所得税的预扣率见表3-1。

表3-1　居民个人工资、薪金所得预扣预缴个人所得税的预扣率表

级数	累计预扣预缴应纳税所得额	预扣率	速算扣除数
1	不超过36 000元的部分	3%	0
2	超过36 000～144 000元的部分	10%	2 520
3	超过144 000～300 000元的部分	20%	16 920
4	超过300 000～420 000元的部分	25%	31 920
5	超过420 000～660 000元的部分	30%	52 920
6	超过660 000～960 000元的部分	35%	85 920
7	超过960 000元的部分	45%	181 920

(2)居民个人劳务报酬所得预扣预缴个人所得税的预扣率

居民个人劳务报酬所得预扣预缴个人所得税的预扣率见表3-2。

表3-2　　居民个人劳务报酬所得预扣预缴个人所得税的预扣率表

级数	预扣预缴应纳税所得额	预扣率	速算扣除数
1	不超过20 000元的	20%	0
2	超过20 000 ~ 50 000元的部分	30%	2 000
3	超过50 000元的部分	40%	7 000

（3）居民个人稿酬所得、特许权使用费所得预扣预缴个人所得税的预扣率

居民个人稿酬所得、特许权使用费所得预扣预缴个人所得税的预扣率为20%。

2.个人所得税的适用税率（非预扣预缴）

（1）居民个人综合所得个人所得税的适用税率（按年汇算清缴）

工资薪金所得、劳务报酬所得、稿酬所得、特许权使用费所得统称为综合所得。综合所得适用3% ~ 45%的七级超额累进税率，见表3-3。

表3-3　　居民个人综合所得个人所得税税率表（按年）

级数	全年应纳税所得额	税率	速算扣除数
1	不超过36 000元的部分	3%	0
2	超过36 000 ~ 144 000元的部分	10%	2 520
3	超过144 000 ~ 300 000元的部分	20%	16 920
4	超过300 000 ~ 420 000元的部分	25%	31 920
5	超过420 000 ~ 660 000元的部分	30%	52 920
6	超过660 000 ~ 960 000元的部分	35%	85 920
7	超过960 000元的部分	45%	181 920

（2）非居民个人工资薪金所得、劳务报酬所得、稿酬所得、特许权使用费所得个人所得税的适用税率

非居民个人工资薪金所得、劳务报酬所得、稿酬所得、特许权使用费所得个人所得税的适用税率见表3-4（依照表3-3按月换算后）。

表3-4　　非居民个人工资薪金所得、劳务报酬所得、稿酬所得、特许权使用费所得个人所得税税率表

级数	应纳税所得额	税率	速算扣除数
1	不超过3 000元的部分	3%	0
2	超过3 000 ~ 12 000元的部分	10%	210
3	超过12 000 ~ 25 000元的部分	20%	1 410
4	超过25 000 ~ 35 000元的部分	25%	2 660
5	超过35 000 ~ 55 000元的部分	30%	4 410
6	超过55 000 ~ 80 000元的部分	35%	7 160
7	超过80 000元的部分	45%	15 160

（3）经营所得个人所得税的适用税率

经营所得适用5% ~ 35%的五级超额累进税率，见表3-5。

表3-5 经营所得个人所得税税率表

级数	全年应纳税所得额	税率	速算扣除数
1	不超过30 000元的部分	5%	0
2	超过30 000～90 000元的部分	10%	1 500
3	超过90 000～300 000元的部分	20%	10 500
4	超过300 000～500 000元的部分	30%	40 500
5	超过500 000元的部分	35%	65 500

（4）财产租赁所得，财产转让所得，利息、股息、红利所得和偶然所得个人所得税的适用税率

财产租赁所得，财产转让所得，利息、股息、红利所得和偶然所得适用比例税率，税率为20%。另外，为了配合国家住房制度改革，支持住房租赁市场的健康发展，从2008年3月1日起，对个人出租住房取得的所得暂减按10%的税率征收个人所得税。

二、个人所得税税额的计算

（一）居民个人综合所得应纳税额的计算

1. 居民个人综合所得预扣预缴个人所得税的计算

扣缴义务人向居民个人支付工资薪金所得、劳务报酬所得、稿酬所得、特许权使用费所得时，按以下方法预扣预缴个人所得税，并向主管税务机关报送"个人所得税扣缴申报表"。年度预扣预缴税额与年度应纳税额不一致的，由居民个人于次年3月1日至6月30日向主管税务机关办理综合所得年度汇算清缴，税款多退少补。

（1）扣缴义务人向居民个人支付工资、薪金所得预扣预缴个人所得税的计算

扣缴义务人向居民个人支付工资、薪金所得时，应当按照累计预扣法计算预扣税款，并按月办理全员全额扣缴申报。

具体计算公式如下：

$$\text{本期预扣预缴税额}=(\text{累计预扣预缴应纳税所得额}\times\text{预扣率}-\text{速算扣除数})-\text{累计减免税额}-\text{累计已预扣预缴税额}$$

$$\text{累计预扣预缴应纳税所得额}=\text{累计收入额}-\text{累计免税收入}-5\,000\text{元/月}\times\text{当年截至本月在本单位的任职受雇月份数}-\text{累计专项扣除（三险一金等）}-\text{累计专项附加扣除}$$

注意：

第一，累计减除费用，按照5 000元/月乘以纳税人当年截至本月在本单位的任职受雇月份数计算。

第二，专项扣除，包括居民个人按照国家规定的范围和标准缴纳的基本养老保险、基本医疗保险、失业保险等社会保险费和住房公积金等。

第三，专项附加扣除，包括3岁以下婴幼儿照护、子女教育、继续教育、大病医疗、住房贷款利息或者住房租金、赡养老人等支出。专项附加扣除基本规定如下：

①3岁以下婴幼儿照护扣除细则（见表3-6）。

表3-6　　3岁以下婴幼儿照护扣除细则

享受条件	标准方式	起止时间	备查资料
婴幼儿子女包括婚生子女、非婚生子女、养子女、继子女等受到本人监护的3岁以下婴幼儿	按照每孩每月2 000元的标准进行定额扣除。 父母可以选择由其中一方按扣除标准的100%扣除，即一人按照每月2 000元标准扣除；也可以选择由双方分别按扣除标准的50%扣除，即两人各按照每月1 000元扣除。这两种分配方式，父母可以根据情况自行选择。 扣除方式确定后，一个纳税年度内不能变更	从婴幼儿出生的当月至满3周岁的前一个月，纳税人可以享受这项专项附加扣除	纳税人需要将子女的出生医学证明等资料留存备查

②子女教育扣除细则（见表3-7）。

表3-7　　子女教育扣除细则

享受条件	标准方式	起止时间	备查资料
（1）子女年满3周岁至小学前，不论是否在幼儿园学习； （2）子女正在接受小学、初中、高中阶段教育（普通高中、中等职业教育、技工教育）； （3）子女正在接受高等教育（大学专科、大学本科、硕士研究生、博士研究生教育）。 上述受教育地点，包括在中国境内和在境外接受教育	每个子女，每月扣除2 000元。有多个符合扣除条件的子女，每个子女均可享受扣除。 扣除人由父母双方选择确定。既可以由父母一方全额扣除，也可以父母分别扣除1 000元。 扣除方式确定后，一个纳税年度内不能变更	学前教育：子女年满3周岁的当月至小学入学前一月； 全日制学历教育：子女接受义务教育、高中教育、高等教育的入学当月至教育结束当月。 特别提示：因病或其他非主观原因休学但学籍继续保留的期间，以及施教机构按规定组织实施的寒暑假等假期，可连续扣除	境内接受教育：不需要特别留存资料； 境外接受教育：境外学校录取通知书、留学签证等相关教育资料

③继续教育扣除细则（见表3-8）。

表3-8　继续教育扣除细则

享受条件	标准方式	起止时间	备查资料
（1）学历（学位）继续教育； （2）技能人员职业资格继续教育、专业技术人员职业资格继续教育。 职业资格具体范围，以人力资源和社会保障部公布的国家职业资格目录为准	学历（学位）继续教育：每月400元； 职业资格继续教育：3 600元/年。 例外：如果子女已就业，且正在接受本科及以下学历（学位）继续教育，可以由父母选择按照子女教育扣除，也可以由子女本人选择按照继续教育扣除	学历（学位）继续教育：入学的当月至教育结束的当月 同一学历（学位）继续教育的扣除期限最长不能超过48个月。 职业资格继续教育：取得相关职业资格继续教育证书上载明的发证（批准）日期的所属年度，即为可以扣除的年度。 需要提醒的是，专项扣除政策从2019年1月1日开始实施，该证书应当为2019年后取得	职业资格继续教育：技能人员、专业技术人员职业资格证书等

④住房贷款利息扣除细则（见表3-9）。

表3-9　住房贷款利息扣除细则

享受条件	标准方式	起止时间	备查资料
本人或者配偶，单独或者共同使用商业银行或住房公积金个人住房贷款，为本人或配偶购买中国境内住房，而发生的首套住房贷款利息支出。 住房贷款利息支出是否符合政策，可查阅贷款合同（协议），或者向办理贷款的银行、住房公积金中心进行咨询	每月1 000元，扣除期限最长不超过240个月。 扣除人：夫妻双方约定，可以选择由其中一方扣除。 确定后，一个纳税年度内不变	贷款合同约定开始还款的当月至贷款全部归还或贷款合同终止的当月。但扣除期限最长不得超过240个月	住房贷款合同、贷款还款支出凭证等

⑤住房租金扣除细则（见表3-10）。

表3-10 住房租金扣除细则

享受条件	标准方式	起止时间	备查资料
在主要工作城市租房，且同时符合以下条件： （1）本人及配偶在主要工作城市没有自有住房； （2）已经实际发生了住房租金支出； （3）本人及配偶在同一纳税年度内，没有享受住房贷款利息专项附加扣除政策。也就是说，住房贷款利息与住房租金两项扣除政策只能享受其中一项，不能同时享受	（1）直辖市、省会（首府）城市、计划单列市以及国务院确定的其他城市：每月1 500元； （2）除上述城市以外的市辖区户籍人口超过100万的城市：每月1 100元； （3）除上述城市以外的，市辖区户籍人口不超过100万（含）的城市：每月800元。 谁来扣： 如夫妻双方主要工作城市相同的，只能由一方扣除，且为签订租赁住房合同的承租人来扣除； 如夫妻双方主要工作城市不同，且无房的，可按规定标准分别进行扣除	租赁合同（协议）约定的房屋租赁期开始的当月至租赁期结束的当月； 提前终止合同（协议）的，以实际租赁行为终止的月份为准	住房租赁合同或协议等

⑥赡养老人扣除细则（见表3-11）。

表3-11 赡养老人扣除细则

享受条件	标准方式	起止时间	备查资料
被赡养人年满60周岁（含） 被赡养人：父母（生父母、继父母、养父母），以及子女均已去世的祖父母、外祖父母	纳税人为独生子女：每月3 000元 纳税人为非独生子女，可以兄弟姐妹分摊每月3 000元的扣除额度，但每人分摊的额度不能超过每月1 500元。 具体分摊的方式：均摊、约定、指定分摊 约定或指定分摊的，需签订书面分摊协议。 具体分摊方式和额度确定后，一个纳税年度不变	被赡养人年满60周岁的当月至赡养义务终止的年末	采取约定或指定分摊的，需留存分摊协议

⑦大病医疗扣除细则（见表3-12）。

表3-12　大病医疗扣除细则

享受条件	标准方式	起止时间	备查资料
医疗保险目录范围内的医药费用支出，医疗保险报销后的个人自付部分	新税法实施首年（2019年）发生的大病医疗支出，要在2020年才能办理	每年1月1日至12月31日，与基本医疗保险相关的医药费用，扣除医疗保险报销后个人负担（是指医疗保险目录范围内的自付部分）累计超过15 000元且不超过80 000元的部分	需保留医药服务收费及医保报销相关票据原件及复印件

【例3-1】某职员2015年入职，2022年每月应发工资均为10 000元，每月减除费用5 000元，“三险一金”等专项扣除为1 500元，从1月起享受子女教育专项附加扣除1 000元，没有减免收入及减免税额等情况，以前三个月为例，应当按照以下方法计算各月应预扣预缴税额：

1月份：（10 000−5 000−1 500−1 000）×3%=75（元）

2月份：（10 000×2−5 000×2−1 500×2−1 000×2）×3%−75=75（元）

3月份：（10 000×3−5 000×3−1 500×3−1 000×3）×3%−75−75=75（元）

进一步计算可知，该纳税人全年累计预扣预缴应纳税所得额为30 000元，一直适用3%的税率，因此各月应预扣预缴的税款相同。

【例3-2】某职员2015年入职，2022年每月应发工资均为30 000元，每月减除费用5 000元，“三险一金”等专项扣除为4 500元，享受子女教育、赡养老人两项专项附加扣除共计2 000元，没有减免收入及减免税额等情况，以前三个月为例，应当按照以下方法计算各月应预扣预缴税额：

1月份：（30 000−5 000−4 500−2 000）×3%=555（元）

2月份：（30 000×2−5 000×2−4 500×2−2 000×2）×10% −2 520 −555 =625（元）

3月份：（30 000×3−5 000×3−4 500×3−2 000×3）×10%−2 520−555−625=1 850（元）

上述计算结果表明，由于2月份累计预扣预缴应纳税所得额为37 000元，已适用10%的税率，因此2月份和3月份应预扣预缴税额有所增高。

（2）扣缴义务人向居民个人支付劳务报酬所得预扣预缴个人所得税的计算

①每次收入不足4 000元的，计算公式为：

应纳税额=（每次收入额−800）×适用税率−速算扣除数

②每次收入在4 000元以上的，计算公式为：

应纳税额=每次收入额×（1−20%）×适用税率−速算扣除数

【例3-3】2022年12月，王某为境内某企业提供咨询取得劳务报酬40 000元，通过境内非营利性社会团体将其中9 000元捐赠给贫困地区。

要求：计算王某上述所得应预缴的个人所得税。

捐赠允许扣除的限额=40 000×（1−20%）×30%=9 600（元）

应缴纳的个人所得税=［40 000×（1−20%）−9 000］×30%−2 000=4 900（元）

特别说明：

第一，每次取得的劳务报酬所得为一次性收入的，以取得该项收入为一次计征个人所得税。属于同一事项连续取得收入的，以一个月内取得的收入为一次计征个人所得税。

第二，限额扣除个人公益捐赠：

①个人将其所得通过中国境内的社会团体、国家机关向教育和其他社会公益事业以及遭受严重自然灾害地区、贫困地区捐赠，捐赠额未超过纳税人申报的应纳税所得额30%的部分，可从其应纳税所得额中扣除。

②个人捐赠住房作为廉租住房的，捐赠额未超过其申报的应纳税所得额30%的部分，准予从其应纳税所得额中扣除。

（3）扣缴义务人向居民个人支付稿酬所得预扣预缴个人所得税的计算。

①每次收入不足4 000元的，计算公式为：

应纳税额=（每次收入额-800）×70%×20%

②每次收入在4 000元以上的，计算公式为：

应纳税额=每次收入额×（1-20%）×70%×20%

【例3-4】中国公民孙某系自由职业者，2022年出版中篇小说一部，取得稿酬50 000元，后因小说加印和报刊连载，分别取得出版社稿酬10 000元和报社稿酬3 800元。

要求：计算孙某应预缴的个人所得税。

①出版小说、小说加印应预缴的个人所得税=（50 000+10 000）×（1-20%）×70%×20%=6 720（元）

②小说连载应预缴的个人所得税=（3 800-800）×70%×20%=420（元）

特别说明：每次稿酬所得是以每次出版、发表取得的收入为一次，具体为：

①同一作品再版取得的所得，应视作另一次稿酬所得计征个人所得税。

②同一作品先在报刊上连载，然后再出版，或先出版，再在报刊上连载的，应视为两次稿酬所得征税，即连载作为一次，出版作为另一次。

③同一作品在报刊上连载取得收入的，应将连载完成后取得的所有收入合并，按一次计征个人所得税。

④同一作品在出版和发表时，以预付稿酬或分次支付稿酬等形式取得的稿酬收入，应合并计算为一次。

⑤同一作品出版、发表后，因添加印数而追加稿酬的，应与以前出版、发表时取得的稿酬合并计算为一次，计征个人所得税。

（4）扣缴义务人向居民个人支付特许权使用费所得预扣预缴个人所得税的计算

①每次收入不足4 000元的，计算公式为：

应纳税额=（每次收入额-800）×20%

②每次收入在4 000元以上的，计算公式为：

应纳税额=每次收入额×（1-20%）×20%

【例3-5】居民个人张某2022年6月转让专利权给甲公司取得一次性特许权使用费收入共计3 000元。

要求：计算张某应由甲公司预扣预缴的个人所得税。

张某特许权使用费所得应由甲公司预扣预缴的个人所得税=（3 000-800）×20%=440（元）

特别说明：每次特许权使用费所得是以某项使用权的一次转让所取得的收入为一次。如果该次转让取得的收入是分笔支付的，则应将各笔收入相加为一次的收入，计征个人所得税。

2.居民个人综合所得汇算清缴个人所得税的计算

自2019年1月1日起，居民个人办理年度综合所得汇算清缴时，应当依法计算劳务报酬所得、稿酬所得、特许权使用费所得的收入额，并入年度综合所得计算应纳税款，税款多退少补。

综合所得汇算清缴时适用七级超额累进税率，其应纳税额的计算公式为：

应纳税额=全年应纳税所得额×适用税率-速算扣除数

$$=\left(\begin{matrix}\text{全年}\\\text{收入额}\end{matrix}-60\,000\text{元}-\begin{matrix}\text{专项}\\\text{扣除}\end{matrix}-\begin{matrix}\text{专项}\\\text{附加扣除}\end{matrix}-\begin{matrix}\text{依法确定的}\\\text{其他扣除}\end{matrix}\right)\times\begin{matrix}\text{适用}\\\text{税率}\end{matrix}-\begin{matrix}\text{速算}\\\text{扣除数}\end{matrix}$$

$$=\left[\begin{matrix}\text{工资}\\\text{薪金收入}\end{matrix}+\begin{matrix}\text{劳务}\\\text{报酬收入}\end{matrix}\times(1-20\%)+\begin{matrix}\text{稿酬}\\\text{收入}\end{matrix}\times(1-20\%)\times70\%+\begin{matrix}\text{特许权}\\\text{使用费收入}\end{matrix}\times(1-20\%)-60\,000\text{元}-\begin{matrix}\text{专项}\\\text{扣除}\end{matrix}-\begin{matrix}\text{专项}\\\text{附加扣除}\end{matrix}-\begin{matrix}\text{依法确定的}\\\text{其他扣除}\end{matrix}\right]\times\begin{matrix}\text{适用}\\\text{税率}\end{matrix}-\begin{matrix}\text{速算}\\\text{扣除数}\end{matrix}$$

【例3-6】假定某居民个人纳税人为独生子女，2022年交完社保和住房公积金后共取得税前工资收入20万元，劳务报酬1万元，稿酬1万元。该纳税人有两个小孩且均由其扣除子女教育专项附加，纳税人的父母健在且均已年满60周岁。

要求：计算其当年应纳的个人所得税税额。

（1）$\begin{matrix}\text{全年应纳}\\\text{税所得额}\end{matrix}=200\,000+10\,000\times(1-20\%)+10\,000\times(1-20\%)\times70\%-60\,000-24\,000\times2-3\,000\times12$

$=213\,600-144\,000=69\,600$（元）

（2）应纳税额$=69\,600\times10\%-2\,520=4\,440$（元）

假定已预缴税额4 000元，汇算清缴应纳税额为440元。

居民个人取得综合所得，按年计算个人所得税；有扣缴义务人的，由扣缴义务人按月或者按次预扣预缴税款；需要办理汇算清缴的，应当在取得所得的次年3月1日至6月30日内办理汇算清缴。预扣预缴办法由国务院税务主管部门制定。

（二）非居民个人工资薪金所得、劳务报酬所得、稿酬所得、特许权使用费所得应纳税额的计算

扣缴义务人向非居民个人支付工资薪金所得、劳务报酬所得、稿酬所得、特许权使用费所得时，应当按以下方法按月或者按次（适用表3-4）代扣代缴个人所得税：

1.工资、薪金所得

应纳所得税额=（每月收入额-5 000元/月）×适用税率-速算扣除数

【例3-7】2022年1月，非居民个人汤姆从任职单位（中国的甲公司）取得税前工资薪金收入12 000元。上述收入来源于中国境内，且不享受免税优惠政策。计算汤姆1月份应纳个人所得税。

①汤姆1月份工资薪金所得应纳税所得额=12 000-5 000=7 000（元）

②汤姆1月份工资薪金所得应纳（甲公司应代扣代缴）个人所得税=7 000×10%-210=490（元）

2.劳务报酬所得、稿酬所得、特许权使用费所得

应纳税额=每次收入额×（1-20%）×适用税率-速算扣除数

注意：

稿酬所得应纳税额=每次收入额×（1-20%）×70%×适用税率-速算扣除数

【例 3-8】非居民个人玛丽1月份取得劳务报酬所得20 000元，取得稿酬所得10 000元，上述收入来源于中国境内，且不享受免税优惠政策。计算玛丽1月份应纳的个人所得税。

（1）玛丽1月份劳务报酬所得应纳个人所得税=20 000×（1-20%）×20%-1 410=1 790（元）

（2）玛丽1月份稿酬所得应纳个人所得税=10 000×（1-20%）×70%×10%-210=350（元）

（三）其他分类所得应纳税额的计算

1.经营所得应纳税额的计算

经营所得应纳税额的计算公式为：

应纳税额=（全年收入总额-成本、费用以及损失）×适用税率-速算扣除数

特别说明：由于个体工商户的计税将在项目二详细介绍，此处不再赘述。

取得经营所得的个人，没有综合所得的，计算其每一纳税年度的应纳税所得额时，应当减除费用6万元、专项扣除、专项附加扣除以及依法确定的其他扣除。

2.财产租赁所得的计税

（1）每次（月）收入不超过4 000元，计算公式为：

应纳税所得额=每次（月）收入额-准予扣除项目-修缮费用（以800元为限）-800元

应纳税额=应纳税所得额×20%

（2）每次（月）收入超过4 000元，计算公式为：

应纳税所得额=［每次（月）收入额-准予扣除项目-修缮费用（以800元为限）］×（1-20%）

应纳税额=应纳税所得额×20%

特别说明：个人出租财产取得的财产租赁收入，在计算缴纳个人所得税时，应依次扣除以下费用：

（1）准予扣除项目：主要指财产租赁过程中缴纳的税费。

（2）由纳税人负担的该出租财产实际开支的修缮费用。修缮费的扣除以每次800元为限。一次扣除不完的，准予在下一次继续扣除，直到扣完为止。

（3）税法规定的费用扣除标准。（即定额减除费用800元或定率减除20%的费用）

【例 3-9】某人2022年1月将自有的150平方米的房屋出租，租期1年，每月租金收入1 500元，当年2月份发生修理费500元，计算全年应纳的个人所得税。

2月份应纳税额=（1 500-500-800）×20%=40（元）

全年应纳税额=（1 500-800）×20%×11+40=1 580（元）

3.财产转让所得

财产转让所得以转让财产的收入额减除财产原值和合理费用后的余额为计税依据。计算公式为：

应纳税额=（收入总额-财产原值-合理费用）×20%

特别说明：

（1）财产原值是指：

①有价证券，为买入价以及买入时按照规定缴纳的有关费用；

②建筑物，为建造费或者购进价格以及其他有关费用；

③土地使用权，为取得土地使用权所支付的金额、开发土地的费用以及其他有关费用；

④机器设备、车船，为购进价格、运输费、安装费以及其他有关费用；

⑤其他财产，参照以上方法确定。

纳税义务人未提供完整、准确的财产原值凭证，不能正确计算财产原值的，由主管税务机关核定其财产原值。

（2）合理费用是指卖出财产时按照规定支付的有关费用。

（3）每次收入的确定。“每次”是指以一件财产的所有权一次转让取得的收入为一次。

【例3-10】刘某于2022年8月转让私有住房一套，取得转让收入240 000元。该套住房购进时的原价为200 000元，转让时支付的有关税费为16 000元。计算刘某应纳的个人所得税。

刘某应纳的个人所得税=（240 000-200 000-16 000）×20%=4 800（元）

4.利息、股息、红利和偶然所得

利息、股息、红利和偶然所得应纳税额的计算公式为：

应纳税额=每次收入额×20%

特别说明：利息、股息、红利和偶然所得以每次收入额为应税所得额，不允许扣除任何费用。

【例3-11】张某2022年4月份取得：国债的利息1 200元；取得2016年某省发行的地方政府债券的利息560元；取得某国内上市公司发行的公司债券利息750元。计算张某应纳的个人所得税。

张某取得的各项利息收入应缴纳的个人所得税=750×20%=150（元）

（四）全年一次性奖金及其他奖金应纳税额的计算

居民个人取得全年一次性奖金，其应纳个人所得税的计算见表3-13。

表3-13　居民个人取得全年一次性奖金应纳个人所得税的计税方法

<table>
<tr><th>时间</th><th>计税方法</th><th>纳税方法</th></tr>
<tr><td>2021年
12月31日前</td><td>（1）选择不并入当年综合所得，将全年一次性奖金，除以12个月，按其商数依照综合所得按月换算后的税率表确定适用税率和速算扣除数
（2）也可以选择并入当年综合所得计算纳税</td><td rowspan="2">（1）一个纳税年度内，对每一个纳税人，该计税办法只允许采用一次。
（2）扣缴义务人发放时代扣代缴</td></tr>
<tr><td>2022年
1月1日起</td><td>并入当年综合所得计算缴纳个人所得税</td></tr>
</table>

居民个人综合所得按月换算后的税率表见表3-14。

表3-14　居民个人综合所得按月换算后的税率表

级数	应纳税所得额	税率	速算扣除数
1	不超过3 000元的部分	3%	0
2	超过3 000～12 000元的部分	10%	210
3	超过12 000～25 000元的部分	20%	1 410
4	超过25 000～35 000元的部分	25%	2 660
5	超过35 000～55 000元的部分	30%	4 410
6	超过55 000～80 000元的部分	35%	7 160
7	超过80 000元的部分	45%	15 160

【例3-12】中国居民个人李某2021年在我国境内1—12月每月的税后工资为3 800元，12月31日又一次性领取年终含税奖金60 000元，李某选择不并入当年综合所得，请计算李某取得年终奖金应缴纳的个人所得税。

确定年终奖金适用的税率和速算扣除数：

按12个月分摊后每月的奖金=60 000÷12=5 000（元）

根据综合所得按月换算后的税率表（见表3-14），适用的税率和速算扣除数分别为10%、210元。

年终奖应缴纳个人所得税=60 000×10%-210=6 000-210=5 790（元）

三、个人所得税的减免税

为了鼓励科学发明，支持社会福利、慈善事业和照顾某些纳税人的实际困难，个人所得税法对有关所得项目有免税、减税的规定。

（一）免税规定

根据税法规定，下列项目的个人所得免征个人所得税：

（1）省级人民政府、国务院部委和中国人民解放军军级以上单位，以及外国组织颁发的科学、教育、技术、文化、卫生、体育、环境保护等方面的奖金。

（2）国债和国家发行的金融债券利息。

（3）按照国家统一规定发给的补贴和津贴。这里所说的补贴和津贴，是指按照国务院规定发给的政府特殊津贴和国务院规定免纳个人所得税的补贴、津贴。

（4）福利费、抚恤金、救济金。福利费是指根据国家有关规定，从企业、事业单位、国家机关、社会团体提留的福利费或者工会经费中支付给个人的生活补助费；抚恤金是指国家或组织发给因公受伤或残疾的人员或因公牺牲以及病故人员的家属的费用；救济金是指国家民政部门支付给个人的生活困难补助费。

（5）保险赔款。

（6）军人的转业费、复员费。

（7）按照国家统一规定发给干部、职工的安家费、退职费、退休工资、离休工资、离休生活补助费。

（8）依照我国有关法律规定应予免税的各国驻华使馆、领事馆的外交代表、领事官员和其他人员的所得。

（9）我国政府参加的国际公约以及签订的协议中规定免税的所得。

（10）经国务院财政部门批准免税的所得。

（二）减税规定

根据税法规定，有下列情形之一的，经批准可以减征个人所得税：

（1）残疾、孤老人员和烈属的所得。

（2）因严重自然灾害造成重大损失的。

（3）其他经国务院财政部门批准减税的。

个人所得税减征的幅度和期限由省、自治区、直辖市人民政府规定。

（三）暂免征收个人所得税规定

下列所得，暂免征收个人所得税：

（1）外籍个人以非现金形式或实报实销形式取得的住房补贴、伙食补贴、搬迁费、洗衣费。

（2）外籍个人按合理标准取得的境内、外出差补贴。

（3）外籍个人取得的探亲费、语言训练费、子女教育费等，经当地税务机关审核批准为合理的部分。

（4）个人举报、协查各种违法、犯罪行为而获得的奖金。

（5）个人办理代扣代缴税款手续，按规定取得的扣缴手续费。

（6）个人转让自用达5年以上并且是唯一的家庭居住用房取得的所得。

（7）对达到离休、退休年龄，但确因工作需要，适当延长离休、退休年龄的高级专家（指享受国家发放的政府特殊津贴的专家、学者），其在延长离休、退休期间的工资、薪金所得，视同退休工资、离休工资免征个人所得税。

（8）外籍个人从外商投资企业取得的股息、红利所得。

【育德启智3-1】

薇娅偷逃税案件的启示

2021年12月20日，浙江省杭州市税务局公布了薇娅偷逃税案件的处理结果。网络主播黄薇（薇娅）通过隐匿个人收入、虚构业务转换收入性质进行虚假申报偷逃税款，被依法追缴税款、加收滞纳金并处罚款，共计13.41亿元。该案件是杭州市税务局通过税收大数据分析薇娅可能存在涉嫌偷逃税款行为，在进行全面深入的税务检查后，查明了违法事实。

上述事件中提到的“税收大数据分析”，就是通过金税四期实现的。金税四期上线，更多的财务数据将被税务机关所掌握，实现了从“以票管税”向“以数治税”分类精准监管的转变。

金税四期的快速推进，势必会构建更强大的现代化税收征管系统，实现全国范围内税务管理征收业务的通办，实现“税费”全数据、全业务、全流程“云化”打通，进而为智能办税、智慧监管提供条件和基础。

随着大数据、区块链、云计算等一系列国家新型数字基础设施的构建，税务机关将掌握强大的税收工具。未来企业和个人的财务合规和税务合规将是唯一出路！投机取巧、巧取豪夺、变换名目、虚开虚抵、到处找票等终究纸包不住火，到头来必将是一条死胡同！所有企业、所有个人必须规范做账和依法纳税。

四、个人所得税的申报

个人所得税纳税申报方法有代扣代缴和自行申报纳税两种。

（一）代扣代缴

（1）代扣代缴的范围。其具体包括：工资、薪金所得；劳务报酬所得；稿酬所得；特许权使用费所得；财产租赁所得；财产转让所得；利息、股息、红利所得；偶然所得。

（2）扣缴义务人的法定义务和责任。扣缴义务人的法定义务包括：

第一，扣缴义务人在代扣税款时，必须向纳税人开具税务机关统一印制的代扣代缴税款凭证，并详细注明纳税人姓名、工作单位、家庭住址和居民身份证或护照号码等个人情况。

第二，对工资、薪金所得和利息、股息、红利所得等，因纳税人人数众多，不便一一开具代扣代缴税款凭证的，经主管税务机关同意，可不开具代扣代缴税款凭证，但应通过一定形式告知纳税人已扣缴税款。

第三，纳税人为持有完税依据而向扣缴义务人索取代扣代缴税款凭证的，扣缴义务人不得拒绝。

第四，扣缴义务人应主动向税务机关申领代扣代缴税款凭证，据以向纳税人扣税。非正式扣税凭证，纳税人可以拒收。

扣缴义务人的责任包括：

第一，扣缴义务人的法人代表（或单位主要负责人）、财会部门的负责人及具体办理代扣代缴税款的有关人员，共同对依法履行代扣代缴义务负法律责任。

第二，扣缴义务人有偷税或者抗税行为的，除依法追缴税款外，对情节严重的，还需追究直接责任人的刑事责任。

（3）代扣代缴期限。扣缴义务人按月或者按次预扣预缴税款；需要办理汇算清缴的，应当在取得所得的次年3月1日至6月30日内办理汇算清缴，于次月15日内缴入国库。扣缴义务人首次向纳税人支付所得时，应当按照纳税人提供的纳税人识别号等基础信息，填写“个人所得税基础信息表（A表）”见附表32，并于次月扣缴申报时向税务机关报送。同时，按月或者按次填报“个人所得税扣缴申报表”见附表33。

（4）代扣代缴税款的手续费。税务机关应付给扣缴义务人所扣缴的税款2%的手续费。为了方便扣缴义务人较为便捷规范地申请个人所得税代扣代缴手续费，需要填制附表34“代扣代缴手续费申请表”。

（二）自行申报纳税

（1）个人所得税自行申报的范围。

①纳税人应当依法办理纳税申报的情形：

第一，取得综合所得需要办理汇算清缴的；

第二，取得应纳税所得，没有扣缴义务人的；

第三，取得应纳税所得，扣缴义务人未扣缴税款的；

第四，从中国境外取得所得的；

第五，因移居境外注销中国户籍的；

第六，非居民个人从中国境内两处或者两处以上取得工资、薪金所得的；

第七，国务院规定的其他情形。

②取得综合所得需要办理汇算清缴的情形：

第一，从两处以上取得综合所得，且综合所得年收入额减除专项扣除等的余额超过6万元；

第二，取得劳务报酬所得、稿酬所得、特许权使用费所得中一项或者多项所得，且综合所得年收入额减除专项扣除等的余额超过6万元；

第三，纳税年度内预缴税款低于应纳税额；

第四，纳税人申请退税。

（2）申报纳税的纳税期限。

①居民个人取得综合所得，按年计算个人所得税；有扣缴义务人的，由扣缴义务人按月或者按次预扣预缴税款；需要办理汇算清缴的，应当在取得所得的次年3月1日至6月

30日内办理汇算清缴（对没有取得境外所得的居民个人，为了便于其更好地理解并办理年度汇算清缴，根据不同情况，需要填制“个人所得税年度自行纳税申报表”（见附表35、附表36、附表37））。

②纳税人取得经营所得，按年计算个人所得税，由纳税人在月度或季度终了后15日内向税务机关报送纳税申报表，并预缴所得税，在取得所得的次年3月31日前办理汇算清缴。

③纳税人取得应税所得没有扣缴义务人的，应当在取得所得的次月15日内向税务机关报送纳税申报表，并缴纳税款。

④纳税人取得应税所得，扣缴义务人未扣缴税款的，纳税人应当在取得所得的次年6月30日前缴纳税款；税务机关通知限期缴纳的，纳税人应当按期缴纳税款。

⑤纳税人来源于境外的所得，如在境外以纳税年度计算缴纳个人所得税的，应在所得来源国的纳税年度终了、结清税款后的30日内，向境内主管税务机关申报纳税情况；如在取得境外所得时结清税款的，或者在境外按所得来源国税法规定免予缴纳个人所得税的，应在次年3月1日至6月30日内向境内主管税务机关申报纳税情况。纳税年度内取得境外所得的居民个人，按税法规定进行个人所得税年度自行申报，需填制“个人所得税年度自行纳税申报表（B表）”（见附表38）。同时，办理境外所得纳税申报时，需一并附报“境外所得个人所得税抵免明细表”（见附表39）。

⑥非居民个人在中国境内从两处或两处以上取得工资、薪金所得的，应当在取得所得的次月15日内申报纳税。

⑦纳税人因移居境外注销中国户籍的，应当在注销中国户籍前办理税款清算。

⑧纳税人办理汇算清缴退税或者扣缴义务人为纳税人办理汇算清缴退税，税务机关审核后，按照国库管理的有关规定办理退税。

（3）自行申报纳税的地点。自行申报纳税地点一般应为收入来源地的主管税务机关。纳税人从两处或两处以上取得工资、薪金所得的，可选择并固定在其中一地的税务机关申报纳税；从中国境外取得所得的，应向中国境内户籍所在地或经常居住地的税务机关申报纳税。

（4）申报纳税方式。个人所得税的申报纳税方式主要有三种，即本人直接到税务机关申报纳税，也可以采用远程办税端、邮寄方式在规定的申报期内申报纳税。

●项目二　个体工商户纳税实务

一、个体工商户个人所得税税制要素

（一）纳税人的界定

1.依法取得个体工商户营业执照，从事生产经营的个体工商户；

2.经政府有关部门批准，从事办学、医疗、咨询等有偿服务活动的个人；

3.其他从事个体生产、经营的个人。

（二）征税对象

1.个体工商户从事工业、手工业、建筑业、交通运输业、商业、饮食业、服务业、修理业以及其他行业生产、经营取得的所得；

2.个人经政府有关部门批准，取得执照，从事办学、医疗、咨询以及其他有偿服务活

动取得的所得；

3.其他个人从事个体工商业生产、经营取得的所得；

4.上述个体工商户和个人取得的与生产、经营有关的各项应纳税所得。

（三）税率

个体工商户的经营所得，比照个人所得税法的“经营所得”应税项目，适用5%～35%的五级超额累进税率（见表3-5），计算征收个人所得税。

二、个体工商户个人所得税的计算

（一）个体工商户查账征收方式下个人所得税的计算

个体工商户查账征收方式下个人所得税的计算公式为：

应纳税额=（全年收入总额-成本、费用以及损失）×适用税率-速算扣除数

特别说明：

1.收入总额的计算

个体工商户的收入总额是指个体工商户从事生产、经营以及与生产、经营有关的活动所取得的各项收入，包括商品（产品）销售收入、营运收入、劳务服务收入、工程价款收入、财产出租或转让收入、利息收入、其他业务收入和营业外收入。个体工商户的各项收入应当按权责发生制原则确定。

2.各项成本、费用以及损失的扣除

成本、费用是指纳税义务人从事生产、经营所发生的各项直接支出和分配计入成本的间接费用以及销售费用、管理费用、财务费用；损失是指纳税义务人在生产、经营过程中发生的各项营业外支出。

特别说明：

（1）直接支出。它是指个体工商户在生产经营过程中实际消耗的各种原材料、辅助材料、备品配件、外购半成品、燃料、动力、包装物等直接材料和发生的商品进价成本、运输费、装卸费、包装费、折旧费、修理费、水电费、差旅费、租赁费（不包括融资租赁费）、低值易耗品等以及支付给生产经营从业人员的工资。

（2）销售费用。它是指个体工商户在销售产品、自制半成品和提供劳务过程中发生的各项费用，包括运输费、装卸费、包装费、委托代销手续费、广告费、展览费、销售服务费用以及其他销售费用。

（3）管理费用。它是指个体工商户为管理和组织生产经营活动而发生的各项费用，包括劳动保险费、咨询费、诉讼费、审计费、土地使用费、低值易耗品摊销、无形资产摊销、开办费摊销、无法收回的账款（坏账损失）、业务招待费、缴纳的税金以及其他管理费用。

（4）财务费用。它是指个体工商户为筹集生产、经营资金而发生的各项费用，包括利息净支出、汇兑净损失、金融机构手续费以及筹资中的其他财务费用等。

（5）营业外支出。个体工商户的营业外支出包括固定资产盘亏、报废、毁损和出售的净损失，自然灾害或者意外事故损失，公益救济性捐赠，赔偿金，违约金等。

个体工商户在生产、经营过程中发生与家庭生活混用的费用，由主管税务机关核定分摊比例，据此计算确定的属于生产、经营过程中发生的费用，准予扣除。

3.个体工商户的费用、开办费以及需要摊销费用的扣除

（1）个体工商户业主的费用扣除标准为每年60 000元（5 000元/月），专项附加扣除同样适用；从业人员的工资扣除标准由各省、自治区、直辖市税务机关根据当地实际情况确定，并报国家税务总局备案。个体工商户业主的工资不得扣除。

（2）个体工商户自申请营业执照之日起至开始生产经营之日止所发生的符合有关规定的费用，除为取得固定资产、无形资产的支出以及应计入资产价值的汇兑损益、利息支出外，可作为开办费，并自开始生产经营之日起于不短于5年期限内分期均额扣除。

（3）个体工商户在生产经营过程中的借款利息支出，未超过按中国人民银行规定的同类、同期贷款利率计算的数额部分，准予扣除。

（4）个体工商户购入低值易耗品的支出，原则上一次摊销，但一次性购入价值较大的，应分期摊销。分期摊销的价值标准和期限由各省、自治区、直辖市税务机关确定。

（5）个体工商户购置税控收款机的支出，应在2～5年内分期扣除。具体期限由各省、自治区、直辖市税务机关确定。

（6）个体工商户发生的与生产、经营有关的财产保险、运输保险以及从业人员养老、医疗及其他保险费用支出，按国家有关规定的标准计算扣除。

（7）个体工商户发生的与生产、经营有关的修理费用，可据实扣除。修理费用发生不均衡或数额较大的，应分期扣除。分期扣除标准和期限由各省、自治区、直辖市税务局确定。

4.税金、收费的扣除

个体工商户按规定缴纳的消费税、城市维护建设税、资源税、城镇土地使用税、土地增值税、房产税、车船税、印花税、耕地占用税以及教育费附加等准予扣除。

个体工商户按规定缴纳的工商管理费、个体劳动者协会会费、摊位费按实际发生数扣除。个体工商户缴纳的其他规费，其扣除项目和标准由各省、自治区、直辖市税务机关根据当地实际情况确定。

5.研发费用、汇兑损益、业务招待费的扣除

（1）研发费用的扣除。个体工商户研究开发新产品、新技术、新工艺所发生的开发费用，以及为研究开发新产品、新技术而购置单台价值在10万元以下的测试仪器和试验性装置的购置费准予直接扣除；单台价值在10万元以上（含10万元）的测试仪器和试验性装置，按固定资产管理，不得在当期直接扣除。

（2）汇兑损益的扣除。个体工商户在生产经营过程中发生的以外币结算的往来款项增减变动时，由于汇率变动而发生折合人民币的差额，作为汇兑损益，计入当期所得或在当期扣除。

（3）业务招待费的扣除。个体工商户每一纳税年度发生的与其生产经营业务直接相关的业务招待费支出，按照发生额的60%扣除，但最高不得超过当年销售（营业）收入的5‰。

6.坏账损失扣除与经营亏损的弥补

（1）坏账损失扣除。个体工商户发生的与生产经营有关的无法收回的账款（包括因债务人破产或者死亡，以其破产财产或者遗产清偿后，仍然不能收回的应收账款，或者因债务人逾期未履行还债义务超过3年仍然不能收回的应收账款），应由其提供有效证明，报

经主管税务机关审核后，按实际发生数扣除。上述已予扣除的账款在以后年度收回，应直接作收入处理。

（2）经营亏损的弥补。个体工商户的年度经营亏损，经申报主管税务机关审核后，允许用下一年度的经营所得弥补，下一年度不足弥补的，允许逐年延续弥补，但最长不得超过5年。

7.公益捐赠扣除

个体工商户将其所得通过中国境内的社会团体、国家机关向教育和其他社会公益事业以及遭受严重自然灾害地区、贫困地区的捐赠，捐赠额不超过其应纳税所得额30%的部分可以据实扣除。纳税人直接给受益人的捐赠不得扣除。

8.不得扣除的支出项目

个体工商户的下列支出不得扣除：

（1）个人所得税税款；

（2）税收滞纳金；

（3）罚金、罚款和被没收财物的损失；

（4）不符合扣除规定的捐赠支出；

（5）赞助支出；

（6）用于个人和家庭的支出；

（7）与生产经营无关的其他支出；

（8）业主为本人或为从业人员支付的商业保险费；

（9）个体工商户直接对受益人的捐赠。

9.固定资产的处理

个体工商户在生产经营过程中使用的期限超过1年且单位价值在1 000元以上的房屋、建筑物、机器、设备、运输工具及其他与生产经营有关的设备、工器具等为固定资产。

（1）固定资产按以下方式计价：

①购入的，按实际支付的买价、包装费、运杂费和安装费等计价；

②自行建造的，按建造过程中实际发生的全部支出计价；

③实物投资的，按评估确认或者合同、协议约定的价值计价；

④在原有固定资产基础上进行改扩建的，按账面原价减去改扩建工程中发生的变价收入加上改扩建增加的支出计价；

⑤盘盈的，按同类或类似固定资产的重置完全价值计价；

⑥融资租入的，按照租赁协议或者合同约定的租赁费加运输费、保险费、安装调试费等计价。

（2）个体工商户在生产经营过程中租入固定资产而支付的费用，分别按下列规定处理：

①以融资租赁方式（即出租人和承租人事先约定，在承租人付清最后一笔租金后，该固定资产即归承租人所有）租入固定资产而发生的租赁费，应计入固定资产价值，不得直接扣除。

②以经营租赁方式（即因生产、经营需要临时租入固定资产，租赁期满后，该固定资产应归还出租人）租入固定资产的租赁费，可以据实扣除。

（3）个体工商户在生产经营过程中发生的固定资产和流动资产盘亏及毁损净损失，由个体工商户提供清查盘存资料，经主管税务机关审核后，可以在当期扣除。

（4）个体工商户用于与取得固定资产有关的利息支出，在资产尚未交付使用之前发生的，应计入购建资产的价值，不得作为费用扣除。

（5）下列固定资产允许计提折旧：房屋和建筑物；在用机械设备、仪器仪表；各种工器具；季节性停用和修理停用的设备；以经营方式租出和以融资租赁方式租入的固定资产。

下列固定资产不计提折旧：房屋、建筑物以外的未使用、不需用的固定资产；以经营方式租入的固定资产；已提足折旧继续使用的固定资产。

固定资产在计算折旧前，应当估计残值，从固定资产原价中减除。根据企业所得税法，固定资产的残值由企业合理确定，一经确定不得变更。个体工商户按规定计提的固定资产折旧允许扣除。固定资产折旧年限在不短于规定年限内，可根据不同情况，经主管税务机关审核后执行。企业所得税法按不同种类固定资产分别规定了计算折旧的最低年限：

①房屋、建筑物为20年；

②飞机、火车、轮船、机器、机械和其他生产设备为10年；

③与生产经营活动有关的器具、工具、家具等为5年；

④飞机、火车、轮船以外的运输工具为4年；

⑤电子设备为3年。

固定资产由于特殊原因需要缩短折旧年限的，如受酸、碱等强烈腐蚀的机器设备与简易房屋和建筑物或长年处于震撼、颤动状态的房屋和建筑物，以及技术更新变化快等原因，由个体工商户提出申请，报省级税务机关审核批准后执行。

固定资产折旧按平均年限法和工作量法计算提取。按平均年限法计提固定资产折旧的计算公式如下：

固定资产年折旧率=（1-残值率）÷折旧年限

月折旧率=年折旧率÷12

月折旧额=固定资产原价×月折旧率

按工作量法计提固定资产折旧的计算公式如下：

单位里程（每工作小时）折旧额=（原价-残值）÷总行驶里程（总工作小时）

10.存货和无形资产的处理

（1）存货的处理。个体工商户在生产经营过程中为销售或者耗用而储备的物资为存货，包括各种原材料、辅助材料、燃料、低值易耗品、包装物、在产品、外购商品、自制半成品、产成品等。存货应按实际成本计价。领用或发出存货的核算原则上采用加权平均法。

（2）无形资产的处理。个体工商户在生产经营过程中长期使用但是没有实物形态的可辨认非货币性资产为无形资产，包括专利权、非专利技术、商标权、著作权、场地使用权等。无形资产的计价应当按照取得时的实际成本为准，具体是：

①作为投资的无形资产，以协议、合同规定的合理价格为原价；

②购入的无形资产按实际支付的价款为原价；

③接受捐赠的无形资产，按所附单据或参照同类无形资产市场价格确定原价；

④非专利技术的计价应经法定评估机构评估后确认。

无形资产从开始使用之日起在有效使用期内分期均额扣除。作为投资或受让的无形资产，在法律、合同或协议中规定了使用年限的，可按该使用年限分期扣除；没有规定使用年限或是自行开发的无形资产，扣除期限不得少于10年。

（二）个体工商户定期定额征收方式下个人所得税的计算

个体工商户定期定额征收个人所得税是指税务机关依照法律、行政法规及有关规定，对个体工商户在一定经营地点、一定经营时期、一定经营范围内的应纳税经营额（包括经营数量）或所得额（以下简称定额）进行核定，并以此为计税依据，确定其应纳税额的一种征收方式。

1.税务机关核定个体工商户个人所得税定额的方法

税务机关应当根据定期定额户的经营规模、经营区域、经营内容、行业特点、管理水平等因素核定定额，可以采用下列一种或两种以上的方法核定：

（1）按照耗用的原材料、燃料、动力等推算或者测算核定。

（2）按照成本加合理的费用和利润的方法核定。

（3）按照盘点库存情况推算或者测算核定。

（4）按照发票和相关凭据核定。

（5）按照银行经营账户资金往来情况测算核定。

（6）参照同类行业或类似行业中同规模、同区域纳税人的生产、经营情况核定。

（7）按照其他合理方法核定。

税务机关应当运用现代信息技术手段核定定额，以增强核定工作的规范性和合理性。

2.税务机关核定定额的程序

（1）自行申报。定期定额户要按照税务机关规定的申报期限、申报内容向主管税务机关申报，填写有关申报文书。申报内容应包括经营行业、营业面积、雇用人数和每月经营额、所得额以及税务机关需要的其他申报项目。本项所称的经营额、所得额为预估数。

（2）核定定额。主管税务机关根据定期定额户的自行申报情况，参考典型调查结果，采取规定的核定方法核定定额，并计算应纳税额。

（3）定额公示。主管税务机关应当将核定定额的初步结果进行公示，公示期限为5个工作日。公示地点、范围、形式应当按照便于定期定额户及社会各界了解、监督的原则，由主管税务机关确定。

（4）上级核准。主管税务机关根据公示意见结果修改定额，并将核定情况报经县以上税务机关审核批准后，填制“核定定额通知书”。

（5）下达定额。将“核定定额通知书”送达定期定额户执行。

（6）公布定额。主管税务机关将最终确定的定额和应纳税额情况在原公示范围内进行公布。

【例3-13】王先生是个体工商户业主，采用查账征收方式征收个人所得税。2022年度，其账面总收入为123 000元，总支出为73 000元（包括成本51 000元、费用20 000元、损失2 000元）。税务机关经查账发现，总支出中包括消费税的滞纳金、罚金2 000元，王先生本人的工资20 000元，王先生的家庭支出（孩子学费）5 000元（作为费用扣除），向该村小学运动会赞助1 000元。其中没有包括王先生自己的费用扣除，该省地方税务局规定的个体工商户业主的费用扣除标准为60 000元。根据上述查账结果，王先生2022年度的应纳税额为多少？

（1）王先生作为个体工商户2022年度的总收入为123 000元，没有需要调整的项目，可以作为税法上规定的总收入。

（2）总支出为73 000元，但是，其中有需要调整的项目。

①消费税的滞纳金、罚金2 000元，根据规定，该项支出不能扣除，应当在总支出中减去2 000元。

②王先生本人的工资20 000元，根据规定，该项支出不能扣除。

③王先生的家庭支出（孩子学费）5 000元，根据规定，该项支出不能扣除。

④向该村小学运动会赞助1 000元，根据规定，该项支出不能扣除。

⑤根据规定，总收入中可以扣除个体工商户业主的费用，该个体工商户没有扣除。

调整后的总支出=73 000−2 000−20 000−5 000−1 000+60 000=105 000（元）

（3）应纳税所得额=123 000−105 000=18 000（元）

（4）应纳个人所得税税额=18 000×5%=900（元）

三、个体工商户的纳税申报

（一）纳税申报期限

个体工商户取得的生产、经营所得应纳的税款，按年计算，分月或分季预缴，纳税人在每月终了后15日内办理纳税申报并预缴税款。纳税年度终了后，纳税人在次年的3月31日前进行汇算清缴。

（二）纳税申报地点

个体工商户向实际经营所在地主管税务机关申报纳税。纳税人不得随意变更纳税申报地点，因特殊情况变更纳税申报地点的，须报原主管税务机关备案。

（三）纳税征收方式

个体工商户可以实行查账征收和核定征收两种征收方式，具体方式如下：

1.查账征收

查账征收是由纳税人依法自行申报，经税务机关审核后填开纳税缴款书，再由纳税人自行到指定银行缴纳税款的一种征收方式。这种方式适用于财务会计制度健全、会计核算真实准确，且能够正确计算应纳税额、依法纳税的纳税人，目前应用最为普遍。

2.核定征收

核定征收是指当不能以纳税人的账簿为基础计算其应纳税额时，由税务机关采用特定方法确定其应纳税收入或应纳税额，纳税人据以缴纳税款的一种方式。

个人所得税经营所得纳税申报表（A表）（见附表40），适用于查账征收和核定征收的个体工商户业主、承包承租经营者个人以及其他从事生产、经营活动的个人在中国境内取得经营所得，办理个人所得税预缴纳税申报时，向税务机关报送。

个人所得税经营所得纳税申报表（B表）（见附表41），适用于个体工商户业主、承包承租经营者个人以及其他从事生产、经营活动的个人在中国境内取得经营所得，且实行查账征收的，在办理个人所得税汇算清缴纳税申报时，向税务机关报送。

个人所得税经营所得纳税申报表（C表）（见附表42），适用于个体工商户业主、承包承租经营者个人以及其他从事生产、经营活动的个人在中国境内两处以上取得经营所得，办理合并计算个人所得税的年度汇总纳税申报时，向税务机关报送。

●项目三　个人独资企业和合伙企业投资者纳税实务

一、个人独资企业和合伙企业投资者征收个人所得税税制要素

（一）纳税人的界定

个人独资企业和合伙企业（以下简称企业）是指：

（1）依照我国《个人独资企业法》和《合伙企业法》登记成立的个人独资企业、合伙企业；

（2）依照我国《私营企业暂行条例》登记成立的独资、合伙性质的私营企业；

（3）依照我国《律师法》登记成立的合伙制律师事务所；

（4）经政府有关部门依照法律法规批准成立的负无限责任和无限连带责任的其他个人独资、个人合伙性质的机构或组织；

（5）个人独资企业以投资者为纳税义务人，合伙企业以每一个合伙人为纳税义务人（以下简称投资者）。

（二）征税对象

个人独资企业和合伙企业征收个人所得税的征税对象是指企业从事生产经营以及与生产经营有关的活动所取得的各项所得。

（三）税率

个人独资企业和合伙企业的投资者个人的生产经营所得，比照个人所得税法的“经营所得”应税项目，适用5%～35%的五级超额累进税率（见表3-5），计算征收个人所得税。

二、个人独资企业和合伙企业投资者应纳所得税额的计算方法

（一）一般情况下个人独资企业和合伙企业应纳所得税税额的计算方法

一般情况下个人独资企业和合伙企业应纳所得税税额的计算公式为：

应纳所得税税额=（年度收入总额-成本、费用以及损失）×适用税率-速算扣除数

特别说明：

第一，所谓收入总额，是指企业从事生产经营以及与生产经营有关的活动所取得的各项收入，包括商品（产品）销售收入、营运收入、劳务服务收入、工程价款收入、财产出租或转让收入、利息收入、其他业务收入和营业外收入。

第二，个人独资企业的投资者以全部生产、经营所得为应纳税所得额。合伙企业的投资者按照合伙企业的全部生产、经营所得和合伙协议约定的分配比例确定应纳税所得额；合伙协议没有约定分配比例的，以全部生产、经营所得和合伙人数量平均计算每个投资者的应纳税所得额。

第三，生产、经营所得包括企业分配给投资者个人的所得和企业当年留存的所得（利润）。

（二）查账征收的扣除项目

（1）个人独资企业和合伙企业投资者的生产、经营所得依法计征个人所得税时，应当减除个人独资企业和合伙企业投资者本人的费用60 000元/年，即5 000元/月，以及专项

扣除、专项附加扣除以及依法确定的其他扣除。投资者的工资不得在税前扣除。

（2）投资者及其家庭发生的生活费用不允许在税前扣除。

（3）企业生产经营和投资者及其家庭生活共用的固定资产，难以划分的，由主管税务机关根据企业的生产经营类型、规模等具体情况，核定准予在税前扣除的折旧费用的数额或比例。

（4）企业向其从业人员实际支付的合理的工资、薪金支出，允许在税前扣除。

（5）企业拨缴的工会经费、发生的职工福利费、职工教育经费支出分别在工资薪金总额2%、14%、2.5%的标准内据实扣除。

（6）企业每一纳税年度发生的广告费和业务宣传费用不超过当年销售（营业）收入15%的部分，可据实扣除；超过部分，准予在以后纳税年度结转扣除。

（7）企业每一纳税年度发生的与其生产经营业务直接相关的业务招待费支出，按照发生额的60%扣除，但最高不得超过当年销售（营业）收入的5‰。

（8）企业计提的各种准备金不得扣除。

（9）投资者兴办两个或两个以上企业，并且企业性质全部是独资的，年度终了后，汇算清缴时，应纳税款的计算按以下方法进行：

①应纳税所得额=$\sum$各个企业的经营所得

②应纳税额=应纳税所得额×税率−速算扣除数

③本企业应纳税额=应纳税额×（本企业的经营所得÷$\sum$各企业的经营所得）

④本企业应补缴的税额=本企业应纳税额−本企业预缴的税额

【例3-14】居住在市区的中国居民李某，为一中外合资企业的职员，2022年1—12月份，与4个朋友合伙经营一家酒吧，年底酒吧将30万元（已扣除个人固定费用，无其他专项及专项附加扣除）生产经营所得在合伙人中进行平均分配。

李某分得：300 000÷5=60 000（元）

生产经营所得应缴纳的个人所得税=60 000×10%−1 500=4 500（元）

（三）核定征收应纳税额的计算

核定征收方式包括定额征收、核定应税所得率征收，以及其他合理的征收方式。

1.采取核定征收方式征收个人所得税的主要情形

（1）企业依照国家有关规定应当设置但未设置账簿的；

（2）企业虽设置账簿，但账目混乱或者成本资料、收入凭证、费用凭证残缺不全，难以查账的；

（3）纳税人发生纳税义务，未按照规定的期限办理纳税申报，经税务机关责令限期申报，逾期仍不申报的。

2.采取核定征收方式征收个人所得税的计算

实行核定应税所得率征收方式的，应纳所得税税额的计算公式如下：

应纳所得税税额=应纳税所得额×适用税率

应纳税所得额=收入总额×应税所得率

或　　=成本费用支出额÷（1−应税所得率）×应税所得率

个人所得税应税所得率应按表3-15规定的标准执行。

表3-15 个人所得税应税所得率表

行业	应税所得率
工业、交通运输业、商业	5% ~ 20%
建筑业、房地产开发业	7% ~ 20%
饮食服务业	7% ~ 25%
娱乐业	20% ~ 40%
其他行业	10% ~ 30%

企业经营多项业务的，无论其经营项目是否单独核算，均应根据其主营项目确定其适用的应税所得率。

三、个人独资企业和合伙企业应纳所得税的纳税申报

（一）纳税期限

投资者应纳的个人所得税税款，按年计算，分月或者分季预缴，由投资者在每月或者每季度终了后7日内预缴，年度终了后3个月内汇算清缴，多退少补。

企业在年度中间合并、分立、终止时，投资者应当在停止生产经营之日起60日内，向主管税务机关办理当期个人所得税汇算清缴。

企业在纳税年度的中间开业，或者由于合并、关闭等原因，使该纳税年度的实际经营期不足12个月的，应当以其实际经营期为一个纳税年度。

（二）纳税地点

第一，投资者应向企业实际经营管理所在地主管税务机关申报缴纳个人所得税。

第二，投资者从合伙企业取得的生产经营所得，由合伙企业向企业实际经营管理所在地主管税务机关申报缴纳投资者应纳的个人所得税，并将个人所得税申报表抄送投资者。

第三，投资者兴办两个或两个以上企业的，应分别向企业实际经营管理所在地主管税务机关预缴税款。年度终了后办理汇算清缴时，区别不同情况分别处理：

（1）投资者兴办的企业全部是个人独资性质的，分别向各企业的实际经营管理所在地主管税务机关办理年度纳税申报，并依所有企业的经营所得总额确定适用税率，以本企业的经营所得为基础，计算应缴税款，办理汇算清缴。

（2）投资者兴办的企业中含有合伙性质的，投资者应向经常居住地主管税务机关申报纳税，办理汇算清缴，但经常居住地与其兴办企业的经营管理所在地不一致的，应选定其参与兴办的某一合伙企业的经营管理所在地为办理年度汇算清缴所在地，并在5年内不得变更。5年后需要变更的，须经原主管税务机关批准。

（三）报送资料

投资者在预缴个人所得税时，应向主管税务机关报送“个人所得税经营所得纳税申报表（A表）”（见附表40），并附送会计决算报表。

投资者在中国境内取得经营所得，且实行查账征收的，在办理个人所得税汇算清缴纳税申报时，应当向税务机关报送“个人所得税经营所得纳税申报表（B表）”（见附表41）。

投资者在中国境内两处以上取得经营所得，办理合并计算个人所得税的年度汇总纳税

申报时，应报送汇总从所有企业取得的所得情况的“个人所得税经营所得纳税申报表（C表）”（见附表42）。

●项目四　个人投资理财纳税实务

一、住房投资纳税实务

（一）个人购房纳税实务

个人购房应当缴纳印花税和契税，具体规定如下：

1.印花税

个人购房所签订的合同属于产权转移书据，应当缴纳印花税，税率为0.5‰，应当由买卖双方分别缴纳。

2.契税

在中国境内转让土地、房屋权属，承受的单位和个人为契税的纳税人，应当依法缴纳契税。契税的税率为3%～5%。自2016年2月22日起，对个人购买家庭唯一住房，面积为90平方米及以下的，减按1%的税率征收契税；面积为90平方米以上的，减按1.5%的税率征收契税。对个人购买家庭第二套改善性住房，面积为90平方米及以下的，减按1%的税率征收契税；面积为90平方米以上的，减按2%的税率征收契税。

目前，个人购房契税征、免有以下特殊情况：

（1）城镇职工按规定第一次购买公有住房的，免征契税。

（2）因不可抗力灭失住房而重新购买住房的，酌情准予减征或免征契税。

（3）对因国家征用房产，使用国家给予的房产补偿费新购置的房产，其房产价超出补偿费部分，原则上征税。

（4）对各类公有制单位为解决职工住房而采取集资建房方式建成的普通住房或由单位购买的普通商品住房，经当地县以上人民政府房改部门批准，按照国家房改政策出售给本单位职工的，如属职工首次购房，免征契税。对购买安居房、经济适用房的照章征收契税，不享受减免税待遇。

（5）购房人以按揭、抵押贷款方式购买住房，当其从银行取得抵押凭证时，购房人与原产权人之间的房屋产权转移已完成，契税纳税义务已经发生，必须依法缴纳契税。

【例3-15】刘先生于2021年3月15日在北京购买一套自用的普通住宅（面积为91平方米），这是刘先生第一次购买住宅。住宅的成交价格为1 000 000元。已知适用的契税税率为3%。请问刘先生应当缴纳哪些税？

（1）刘先生应当缴纳印花税和契税。

（2）印花税=1 000 000×0.05%=500（元）

（3）由于刘先生属于个人购买自用普通住宅，可以享受减半征收契税的优惠政策。

应纳契税=1 000 000×3%×50%=15 000（元）

（二）个人出租房产纳税实务

个人出租房产应当缴纳房产税、增值税、城市维护建设税、教育费附加、印花税和个人所得税，具体规定如下：

1.房产税

个人出租非住房，依照房产租金收入计算缴纳房产税的，税率为12%。自2001年1月1日起，对个人按市场价格出租的居民住房，其应缴纳的房产税暂减按4%的税率征收。

2.增值税

（1）出租住房：

应纳税款=含税销售额÷（1+5%）×1.5%

（2）出租非住房：

应纳税款=含税销售额÷（1+5%）×5%

3.城市维护建设税①

4.教育费附加②

5.印花税

个人出租非住房，应当按照租赁合同的0.1%贴花，税额不足1元的按1元贴花；个人出租住房，免征印花税。

6.个人所得税

个人出租房屋的租金收入属于财产租赁所得，适用税率为20%。自2001年1月1日起，对个人出租房屋取得的所得暂减按10%的税率征收个人所得税。

（三）个人销售住房纳税实务

个人销售住房应当缴纳增值税、城市维护建设税、教育费附加、土地增值税、印花税和个人所得税，具体规定如下：

1.增值税

（1）个人销售其取得（不含自建）的不动产（不含其购买的住房），应以取得的全部价款和价外费用减去该项不动产购置原价或者取得不动产时的作价后的余额为销售额，按照5%的征收率计算应纳税额。

（2）个人转让其购买的住房，按照以下规定缴纳增值税：

第一，个人转让其购买的住房，按照有关规定全额缴纳增值税的，以取得的全部价款和价外费用为销售额，按照5%的征收率计算应纳税额。

第二，个人转让其购买的住房，按照有关规定差额缴纳增值税的，以取得的全部价款和价外费用扣除购买住房价款后的余额为销售额，按照5%的征收率计算应纳税额。

（3）其他个人以外的纳税人转让其取得的不动产，应按以下情形计算应向不动产所在地主管税务机关预缴的税款：

第一，以转让不动产取得的全部价款和价外费用作为预缴税款计税依据的，计算公式为：

应预缴税款=全部价款和价外费用÷（1+5%）×5%

第二，以转让不动产取得的全部价款和价外费用扣除不动产购置原价或者取得不动产时的作价后的余额作为预缴税款计税依据的，计算公式为：

应预缴税款=（全部价款和价外费用−不动产购置原价或者取得不动产时的作价）÷（1+5%）×5%

---

① 模块二已详细介绍，此处不再赘述。
② 模块二已详细介绍，此处不再赘述。

2.城市维护建设税[①]

3.教育费附加[②]

4.土地增值税

销售住房属于转让房地产，应当缴纳土地增值税。从2008年11月1日起，对个人销售住房暂免征收土地增值税。关于土地增值税的计算与缴纳，模块二已经介绍，此处不再赘述。

5.印花税

销售住房合同属于产权转移书据，应当按照所载金额的0.5‰贴花。

6.个人所得税

销售住房取得的收入属于财产转让所得，应当依法缴纳个人所得税，适用税率为20%。对住房转让所得征收个人所得税时，以实际成交价格为转让收入。纳税人申报的住房成交价格明显低于市场价格且无正当理由的，征收机关依法有权根据有关信息核定其转让收入，但必须保证各税种计税价格一致。

对转让住房收入计算个人所得税应纳税所得额时，纳税人可凭原购房合同、发票等有效凭证，经税务机关审核后，允许从其转让收入中减除房屋原值、转让住房过程中缴纳的税金及有关合理费用。

特别说明：

（1）房屋原值具体为：

①商品房，房屋原值为购置该房屋时实际支付的房价款及缴纳的相关税费。

②自建住房，房屋原值为实际发生的建造费用及建造和取得产权时实际缴纳的相关税费。

③经济适用房（含集资合作建房、安居工程住房），房屋原值为原购房人实际支付的房价款及相关税费，以及按规定缴纳的土地出让金。

④已购公有住房，房屋原值为原购公有住房标准面积按当地经济适用房价格计算的房价款，加上原购公有住房超标准面积实际支付的房价款以及按规定向财政部门（或原产权单位）缴纳的所得收益及相关税费。

已购公有住房是指城镇职工根据国家和县级（含县级）以上人民政府有关城镇住房制度改革政策的规定，按照成本价（或标准价）购买的公有住房。经济适用房价格按县级（含县级）以上地方人民政府规定的标准确定。

城镇拆迁安置住房，其原值分别为：

第一，房屋拆迁取得货币补偿后购置房屋的，房屋原值为购置该房屋实际支付的房价款及缴纳的相关税费。

第二，房屋拆迁采取产权调换方式的，所调换房屋原值为《房屋拆迁补偿安置协议》注明的价款及缴纳的相关税费。

第三，房屋拆迁采取产权调换方式，被拆迁人除取得所调换房屋，又取得部分货币补偿的，所调换房屋原值为《房屋拆迁补偿安置协议》注明的价款和缴纳的相关税费，减去货币补偿后的余额。

---

① 模块二已详细介绍，此处不再赘述。
② 模块二已详细介绍，此处不再赘述。

第四，房屋拆迁采取产权调换方式，被拆迁人取得所调换房屋外，又支付部分货币的，所调换房屋原值为《房屋拆迁补偿安置协议》注明的价款，加上所支付的货币及缴纳的相关税费。

（2）转让住房过程中缴纳的税金是指纳税人在转让住房时实际缴纳的增值税、城市维护建设税、教育费附加、土地增值税、印花税等税金。

（3）合理费用是指纳税人按照规定实际支付的住房装修费用、住房贷款利息、手续费、公证费等费用。

第一，支付的住房装修费用。纳税人能提供实际支付装修费用的税务统一发票，并且发票上所列付款人姓名与转让房屋产权人一致的，经税务机关审核，其转让的住房在转让前实际发生的装修费用，可在以下规定比例内扣除：

①已购公有住房、经济适用房，最高扣除限额为房屋原值的15%；

②商品房及其他住房，最高扣除限额为房屋原值的10%。

纳税人原购房为装修房，即合同注明房价款中含有装修费（铺装了地板，装配了洁具、厨具等）的，不得再重复扣除装修费用。

第二，支付的住房贷款利息。纳税人出售以按揭贷款方式购置的住房的，其向贷款银行实际支付的住房贷款利息，凭贷款银行出具的有效证明据实扣除。

第三，纳税人按照有关规定实际支付的手续费、公证费等，凭有关部门出具的有效证明据实扣除。

特别说明：对出售自有住房并拟在现住房出售1年内按市场价重新购房的纳税人，其出售现住房所缴纳的个人所得税，先以纳税保证金形式缴纳，再视其重新购房的金额与原住房销售额的关系，全部或部分退还纳税保证金。

对个人转让自用5年以上，并且是家庭唯一生活用房取得的所得，免征个人所得税。

二、个人金融投资纳税实务

（一）存款利息纳税实务

储蓄存款自2008年10月9日（含10月9日）后孳生的利息所得，暂免征收个人所得税。

个人为其子女（或被监护人）接受非义务教育（指九年义务教育之外的全日制高中、大中专、大学本科、硕士和博士研究生）在储蓄机构开立教育储蓄专户，并享受利率优惠的存款，其所取得的利息免征个人所得税。

（二）投资股票纳税实务

个人在证券交易所买卖股票需要缴纳股票交易印花税和个人所得税。

1.印花税

财政部、国家税务总局决定，从2008年9月19日起，对买卖、继承、赠与所书立的A股、B股股权转让书据，对出让方按1‰的税率征收证券（股票）交易印花税。

2.个人所得税

目前，我国对个人转让上市公司股票取得的所得暂免征收个人所得税。个人从公开发行和转让市场取得的上市公司股票，持股期限在1个月以内（含1个月）的，其股息红利所得全额计入应纳税所得额；持股期限在1个月以上至1年（含1年）的，暂减按50%计入应纳税所得额，依据现行税法规定计征个人所得税。股息红利所得个人所得税的税率为

20%。

（三）投资基金纳税实务

个人买卖基金应当缴纳增值税（免）、印花税（免）和个人所得税。

1.增值税

目前，对证券投资基金管理人运用基金买卖股票、债券免征增值税；基金管理费、手续费、投资顾问费及销售服务费应全额按直接收费金融服务6%的税率缴税；基金公司的自营投资业务，按照“金融商品转让”这一规定缴纳。个人和非金融机构买卖基金单位的差价收入不征收增值税。

2.印花税

目前，对投资者（包括个人和机构）买卖基金暂免征收印花税。

3.个人所得税

对个人投资者买卖基金单位获得的差价收入，在对个人买卖股票的差价收入未恢复征收个人所得税以前，暂不征收个人所得税。

对投资者从基金分配中获得的股票的股息、红利收入以及企业债券的利息收入，由上市公司和发行债券的企业在派发股息、红利、利息时代扣代缴20%的个人所得税，基金向个人投资者分配股息、红利、利息时，不再代扣代缴个人所得税。

对投资者从基金分配中获得的国债利息以及买卖股票的差价收入，在国债利息收入以及个人买卖股票的差价收入未恢复征收个人所得税以前，暂不征收个人所得税。对投资者从基金分配中获得的储蓄存款利息，自2007年8月15日以后按照5%的税率代扣代缴个人所得税。

对个人投资者从基金分配中获得的企业债券差价收入，应按税法规定对个人投资者征收20%的个人所得税，税款由基金在分配时依法代扣代缴。

（四）投资保险纳税实务

保险是指投保人根据合同约定，向保险人支付保险费，保险人对于合同约定的可能发生的事故因其发生而造成的财产损失承担赔偿保险金责任，或者当被保险人死亡、伤残和达到合同约定的年龄、期限时承担给付保险金责任的行为。

根据个人所得税法的规定，个人购买保险获得的保险赔款免征个人所得税。因此，个人购买保险所获得的收益是免征个人所得税的。但是，关于分红型保险收益是否免征个人所得税在理论界和实务界还存在争议。在实践中，分红型保险收益一直享受免税待遇。由于分红型保险收益非常类似于银行储蓄存款利息，很多人认为应当按照“利息、股息、红利所得”征收20%的所得税。但目前财政部和国家税务总局尚未就分红型保险收益是否征收个人所得税出台相关规定。而且银行储蓄存款利息自2008年10月9日起暂时免征个人所得税，那么对分红型保险收益征收个人所得税的意义已经不大。因此，分红型保险收益可以认为不需要缴纳个人所得税。

练习题

一、单项选择题

1.下列各项中，属于“财产转让所得”项目范围的是（ ）。

A.退休人员再任职取得的收入

随堂测3

B.员工行权之前将股票期权转让的净收入

C.员工行权之后将股票再转让，获得的高于购买日公平市场价的差额

D.企业高管人员在股票认购权行使前将其股票认购权转让所取得的所得

2.中国公民赵某出版作品集取得稿酬所得20 000元，赵某稿酬所得年末应并入综合所得的收入额为（　　）元。

A.2 240　　B.20 000　　C.11 200　　D.16 000

3.下列关于个人所得税的规定中，表述不正确的是（　　）。

A.劳务报酬属于综合所得之一，汇算清缴时适用3%至45%的五级超额累进税率

B.居民个人工资薪金所得预扣税率适用七级超额累计税率

C.劳务报酬所得以收入减除20%的费用后的余额为收入额

D.财产转让所得属于综合所得之一，适用五级超额累进税率

4.在计算个人所得税时，下列各项中允许税前全额扣除的是（　　）。

A.通过非营利性社会团体向贫困地区的捐赠

B.通过非营利性社会团体向遭受严重自然灾害地区的捐赠

C.用于对关联性科研机构经费的资助

D.经税务机关批准，将稿酬所得用于资助非关联的高等学校研究开发新产品、新技术、新工艺所发生的研究开发经费

5.中国公民李某取得工程设计收入20 000元，从中拿出5 000元，直接捐赠给了农村义务教育，李某就该笔收入应预缴的个人所得税为（　　）。

A.0　　B.1 400元　　C.3 200元　　D.3 800元

6.王某2022年3月因身体原因提前2年退休，企业按照统一标准发放给王某一次性补贴150 000元。王某应就该项一次性补贴缴纳的个人所得税为（　　）元。

A.700　　B.750　　C.780　　D.900

7.个体工商户发生的下列支出中，允许在个人所得税税前扣除的是（　　）。

A.用于家庭的支出　　B.非广告性质赞助支出

C.已缴纳的增值税税款　　D.生产经营过程中发生的财产转让损失

8.韩国居民崔先生受其供职的境外公司委派，来华从事设备安装调试工作，在华停留60天，期间取得境外公司支付的工资40 000元，取得中国体育彩票中奖收入20 000元。崔先生应在中国缴纳个人所得税（　　）元。

A.4 000　　B.5 650　　C.9 650　　D.10 250

9.个人作品以图书、报刊形式出版、发表取得的所得应按（　　）税目计征个人所得税。

A.工资、薪金所得　　B.劳务报酬所得

C.特许权使用费所得　　D.稿酬所得

10.约翰是美国人，2021年7月10日来华工作，2022年5月15日回国，则该纳税人（　　）。

A.2021年度为我国非居民个人，2022年度为我国居民个人

B.2021年度为我国居民个人，2022年度为我国非居民个人

C.2021年度和2022年度均为我国非居民个人

D.2021年度和2022年度均为我国居民个人

11.下列所得，应按“综合所得”缴纳个人所得税的是（　　）。

A.工资、薪金所得　　B.经营所得

C.财产租赁所得　　D.财产转让所得

12.下列补贴中，属于个人所得税“工资、薪金所得”征税范围的是（　　）。

A.独生子女补贴　　B.劳动分红

C.托儿补助费　　D.差旅费津贴、误餐补助

13.下列各项中，应按照特许权使用费所得征收个人所得税的是（　　）。

A.转让债券取得的所得

B.转让住房取得的所得

C.个人将其收藏的已故作家文字作品手稿拍卖取得的所得

D.个人将自己的文字作品手稿拍卖取得的所得

二、多项选择题

1.下列项目中，在计算财产转让所得项目应纳个人所得税时可以扣除的有（　　）。

A.消费税　　B.房产税　　C.增值税　　D.印花税

2.张某在足球世界杯期间参加下列活动所获得的收益中，应当缴纳个人所得税的有（　　）。

A.参加某电商的秒杀活动，以100元购得原价2 000元的足球鞋一双

B.为赴巴西看球，开通手机全球漫游套餐，获赠价值1 500元的手机一部

C.参加某电台举办的世界杯竞猜活动，获得价值6 000元的赴巴西机票一张

D.作为某航空公司金卡会员被邀请参加世界杯抽奖活动，抽得市价2 500元的球衣一套

3.下列关于个人股票期权所得个人所得税的征税方法的相关叙述中，正确的有（　　）。

A.员工将行权后的股票再转让时获得的高于购买日公平市场价的差额，应按照“财产转让所得”适用的征免规定计算缴纳个人所得税

B.个人将行权后的境内上市公司股票再行转让取得的所得，暂不征收个人所得税

C.个人转让境外上市公司的股票而取得的所得，暂不征收个人所得税

D.个人转让境内上市公司的股票而取得的所得，暂不征收个人所得税

4.下列选项中，不应按照“利息、股息、红利所得”项目征收个人所得税的有（　　）。

A.个人取得的企业债券利息

B.合伙企业的个人投资者以企业资金为本人购买住房

C.个人参与商场的抽奖活动抽到的奖金

D.公司职工取得的用于购买企业国有股权的劳动分红

5.根据个人所得税法的规定，个人所得税的纳税义务人包括（　　）。

A.个体工商业主

B.个人独资企业

C.在中国有所得的外籍人员

D.私营企业

6.下列各项所得中，按“工资、薪金所得”缴纳个人所得税的有（　　）。

A.年终一次性奖金

B.退休后再任职取得的收入

C.从事个体出租车运营的出租车驾驶员取得的收入

D.出租汽车经营单位对出租车驾驶员采取单车承包或承租方式运营，出租车驾驶员从事客货营运取得的收入

7.下列关于个人所得来源地的表述中，正确的有（　　）。

A.李先生为我国居民个人，其投资境外A公司，取得股息红利所得，属于来源于中国境内的所得

B.美籍专家为我国甲上市公司提供技术设计，取得甲公司支付的报酬，属于来源于中国境内的所得

C.美籍华人出租在我国境内的房产取得的租金收入，属于来源于中国境内的所得

D.汤姆在我国境内转让其在国外购入的小汽车，属于来源于中国境内的所得

8.下列个人收入，应按照“特许权使用费所得”项目缴纳个人所得税的有（　　）。

A.作家公开拍卖自己的文字作品手稿原件的收入

B.电视剧编剧从电视剧制作中心获得的剧本使用费收入

C.画家公开拍卖自己绘画时使用过的金笔取得的收入

D.作者公开拍卖自己的文字作品复印件的收入

三、判断题

1.根据《个人所得税法》的规定，纳税人从中国境外取得的所得，准予其在应纳税额中据实扣除已在境外缴纳的个人所得税。（　　）

2.个人向社会公益事业以及遭受自然灾害地区、贫困地区捐赠，捐赠额未超过纳税人申报的应纳税所得额30%的部分，可以从其应纳税所得额中扣除。（　　）

3.某个人转让自用达5年以上的家庭生活用房并取得收入20万元，该收入应该免征个人所得税。（　　）

4.根据规定，利息、股息、红利所得，偶然所得，应全额征收个人所得税，不得扣除任何费用。（　　）

5.在两处或两处以上取得工资、薪金所得的，纳税人应当自行申报缴纳个人所得税。（　　）

6.某非居民纳税人来源于中国境内的特许权使用费所得，由于其由境外雇主支付，所以应该免征个人所得税。（　　）

7.某作者的一部中篇小说先在某报刊上连载，取得稿酬收入20 000元；后由某出版社出版，取得稿酬收入24 000元。两次稿酬共计44 000元，一次合并申报缴纳个人所得税。（　　）

四、计算题

1.某个体工商户2022年3月份产品销售收入10万元，为生产应税产品耗用物资3.5万元，支付工人工资1.8万元，销售费用0.6万元，销售税金0.5万元，办公费用0.2万元。

要求：请计算个体工商户当月应纳个人所得税税额。

2.居民李某于2022年某月取得一次性劳务报酬收入28 000元，取得一次性稿酬收入18 000元；同月转让专利取得收入12 000元。上述收入均为税前收入，且均来源于中国境内。

要求：计算李某本月应预扣预缴的个人所得税。

3.2022年甲公司职员李某全年取得工资、薪金收入180 000元。当地规定的社会保险和住房公积金个人缴存比例为：基本养老保险8%，基本医疗保险2%，失业保险0.5%，住房公积金12%。李某缴纳社会保险费核定的缴费工资基数为10 000元。

李某正在偿还首套住房贷款及利息；李某为独生女，其独生子正就读大学3年级；李某父母均已年过60岁。李某夫妻约定由李某扣除住房贷款利息和子女教育专项附加。

要求：计算李某2022年应缴纳的个人所得税税额。

4.2022年1月，非居民个人玛丽从中国的甲公司一次性取得劳务报酬收入30 000元；从某出版社取得稿酬收入10 500元；从中国的乙公司一次性取得特许权使用费收入2 000元。

要求：计算玛丽2022年应缴纳的个人所得税税额。

5.赵华于2022年5月获得房屋出租收入2 000元，获得汽车出租收入1 500元。

要求：计算赵华当月应纳的个人所得税税额。

6. 李某将其在2009年以60万元的价格购买的商铺，在2022年10月通过房屋中介以120 万元卖出，支付相关税费4.95万元以及中介手续费0.3万元。

要求：计算李某转让房屋应纳的个人所得税。

7.李水2021年年底以10 000元现金参加某单位的集资，集资期1年，月息2%，年底视经济效益情况分配红利，2022年年底，集资到期，李水共领本息13 000元，其中，利息2 400元，红利600元。

要求：计算李水应缴纳的个人所得税。

8.王强参加某商场的有奖销售活动，两个月后商场公布了中奖号码，王强发现自己所持奖券中了一等奖，奖品为摩托车、音响等，总价值16 888元。王强去领奖时将音响作价卖给商场，然后将其中3 000元现金通过市民政局捐给该市敬老院。

要求：计算商场应扣缴王强的个人所得税税额。

9.赵某是中国公民，独生子、单身，在甲公司工作。2022年取得工资收入80 000元，在某大学授课取得收入40 000元，出版著作一部，取得稿酬60 000元，转让商标使用权，取得特许权使用费收入20 000元。已知：赵某个人缴纳“三险一金”20 000元，赡养老人支出税法规定的扣除金额为36 000元，假设无其他扣除项目，计算赵某本年应缴纳的个人所得税。

五、实践训练题

1.2022年，林女士每月都从北京市海淀区的A金融公司拿工资。这家金融公司每月支付给林女士的工资情况见表3-16。

表3-16　工资情况表　单位：元

月份	1月	2月	3月	4月	5月	6月	7月	8月	9月	10月	11月	12月	合计
应发工资	16 000	16 000	16 000	16 000	16 000	16 000	16 000	16 000	16 000	16 000	16 000	16 000	192 000
三费一金合计	3 200	3 200	3 200	3 200	3 200	3 200	3 200	3 200	3 200	3 200	3 200	3 200	38 400

要求：如果你是A金融公司的财务主管，如何帮助林女士按月预扣预缴个人所得税？请计算各月所得应纳税额并利用附表所提供材料进行纳税申报。

2. 李杨是经营服装的个体工商户，实行查账征收个人所得税。2022年营业收入20万元，与经营有关的成本10万元，费用2万元，营业外支出0.5万元，已预缴个人所得税1.2万元，于2023年3月8日向主管税务机关办理年度申报。

要求：请你帮助李杨办理个人所得税的纳税申报。

主要参考文献

[1] 中国注册会计师协会. 税法 [M]. 北京：中国财政经济出版社，2023.

[2] 梁文涛. 中国税收：税费计算与申报 [M]. 5版. 北京：中国人民大学出版社，2021.

[3] 张敏.纳税实务 [M]. 7版.北京：高等教育出版社，2023.

[4] 李凤荣，林冬梅，张萌.纳税实务 [M]. 北京：电子工业出版社，2023.

[5] 宣国萍.企业纳税实务 [M]. 4版.北京：高等教育出版社，2023.

[6] 林颖华，郑雪莲.税务会计与纳税申报实务 [M]. 厦门：厦门大学出版社，2023.

附录

税务相关表格及纳税申报表

附表1

变更税务登记表

纳税人名称			纳税人识别号	
变更登记事项				
序号	变更项目	变更前内容	变更后内容	批准机关名称及文件
送缴证件情况：				

纳税人：

经办人：　　　　法定代表人（负责人）：　　　　纳税人（签章）

年　月　日　　　　年　月　日　　　　年　月　日

经办税务机关审核意见：

经办人：　　　　负责人：　　　　税务机关（签章）

年　月　日　　　　年　月　日　　　　年　月　日

注：1.涉及变更税务登记证件正、副本所载内容的，要重新换发税务登记证件。

2.本表内、外资企业通用。

附表2

停业复业（提前复业）报告书

填表日期：　　年　　月　　日

<table>
<tr><td rowspan="2">纳税人
基本情况</td><td colspan="2">纳税人名称</td><td colspan="3">纳税人识别号</td><td colspan="2">经营地点</td></tr>
<tr><td colspan="2"></td><td colspan="3"></td><td colspan="2"></td></tr>
<tr><td>停业
期限</td><td colspan="3"></td><td>复业
时间</td><td colspan="3"></td></tr>
<tr><td rowspan="4">缴回
发票
情况</td><td>种类</td><td>号码</td><td>本数</td><td rowspan="4">领回
发票
情况</td><td>种类</td><td>号码</td><td>本数</td></tr>
<tr><td></td><td></td><td></td><td></td><td></td><td></td></tr>
<tr><td></td><td></td><td></td><td></td><td></td><td></td></tr>
<tr><td></td><td></td><td></td><td></td><td></td><td></td></tr>
<tr><td rowspan="2">缴存税务
资料情况</td><td>发票
领购簿</td><td>税务
登记证</td><td>其他资料</td><td rowspan="2">领用税务
资料情况</td><td>发票领购簿</td><td>税务
登记证</td><td>其他资料</td></tr>
<tr><td>是（否）</td><td>是（否）</td><td>是（否）</td><td>是（否）</td><td>是（否）</td><td>是（否）</td></tr>
<tr><td rowspan="2">结清税款
情况</td><td>应纳税款</td><td>滞纳金</td><td>罚款</td><td rowspan="2">停业期是
（否）纳税</td><td>已缴
应纳税款</td><td>已缴
滞纳金</td><td>已缴罚款</td></tr>
<tr><td>是（否）</td><td>是（否）</td><td>是（否）</td><td>是（否）</td><td>是（否）</td><td>是（否）</td></tr>
<tr><td colspan="8">纳税人（签章）：
年　月　日</td></tr>
<tr><td>税务
机关
复核</td><td colspan="2">经办人：
年　月　日</td><td colspan="3">负责人：
年　月　日</td><td colspan="2">税务机关（签章）
年　月　日</td></tr>
</table>

注：1.申请提前复业的纳税人在表头“提前复业”字样上划钩。

2.已缴还或领用税务资料的纳税人，在“是”字上划钩，未缴还或未领用税务资料的纳税人，在“否”字上划钩。

3.纳税人在停业期间有义务缴纳税款的，在“停业期是（否）纳税”项目的“是”字上划钩，然后填写后面内容；没有纳税义务的，在“停业期是（否）纳税”项目的“否”字上划钩，后面内容不用填写。

附表3

停业申请审批表

纳税人税务登记证号：□□□□□□□□□□□□□□□□□□

计算机代码：□□□□□□□□□□□□□□□□□□

纳税人名称：

<table>
<tr><td>停业原因</td><td colspan="6"></td></tr>
<tr><td>批准
机构及文号</td><td colspan="2"></td><td colspan="2">预计停业期限</td><td colspan="2"></td></tr>
<tr><td>有关税务事项
是否均已结清</td><td colspan="3"></td><td colspan="3">企业盖章：
年 月 日</td></tr>
<tr><td colspan="7">以下由税务机关填写</td></tr>
<tr><td>结算清缴税款</td><td colspan="6"></td></tr>
<tr><td rowspan="4">清 缴
发 票</td><td colspan="2">购领发票种类</td><td></td><td></td><td></td><td></td></tr>
<tr><td colspan="2">购领发票数量</td><td></td><td></td><td></td><td></td></tr>
<tr><td colspan="2">已使用发票数量</td><td></td><td></td><td></td><td></td></tr>
<tr><td colspan="2">结存发票数量</td><td></td><td></td><td></td><td></td></tr>
<tr><td rowspan="2">封存税务机关
发放的证件</td><td>种类</td><td>税务登记证</td><td colspan="2">税务登记证副本</td><td>发票购领本</td><td>其他有关证件</td></tr>
<tr><td></td><td></td><td colspan="2"></td><td></td><td></td></tr>
<tr><td>核 准 停
业 期 限</td><td colspan="6"></td></tr>
<tr><td colspan="3" rowspan="2">税务机关审核意见：

经办人：　　负责人：　　年 月 日</td><td rowspan="2">批
准
意
见</td><td colspan="3">税务登记机关意见：

年 月 日</td></tr>
<tr><td colspan="3">主管税务机关盖章：

年 月 日</td></tr>
</table>

注：1.本表适用于定期定额的个体工商户及账簿不健全的小型工商企业。

2.本表一式三份，税务机关审核后，交纳税人一份。

附表 4

复业单证领取表

<table>
<tr><td>纳税人名称</td><td colspan="3"></td></tr>
<tr><td>纳税人识别号</td><td></td><td>纳税人编码</td><td></td></tr>
<tr><td rowspan="4">领取单证</td><td>名称</td><td>单位</td><td>数量</td></tr>
<tr><td>税务登记证正本</td><td>份</td><td></td></tr>
<tr><td>税务登记证副本</td><td>份</td><td></td></tr>
<tr><td></td><td></td><td></td></tr>
<tr><td colspan="4">领取人签章：

纳税人（盖章）
年 月 日</td></tr>
<tr><td colspan="4">税务机关经办人签章：

税务机关（盖章）
年 月 日</td></tr>
</table>

填表须知：

1.本表依据《税务登记管理办法》的有关规定设置；

2.适用范围：实行定期定额征收方式的个体工商户（下称“双定户”）向主管地方税务机关办理复业时使用；

3.告知事项：（1）双定户应当于恢复生产经营或提前恢复生产经营前，持填写的《复业单证领取表》，向主管地方税务机关领回并启用税务登记证件、发票领购簿及其停业前领购的发票；

（2）本表一式两份，主管地方税务机关留存一份，双定户留存一份。

附表5

车辆购置税纳税申报表

填表日期：　　年　月　日　　　　　　　　　　　　　　　　　　　　　　金额单位：元

<table>
<tr><td>纳税人名称</td><td colspan="2"></td><td>申报类型</td><td colspan="2">□征税□免税□减税</td></tr>
<tr><td>证件名称</td><td colspan="2"></td><td>证件号码</td><td colspan="2"></td></tr>
<tr><td>联系电话</td><td colspan="2"></td><td>地址</td><td colspan="2"></td></tr>
<tr><td>合格证编号（或货物进口证明书号）</td><td colspan="2"></td><td>车辆识别代码/车架号</td><td colspan="2"></td></tr>
<tr><td>厂牌型号</td><td colspan="5"></td></tr>
<tr><td>排量（CC）</td><td colspan="2"></td><td>机动车销售统一发票代码</td><td colspan="2"></td></tr>
<tr><td>机动车销售统一发票号码</td><td colspan="2"></td><td>不含税价</td><td colspan="2"></td></tr>
<tr><td colspan="4">海关进口关税专用缴款书（进出口货物征免税证明）号码</td><td colspan="2"></td></tr>
<tr><td>关税完税价格</td><td></td><td>关税</td><td></td><td>消费税</td><td></td></tr>
<tr><td>其他有效凭证名称</td><td></td><td>其他有效凭证号码</td><td></td><td>其他有效凭证价格</td><td></td></tr>
<tr><td>购置日期</td><td></td><td>申报计税价格</td><td></td><td>申报免（减）税条件或者代码</td><td></td></tr>
<tr><td>是否办理车辆登记</td><td></td><td>车辆拟登记地点</td><td colspan="3"></td></tr>
<tr><td colspan="6">纳税人声明：
本纳税申报表是根据国家税收法律法规及相关规定填报的，我确定它是真实的、可靠的、完整的。
纳税人（签名或盖章）：</td></tr>
<tr><td colspan="6">委托声明：
现委托（姓名）______（证件号码）__________办理车辆购置税涉税事宜，提供的凭证、资料是真实、可靠、完整的。任何与本申报表有关的往来文件，都可交予此人。
委托人（签名或盖章）：　　　被委托人（签名或盖章）：</td></tr>
</table>

<table>
<tr><td colspan="6">以下由税务机关填写</td></tr>
<tr><td colspan="2">免（减）税条件代码</td><td colspan="4"></td></tr>
<tr><td>计税价格</td><td>税率</td><td>应纳税额</td><td>免（减）税额</td><td>实纳税额</td><td>滞纳金金额</td></tr>
<tr><td></td><td></td><td></td><td></td><td></td><td></td></tr>
<tr><td colspan="2">受理人：
年　月　日</td><td colspan="2">复核人（适用于免、减税申报）：
年　月　日</td><td colspan="2">主管税务机关（章）</td></tr>
</table>

附表6

财产和行为税纳税申报表

纳税人识别号（统一社会信用代码）：□□□□□□□□□□□□□□□□□□

纳税人名称：　　　　　　　　　　　　　　　　　　　　金额单位：人民币元（列至角分）

序号	税种	税目	税款所属期起	税款所属期止	计税依据	税率	应纳税额	减免税额	已缴税额	应补（退）税额
1										
2										
3										
4										
5										
6										
7										
8										
9										
10										
11	合计	–	–	–	–	–				

声明：此表是根据国家税收法律法规及相关规定填写的，本人（单位）对填报内容（及附带资料）的真实性、可靠性、完整性负责。

纳税人（签章）：　　年　月　日

经办人： 经办人身份证号： 代理机构签章： 代理机构统一社会信用代码：	受理人： 受理税务机关（章）： 受理日期：　　年　月　日

填表说明：

1.本表适用于申报城镇土地使用税、房产税、契税、耕地占用税、土地增值税、印花税、车船税、烟叶税、环境保护税、资源税。

2.本表根据各税种税源明细表自动生成，申报前需填写税源明细表。

3.本表包含一张附表“财产和行为税减免税明细申报附表”。

4.纳税人识别号（统一社会信用代码）：填写税务机关核发的纳税人识别号或有关部门核发的统一社会信用代码。纳税人名称：填写营业执照、税务登记证等证件载明的纳税人名称。

5.税种：税种名称，多个税种的，可增加行次。

6.税目：税目名称，多个税目的，可增加行次。

7.税款所属期起：纳税人申报相应税种所属期的起始时间，填写具体的年、月、日。

8.税款所属期止：纳税人申报相应税种所属期的终止时间，填写具体的年、月、日。

9.计税依据：计算税款的依据。

10.税率：适用的税率。

11.应纳税额：纳税人本期应当缴纳的税额。

12.减免税额：纳税人本期享受的减免税金额，等于减免税附表中该税种的减免税额小计。

13.已缴税额：纳税人本期应纳税额中已经缴纳的部分。

14.应补（退）税额：纳税人本期实际需要缴纳的税额。应补（退）税额=应纳税额-减免税额-已缴税额。

附表7

财产和行为税减免税明细申报附表

纳税人识别号（统一社会信用代码）：□□□□□□□□□□□□□□□□□□

纳税人名称：

金额单位：人民币元（列至角分）

本期是否适用增值税小规模纳税人减征政策		□是 □否	本期适用增值税小规模纳税人减征政策起始时间		年　月
			本期适用增值税小规模纳税人减征政策终止时间		年　月
合计减免税额					
城镇土地使用税					
序号	土地编号	税款所属期起	税款所属期止	减免性质代码和项目名称	减免税额
1					
2					
小计	—			—	
房产税					
序号	房产编号	税款所属期起	税款所属期止	减免性质代码和项目名称	减免税额
1					
2					
小计	—			—	
车船税					
序号	车辆识别代码/船舶识别码	税款所属期起	税款所属期止	减免性质代码和项目名称	减免税额
1					
2					
小计	—			—	
印花税					
序号	税目	税款所属期起	税款所属期止	减免性质代码和项目名称	减免税额
1					
2					
小计	—			—	

续表

资源税

序号	税目	子目	税款所属期起	税款所属期止	减免性质代码和项目名称	减免税额
1						
2						
小计	—	—			—	

耕地占用税

序号	税源编号	税款所属期起	税款所属期止	减免性质代码和项目名称	减免税额
1					
2					
小计	—			—	

契税

序号	税源编号	税款所属期起	税款所属期止	减免性质代码和项目名称	减免税额
1					
2					
小计	—			—	

土地增值税

序号	项目编号	税款所属期起	税款所属期止	减免性质代码和项目名称	减免税额
1					
2					
小计	—			—	

环境保护税

序号	税源编号	污染物类别	污染物名称	税款所属期起	税款所属期止	减免性质代码和项目名称	减免税额
1							
2							
小计	—	—	—			—	

续表

<table>
<tr><td colspan="2">声明：此表是根据国家税收法律法规及相关规定填写的，本人（单位）对填报内容（及附带资料）的真实性、可靠性、完整性负责。
纳税人（签章）：　年　月　日</td></tr>
<tr><td>经办人：
经办人身份证号：
代理机构签章：
代理机构统一社会信用代码：</td><td>受理人：
受理税务机关（章）：
受理日期：　年　月　日</td></tr>
</table>

填表说明：

1.本表为“财产和行为税纳税申报表”的附表，适用于申报城镇土地使用税、房产税、契税、耕地占用税、土地增值税、印花税、车船税、环境保护税、资源税的减免税。

2.纳税人识别号（统一社会信用代码）：填写税务机关核发的纳税人识别号或有关部门核发的统一社会信用代码。纳税人名称：填写营业执照、税务登记证等证件载明的纳税人名称。

3.适用增值税小规模纳税人减征政策的，需填写“本期是否适用增值税小规模纳税人减征政策”“本期适用增值税小规模纳税人减征政策起始时间”“本期适用增值税小规模纳税人减征政策终止时间”。其余项目根据各税种税源明细表自动生成，减免税申报前需填写税源明细表。

4.本期是否适用增值税小规模纳税人减征政策：适用增值税小规模纳税人减征政策的，填写本项。纳税人在税款所属期内适用增值税小规模纳税人减征政策的，勾选“是”；否则，勾选“否”。纳税人自增值税一般纳税人按规定转登记为小规模纳税人的，自成为小规模纳税人的当月起适用减征优惠。增值税小规模纳税人按规定登记为一般纳税人的，自一般纳税人生效之日起不再适用减征优惠；增值税年应税销售额超过小规模纳税人标准应当登记为一般纳税人而未登记，经税务机关通知，逾期仍不办理登记的，自逾期次月起不再适用减征优惠。

5.本期适用增值税小规模纳税人减征政策起始时间：适用增值税小规模纳税人减征政策的，填写本项。如果税款所属期内纳税人一直为增值税小规模纳税人，填写税款所属期起始月份；如果税款所属期内纳税人由增值税一般纳税人转登记为增值税小规模纳税人，填写成为增值税小规模纳税人的月份。

6.本期适用增值税小规模纳税人减征政策终止时间：适用增值税小规模纳税人减征政策的，填写本项。如果税款所属期内纳税人一直为增值税小规模纳税人，填写税款所属期终止月份，如同时存在多个税款所属期，则填写最晚的税款所属期终止月份；如果税款所属期内纳税人由增值税小规模纳税人登记为增值税一般纳税人，填写增值税一般纳税人生效之日上月；经税务机关通知，逾期仍不办理增值税一般纳税人登记的，自逾期次月起不再适用减征优惠，填写逾期当月所在的月份。

7.税款所属期起：指纳税人申报相应税种所属期的起始时间，具体到年、月、日。

8.税款所属期止：指纳税人申报相应税种所属期的终止时间，具体到年、月、日。

9.减免性质代码和项目名称：按照税务机关最新制发的减免税政策代码表中最细项减免项目名称填写。

10.减免税额：减免税项目对应的减免税金额。

附表 8

增值税及附加税费申报表

（一般纳税人适用）

根据国家税收法律法规及增值税相关规定制定本表。纳税人不论有无销售额，均应按税务机关核定的纳税期限填写本表，并向当地税务机关申报。

税款所属时间：自　　年　月　日至　　年　月　日

填表日期：　　年　月　日　　　　　　　　　　　　　金额单位：元（列至角分）

纳税人识别号（统一社会信用代码）：□□□□□□□□□□□□□□□□□□□□□□□□□□□□　所属行业：

纳税人名称:		法定代表人姓名		注册地址		生产经营地址	
开户银行及账号			登记注册类型			电话号码	

项　目		栏次	一般项目		即征即退项目	
			本月数	本年累计	本月数	本年累计
销售额	（一）按适用税率计税销售额	1				
	其中：应税货物销售额	2				
	应税劳务销售额	3				
	纳税检查调整的销售额	4				
	（二）按简易办法计税销售额	5				
	其中：纳税检查调整的销售额	6				
	（三）免、抵、退办法出口销售额	7			—	—
	（四）免税销售额	8			—	—
	其中：免税货物销售额	9			—	—
	免税劳务销售额	10			—	—
税款计算	销项税额	11				
	进项税额	12				
	上期留抵税额	13				—
	进项税额转出	14				
	免、抵、退应退税额	15			—	—
	按适用税率计算的纳税检查应补缴税额	16			—	—
	应抵扣税额合计	17=12+13-14-15+16		—		—
	实际抵扣税额	18（如 17<11，则为 17，否则为 11）				
	应纳税额	19=11-18				
	期末留抵税额	20=17-18				—
	简易计税办法计算的应纳税额	21				
	按简易计税办法计算的纳税检查应补缴税额	22			—	—
	应纳税额减征额	23				
	应纳税额合计	24=19+21-23				
税款缴纳	期初未缴税额（多缴为负数）	25				
	实收出口开具专用缴款书退税额	26			—	—
	本期已缴税额	27=28+29+30+31				
	①分次预缴税额	28		—		—
	②出口开具专用缴款书预缴税额	29		—	—	—
	③本期缴纳上期应纳税额	30				
	④本期缴纳欠缴税额	31				
	期末未缴税额（多缴为负数）	32=24+25+26-27				
	其中：欠缴税额（≥0）	33=25+26-27		—		—
	本期应补（退）税额	34=24-28-29		—		—
	即征即退实际退税额	35	—	—		
	期初未缴查补税额	36			—	—
	本期入库查补税额	37			—	—
	期末未缴查补税额	38=16+22+36-37			—	—
附加税费	城市维护建设税本期应补（退）税额	39			—	—
	教育费附加本期应补（退）费额	40			—	—
	地方教育附加本期应补(退)费额	41			—	—

声明：此表是根据国家税收法律法规及相关规定填写的，本人(单位)对填报内容(及附带资料)的真实性、可靠性、完整性负责。

纳税人(签章)：　　年　月　日

经办人： 经办人身份证号： 代理机构签章： 代理机构统一社会信用代码：	受理人： 受理税务机关(章)： 受理日期：　　年　月　日

附表 9

增值税及附加税费申报表附列资料（一）

（本期销售情况明细）

税款所属时间：　　年　月　日至　　年　月　日

纳税人名称：（公章）　　　　　　　　　　　　　　　　　　　　金额单位：元（列至角分）

项目及栏次				开具增值税专用发票		开具其他发票		未开具发票		纳税检查调整		合计			服务、不动产和无形资产扣除项目本期实际扣除金额	扣除后	
				销售额	销项(应纳)税额	销售额	销项(应纳)税额	销售额	销项(应纳)税额	销售额	销项(应纳)税额	销售额	销项(应纳)税额	价税合计		含税(免税)销售额	销项(应纳)税额
				1	2	3	4	5	6	7	8	9=1+3+5+7	10=2+4+6+8	11=9+10	12	13=11-12	14=13÷(100%+税率或征收率)×税率或征收率
一、一般计税方法计税	全部征税项目	13%税率的货物及加工修理修配劳务	1											—	—	—	—
		13%税率的服务、不动产和无形资产	2														
		9%税率的货物及加工修理修配劳务	3											—	—	—	—
		9%税率的服务、不动产和无形资产	4														
		6%税率	5														
	其中：即征即退项目	即征即退货物及加工修理修配劳务	6	—	—	—	—	—	—	—	—			—	—	—	—
		即征即退服务、不动产和无形资产	7	—	—	—	—	—	—	—	—						
二、简易计税方法计税	全部征税项目	6%征收率	8							—	—			—	—	—	—
		5%征收率的货物及加工修理修配劳务	9a							—	—			—	—	—	—
		5%征收率的服务、不动产和无形资产	9b							—	—						
		4%征收率	10							—	—			—	—	—	—
		3%征收率的货物及加工修理修配劳务	11							—	—			—	—	—	—
		3%征收率的服务、不动产和无形资产	12							—	—						
		预征率　%	13a							—	—						
		预征率　%	13b							—	—						
		预征率　%	13c							—	—						
	其中：即征即退项目	即征即退货物及加工修理修配劳务	14	—	—	—	—	—	—	—	—			—	—	—	—
		即征即退服务、不动产和无形资产	15	—	—	—	—	—	—	—	—						
三、免抵退税		货物及加工修理修配劳务	16	—	—		—		—	—	—		—	—	—	—	—
		服务、不动产和无形资产	17	—	—		—		—	—	—		—				—
四、免税		货物及加工修理修配劳务	18				—		—	—	—		—	—	—	—	—
		服务、不动产和无形资产	19	—	—		—		—	—	—		—				—

附表 10

增值税及附加税费申报表附列资料（二）

（本期进项税额明细）

税款所属时间：　　年　月　日至　　年　月　日

纳税人名称：（公章）　　　　　　　　　　　　金额单位：元（列至角分）

一、申报抵扣的进项税额

项目	栏次	份数	金额	税额
（一）认证相符的增值税专用发票	1=2+3			
其中：本期认证相符且本期申报抵扣	2			
前期认证相符且本期申报抵扣	3			
（二）其他扣税凭证	4=5+6+7+8a+8b			
其中：海关进口增值税专用缴款书	5			
农产品收购发票或者销售发票	6			
代扣代缴税收缴款凭证	7		—	
加计扣除农产品进项税额	8a	—	—	
其他	8b			
（三）本期用于购建不动产的扣税凭证	9			
（四）本期用于抵扣的旅客运输服务扣税凭证	10			
（五）外贸企业进项税额抵扣证明	11	—	—	
当期申报抵扣进项税额合计	12=1+4+11			

二、进项税额转出额

项目	栏次	税额
本期进项税额转出额	13=14至23之和	
其中：免税项目用	14	
集体福利、个人消费	15	
非正常损失	16	
简易计税方法征税项目用	17	
免抵退税办法不得抵扣的进项税额	18	
纳税检查调减进项税额	19	
红字专用发票信息表注明的进项税额	20	
上期留抵税额抵减欠税	21	
上期留抵税额退税	22	
异常凭证转出进项税额	23a	
其他应作进项税额转出的情形	23b	

三、待抵扣进项税额

项目	栏次	份数	金额	税额
（一）认证相符的增值税专用发票	24	—	—	—
期初已认证相符但未申报抵扣	25			
本期认证相符且本期未申报抵扣	26			
期末已认证相符但未申报抵扣	27			
其中：按照税法规定不允许抵扣	28			
（二）其他扣税凭证	29=30至33之和			
其中：海关进口增值税专用缴款书	30			
农产品收购发票或者销售发票	31			
代扣代缴税收缴款凭证	32		—	
其他	33			
	34			

四、其他

项目	栏次	份数	金额	税额
本期认证相符的增值税专用发票	35			
代扣代缴税额	36	—	—	

附表 11

增值税及附加税费申报表附列资料（三）

（服务、不动产和无形资产扣除项目明细）

税款所属时间：　　年　月　日至　　年　月　日

纳税人名称：（公章）　　　　　　金额单位：元（列至角分）

项目及栏次		本期服务、不动产和无形资产价税合计额（免税销售额）	服务、不动产和无形资产扣除项目				
			期初余额	本期发生额	本期应扣除金额	本期实际扣除金额	期末余额
		1	2	3	4=2+3	5(5≤1 且 5≤4)	6=4−5
13% 税率的项目	1						
9% 税率的项目	2						
6% 税率的项目(不含金融商品转让)	3						
6% 税率的金融商品转让项目	4						
5% 征收率的项目	5						
3% 征收率的项目	6						
免抵退税的项目	7						
免税的项目	8						

附表 12

增值税及附加税费申报表附列资料（四）

（税额抵减情况表）

税款所属时间：　　年　月　日至　　年　月　日

纳税人名称：（公章）　　　　　　　　　　　　金额单位：元（列至角分）

一、税额抵减情况							
序号	抵减项目	期初余额	本期发生额	本期应抵减税额	本期实际抵减税额	期末余额	
		1	2	3=1+2	4≤3	5=3-4	
1	增值税税控系统专用设备费及技术维护费						
2	分支机构预征缴纳税款						
3	建筑服务预征缴纳税款						
4	销售不动产预征缴纳税款						
5	出租不动产预征缴纳税款						
二、加计抵减情况							
序号	加计抵减项目	期初余额	本期发生额	本期调减额	本期可抵减额	本期实际抵减额	期末余额
		1	2	3	4=1+2-3	5	6=4-5
6	一般项目加计抵减额计算						
7	即征即退项目加计抵减额计算						
8	合计						

附表 13

增值税及附加税费申报表附列资料（五）

（附加税费情况表）

税（费）款所属时间：　　年　月　日至　　年　月　日

纳税人名称：(公章)　　　　　　　　　　　　　　　　　　　　　　　　金额单位：元（列至角分）

<table>
<tr><td colspan="5" rowspan="2">本期是否适用小微企业“六税两费”减免政策</td><td colspan="2" rowspan="2">□是 □否</td><td colspan="2">减免政策适用主体</td><td colspan="6">□个体工商户　□小型微利企业</td></tr>
<tr><td colspan="2">适用减免政策起止时间</td><td colspan="6">年　月至　　年　月</td></tr>
<tr><td colspan="2" rowspan="3">税（费）种</td><td colspan="3">计税（费）依据</td><td rowspan="2">税（费）率（%）</td><td rowspan="2">本期应纳税（费）额</td><td colspan="2">本期减免税（费）额</td><td colspan="2">小微企业“六税两费”减免政策</td><td colspan="2">试点建设培育产教融合型企业</td><td rowspan="2">本期已缴税（费）额</td><td rowspan="2">本期应补（退）税（费）额</td></tr>
<tr><td>增值税税额</td><td>增值税免抵税额</td><td>留抵退税本期扣除额</td><td>减免性质代码</td><td>减免税（费）额</td><td>减征比例（%）</td><td>减征额</td><td>减免性质代码</td><td>本期抵免金额</td></tr>
<tr><td>1</td><td>2</td><td>3</td><td>4</td><td>5=（1+2−3）×4</td><td>6</td><td>7</td><td>8</td><td>9=（5−7）×8</td><td>10</td><td>11</td><td>12</td><td>13=5−7−9−11−12</td></tr>
<tr><td>城市维护建设税</td><td>1</td><td></td><td></td><td></td><td></td><td></td><td></td><td></td><td></td><td></td><td>——</td><td>——</td><td></td><td></td></tr>
<tr><td>教育费附加</td><td>2</td><td></td><td></td><td></td><td></td><td></td><td></td><td></td><td></td><td></td><td></td><td></td><td></td><td></td></tr>
<tr><td>地方教育附加</td><td>3</td><td></td><td></td><td></td><td></td><td></td><td></td><td></td><td></td><td></td><td></td><td></td><td></td><td></td></tr>
<tr><td>合计</td><td>4</td><td>——</td><td>——</td><td>——</td><td>——</td><td></td><td></td><td></td><td>——</td><td></td><td>——</td><td></td><td></td><td></td></tr>
<tr><td colspan="5" rowspan="3">本期是否适用试点建设培育产教融合型企业抵免政策</td><td rowspan="3">□是 □否</td><td colspan="6">当期新增投资额</td><td>5</td><td colspan="2"></td></tr>
<tr><td colspan="6">上期留抵可抵免金额</td><td>6</td><td colspan="2"></td></tr>
<tr><td colspan="6">结转下期可抵免金额</td><td>7</td><td colspan="2"></td></tr>
<tr><td colspan="6" rowspan="3">可用于扣除的增值税留抵退税额使用情况</td><td colspan="6">当期新增可用于扣除的留抵退税额</td><td>8</td><td colspan="2"></td></tr>
<tr><td colspan="6">上期结存可用于扣除的留抵退税额</td><td>9</td><td colspan="2"></td></tr>
<tr><td colspan="6">结转下期可用于扣除的留抵退税额</td><td>10</td><td colspan="2"></td></tr>
</table>

附表 14

增值税减免税申报明细表

税款所属时间：自　　年　月　日至　　年　月　日

纳税人名称：（公章）　　　　金额单位：元（列至角分）

一、减税项目						
减税性质代码及名称	栏次	期初余额	本期发生额	本期应抵减税额	本期实际抵减税额	期末余额
		1	2	3=1+2	4≤3	5=3-4
合计	1					
	2					
	3					
	4					
	5					
	6					
二、免税项目						
免税性质代码及名称	栏次	免征增值税项目销售额	免税销售额扣除项目本期实际扣除金额	扣除后免税销售额	免税销售额对应的进项税额	免税额
		1	2	3=1-2	4	5
合 计	7					
出口免税	8		—	—	—	
其中：跨境服务	9		—	—	—	
	10				—	
	11				—	
	12				—	
	13				—	
	14				—	
	15				—	
	16				—	

附表 15

增值税及附加税费预缴表

税款所属时间：　　年　月　日至　　年　月　日

纳税人识别号（统一社会信用代码）：□□□□□□□□□□□□□□□□□□□□　　是否适用一般计税方法是□　否□

纳税人名称：　　金额单位：元（列至角分）

项目编号：　　项目名称：

项目地址

<table>
<tr><td colspan="2" rowspan="2">预征项目和栏次</td><td>销售额</td><td>扣除金额</td><td>预征率</td><td colspan="2">预征税额</td></tr>
<tr><td>1</td><td>2</td><td>3</td><td colspan="2">4</td></tr>
<tr><td>建筑服务</td><td>1</td><td></td><td></td><td></td><td colspan="2"></td></tr>
<tr><td>销售不动产</td><td>2</td><td></td><td></td><td></td><td colspan="2"></td></tr>
<tr><td>出租不动产</td><td>3</td><td></td><td></td><td></td><td colspan="2"></td></tr>
<tr><td></td><td>4</td><td></td><td></td><td></td><td colspan="2"></td></tr>
<tr><td></td><td>5</td><td></td><td></td><td></td><td colspan="2"></td></tr>
<tr><td>合计</td><td>6</td><td></td><td></td><td></td><td colspan="2"></td></tr>
<tr><td colspan="7">附加税费</td></tr>
<tr><td colspan="2">城市维护建设税实际预缴税额</td><td></td><td>教育费附加实际预缴费额</td><td></td><td>地方教育附加实际预缴费额</td><td></td></tr>
<tr><td colspan="7">声明：此表是根据国家税收法律法规及相关规定填写的，本人（单位）对填报内容（及附带资料）的真实性、可靠性、完整性负责。
纳税人(签章)：　　年　月　日</td></tr>
<tr><td colspan="4">经办人：
经办人身份证号：
代理机构签章：
代理机构统一社会信用代码：</td><td colspan="3">受理人：
受理税务机关（章）：
受理日期：　　年　月　日</td></tr>
</table>

附表 16

增值税及附加税费预缴表附列资料

（附加税费情况表）

税（费）款所属时间：　　年　月　日至　　年　月　日

纳税人名称：(公章)　　　　　　　　　　　　　　　　　　　　　金额单位：元（列至角分）

本期是否适用小微企业“六税两费”减免政策				□是 □否	减免政策适用主体	增值税小规模纳税人：□是 □否		
						增值税一般纳税人：□个体工商户 □小型微利企业		
					适用减免政策起止时间	年　月　至　　年　月		
税（费）种	计税（费）依据	税（费）率（%）	本期应纳税（费）额	本期减免税（费）额	小微企业“六税两费”减征政策			本期实际预缴税（费）额
	增值税预缴税额			减免性质代码	减免税（费）额	减征比例（%）	减征额	
	1	2	3=1×2	4	5	6	7=（3-5）×6	8=3-5-7
城市维护建设税								
教育费附加								
地方教育附加								
合计	—	—			—	—	—	

附表 17

增值税及附加税费申报表

（小规模纳税人适用）

纳税人识别号（统一社会信用代码）：□□□□□□□□□□□□□□□□□□□□

纳税人名称：

税款所属期：　年　月　日至　年　月　日

金额单位：元（列至角分）

填表日期：　年　月　日

	项　目	栏次	本期数		本年累计	
			货物及劳务	服务、不动产和无形资产	货物及劳务	服务、不动产和无形资产
一、计税依据	（一）应征增值税不含税销售额（3%征收率）	1				
	增值税专用发票不含税销售额	2				
	其他增值税发票不含税销售额	3				
	（二）应征增值税不含税销售额（5%征收率）	4	—		—	
	增值税专用发票不含税销售额	5	—		—	
	其他增值税发票不含税销售额	6	—		—	
	（三）销售使用过的固定资产不含税销售额	7（7≥8）		—		—
	其中：其他增值税发票不含税销售额	8		—		—
	（四）免税销售额	9=10+11+12				
	其中：小微企业免税销售额	10				
	未达起征点销售额	11				
	其他免税销售额	12				
	（五）出口免税销售额	13（13≥14）				
	其中：其他增值税发票不含税销售额	14				
二、税款计算	本期应纳税额	15				
	本期应纳税额减征额	16				
	本期免税额	17				
	其中：小微企业免税额	18				
	未达起征点免税额	19				
	应纳税额合计	20=15-16				
	本期预缴税额	21			—	—
	本期应补（退）税额	22=20-21			—	—
三、附加税费	城市维护建设税本期应补（退）税额	23				
	教育费附加本期应补（退）费额	24				
	地方教育附加本期应补（退）费额	25				

声明：此表是根据国家税收法律法规及相关规定填写的，本人（单位）对填报内容（及附带资料）的真实性、可靠性、完整性负责。

纳税人（签章）：　年　月　日

经办人： 经办人身份证号： 代理机构签章： 代理机构统一社会信用代码：	受理人： 受理税务机关（章）： 受理日期：　年　月　日

附表18

增值税及附加税费申报表（小规模纳税人适用）附列资料（一）

（服务、不动产和无形资产扣除项目明细）

税款所属期：　年　月　日至　年　月　日　　　　填表日期：　年　月　日

纳税人名称:（公章）　　　　金额单位：元（列至角分）

应税行为(3%征收率)扣除额计算			
期初余额	本期发生额	本期扣除额	期末余额
1	2	3(3≤1+2之和，且3≤5)	4=1+2−3
应税行为(3%征收率)计税销售额计算			
全部含税收入(适用3%征收率)	本期扣除额	含税销售额	不含税销售额
5	6=3	7=5−6	8=7÷1.03
应税行为(5%征收率)扣除额计算			
期初余额	本期发生额	本期扣除额	期末余额
9	10	11(11≤9+10之和，且11≤13)	12=9+10−11
应税行为(5%征收率)计税销售额计算			
全部含税收入(适用5%征收率)	本期扣除额	含税销售额	不含税销售额
13	14=11	15=13−14	16=15÷1.05

附表 19

增值税及附加税费申报表（小规模纳税人适用）附列资料（二）

（附加税费情况表）

税（费）款所属时间：　年　月　日至　年　月　日

纳税人名称：（公章）　　　　金额单位：元（列至角分）

税(费)种	计税(费)依据	税(费)率(%)	本期应纳税(费)额	本期减免税(费)额		增值税小规模纳税人"六税两费"减征政策		本期已缴税(费)额	本期应补(退)税(费)额
	增值税税额			减免性质代码	减免税(费)额	减征比例(%)	减征额		
	1	2	3=1×2	4	5	6	7=(3−5)×6	8	9=3−5−7−8
城市维护建设税									
教育费附加									
地方教育附加									
合计	—	—		—		—			

附表20

消费税及附加税费申报表

税款所属期：自　　年　月　日至　　年　月　日

纳税人识别号（统一社会信用代码）：□□□□□□□□□□□□□□□□□□□□□□□□□

纳税人名称：　　　　　　　　　　　　　　　　　　　　　　　金额单位：人民币元（列至角分）

项目 应税消费品名称	适用税率		计量单位	本期销售数量	本期销售额	本期应纳税额
	定额税率	比例税率				
	1	2	3	4	5	6=1×4+2×5
合计	—	—	—	—	—	

	栏次	本期税费额
本期减（免）税额	7	
期初留抵税额	8	
本期准予扣除税额	9	
本期应扣除税额	10=8+9	
本期实际扣除税额	11［10<（6-7），则为10，否则为6-7］	
期末留抵税额	12=10-11	
本期预缴税额	13	
本期应补（退）税额	14=6-7-11-13	
城市维护建设税本期应补（退）税额	15	
教育费附加本期应补（退）费额	16	
地方教育附加本期应补（退）费额	17	

声明：此表是根据国家税收法律法规及相关规定填写的，本人（单位）对填报内容（及附带资料）的真实性、可靠性、完整性负责。

纳税人（签章）：　　　　年　月　日

经办人： 经办人身份证号： 代理机构签章： 代理机构统一社会信用代码：	受理人： 受理税务机关（章）： 受理日期：　　年　月　日

附表21

本期准予扣除税额计算表

金额单位：元（列至角分）

准予扣除项目 \ 应税消费品名称							合计
一、本期准予扣除的委托加工应税消费品已纳税款计算		期初库存委托加工应税消费品已纳税款	1				
		本期收回委托加工应税消费品已纳税款	2				
		期末库存委托加工应税消费品已纳税款	3				
		本期领用不准予扣除委托加工应税消费品已纳税款	4				
		本期准予扣除委托加工应税消费品已纳税款	5=1+2-3-4				
二、本期准予扣除的外购应税消费品已纳税款计算	（一）从价计税	期初库存外购应税消费品买价	6				
		本期购进应税消费品买价	7				
		期末库存外购应税消费品买价	8				
		本期领用不准予扣除外购应税消费品买价	9				
		适用税率	10				
		本期准予扣除外购应税消费品已纳税款	11=（6+7-8-9）×10				
	（二）从量计税	期初库存外购应税消费品数量	12				
		本期外购应税消费品数量	13				
		期末库存外购应税消费品数量	14				
		本期领用不准予扣除外购应税消费品数量	15				
		适用税率	16				
		计量单位	17				
		本期准予扣除的外购应税消费品已纳税款	18=（12+13-14-15）×16				
三、本期准予扣除税款合计			19=5+11+18				

附表22

本期准予扣除税额计算表
（成品油消费税纳税人适用）

金额单位：元（列至角分）

一、扣除税额及库存计算

扣除油品类别	上期库存数量	本期外购入库数量	委托加工收回连续生产数量	本期准予扣除数量	本期准予扣除税额	本期领用未用于连续生产不准予扣除数量	期末库存数量
1	2	3	4	5=3+4	6	7	8=2+3+4-5-7
汽 油							
柴 油							
石脑油							
润滑油							
燃料油							
合计							

二、润滑油基础油（废矿物油）和变性燃料乙醇领用存

产品名称	上期库存数量	本期入库数量	本期生产领用数量	期末库存数量
1	2	3	4	5=2+3-4
润滑油基础油（废矿物油）				
变性燃料乙醇				

附表23

本期减（免）税额明细表

金额单位：元（列至角分）

项目 应税消费品名称	减（免）性质代码	减（免）项目名称	减（免）税销售额	适用税率（从价定率）	减（免）税销售数量	适用税率（从量定额）	减（免）税额
1	2	3	4	5	6	7	8=4×5+6×7
出口免税	—	—		—		—	—
合　计	—	—	—	—	—	—	

“本期减（免）税额明细表”填表说明

一、本表由符合消费税减免税政策规定的纳税人填报。本表不含暂缓征收的项目。未发生减（免）消费税业务的纳税人和受托方不填报本表。

二、本表第1栏“应税消费品名称”：填写按照税法规定的减征、免征应税消费品的名称。

三、本表第2栏“减（免）性质代码”：根据国家税务总局最新发布的减（免）性质代码，填写减征、免征应税消费品对应的减（免）性质代码。

四、本表第3栏“减（免）项目名称”：根据国家税务总局最新发布的减（免）项目名称，填写减征、免征应税消费品对应的减（免）项目名称。

五、本表第4栏“减（免）税销售额”：填写本期应当申报减征、免征消费税的应税消费品销售金额，适用不同税率的应税消费品，其减（免）金额应区分不同税率分栏填写。

六、本表第6栏“减（免）税销售数量”：填写本期应当申报减征、免征消费税的应税消费品销售数量，适用不同税率的应税消费品，其减（免）数量应区分不同税率分栏填写。计量单位应与主表一致。

七、本表第5、7栏“适用税率”栏：填写按照税法规定的减征、免征应税消费品的适用税率。

八、本表第8栏“减（免）税额”栏：填写本期按适用税率计算的减征、免征消费税额。同一税款所属期内同一应税消费品适用多档税率的，应分别按照适用税率计算减（免）税额。

九、本表第8栏“减（免）税额”的“合计”栏：填写本期减征、免征消费税额的合计数。该栏数值应与当期主表“本期减（免）税额”栏数值一致。

十、本表“出口免税”栏：填写纳税人本期按照税法规定的出口免征消费税的销售额、销售数量，不填写减（免）性质代码。

十一、本表为A4竖式，一式两份，一份纳税人留存，一份税务机关留存。

附表24

本期委托加工收回情况报告表

金额单位：元（列至角分）

一、委托加工收回应税消费品代收代缴税款情况

应税消费品名称	商品和服务税收分类编码	委托加工收回应税消费品数量	委托加工收回应税消费品计税价格	适用税率		受托方已代收代缴的税款	受托方（扣缴义务人）名称	受托方（扣缴义务人）识别号	税收缴款书（代扣代收专用）号码	税收缴款书（代扣代收专用）开具日期
				定额税率	比例税率					
1	2	3	4	5	6	7=3×5+4×6	8	9	10	11

二、委托加工收回应税消费品领用存情况

应税消费品名称	商品和服务税收分类编码	上期库存数量	本期委托加工收回入库数量	本期委托加工收回直接销售数量	本期委托加工收回用于连续生产数量	本期结存数量
1	2	3	4	5	6	7=3+4−5−6

附表 25

卷烟批发企业月份销售明细清单

（卷烟批发环节消费税纳税人适用）

卷烟条包装商品条码	卷烟牌号规格	卷烟类别	卷烟类型	销售价格	销售数量	销售额	备注
1	2	3	4	5	6	7	8

“卷烟批发企业月份销售明细清单（卷烟批发环节消费税纳税人适用）”填表说明

一、本表由卷烟批发环节消费税纳税人填报，于办理消费税纳税申报时一并报送。

二、本表第 2 栏“卷烟牌号规格”名称为经国家烟草专卖局批准生产的卷烟牌号规格。

三、本表第 3 栏“卷烟类别”为国家烟草专卖局划分的卷烟类别，即一类卷烟、二类卷烟、三类卷烟、四类卷烟和五类卷烟。

四、本表第 4 栏“卷烟类型”为国产卷烟、进口卷烟、罚没卷烟、其他。

五、本表第 5 栏“销售价格”为卷烟批发企业向零售单位销售卷烟的实际价格，不含增值税。计量单位为“元/条（200 支）”，非标准条包装的卷烟应折算成标准条卷烟价格。

六、本表第 6 栏“销量数量”为卷烟批发企业向零售单位销售卷烟的数量。计量单位为“万支”。

七、本表第 7 栏“销售额”为卷烟批发企业向零售单位销售卷烟的实际销售额，不含增值税。计量单位为“元”。

八、本表为 A4 横式，仅报送电子文件，本表所有数字小数点后保留两位。

附表26

卷烟生产企业合作生产卷烟消费税情况报告表

（卷烟生产环节消费税纳税人适用）

品牌输出方		品牌输入方		卷烟条包装商品条码	卷烟牌号规格	销量	销售价格	销售额	品牌输入方已缴纳税款
企业名称	统一社会信用代码	企业名称	统一社会信用代码						
1	2	3	4	5	6	7	8	9	10
合计							—		

“卷烟生产企业合作生产卷烟消费税情况报告表（卷烟生产环节消费税纳税人适用）”填表说明

一、本表由卷烟生产环节消费税纳税人填报，未发生合作生产卷烟业务的纳税人不填报本表。

二、本表第1栏“企业名称”：填写品牌输出方卷烟生产企业名称。

三、本表第2栏“统一社会信用代码”：填写品牌输出方卷烟生产企业的统一社会信用代码。

四、本表第3栏“企业名称”：填写品牌输入方卷烟生产企业名称。

五、本表第4栏 “统一社会信用代码”：填写品牌输入方卷烟生产企业的统一社会信用代码。

六、本表第6栏“卷烟牌号规格”：填写经国家烟草专卖局批准生产的卷烟牌号规格。

七、本表第8栏“销售价格”为品牌输入方卷烟生产企业销售卷烟的实际价格，不含增值税。计量单位为“元/条（200支）”，非标准条包装的卷烟应折算成标准条卷烟价格。

八、本表第9栏“销售额”：填写品牌输入方卷烟生产企业销售卷烟额，不含增值税。计量单位为“元”。

九、本表第10栏 “品牌输入方已缴纳税款”：由品牌输入方卷烟生产企业填写。

十、本表为A4横式，所有数字小数点后保留两位。一式两份，一份纳税人留存，一份税务机关留存。

附表 27

消费税附加税费计算表

金额单位：元（列至角分）

税（费）种	计税（费）依据	税（费）率（征收率）（%）	本期应纳税（费）额	本期减免税（费）额		本期是否适用增值税小规模纳税人“六税两费”减征政策		本期已缴税（费）额	本期应补（退）税（费）额
						□是 □否			
	消费税税额			减免性质代码	减免税（费）额	减征比例（%）	减征额		
	1	2	3=1×2	4	5	6	7=（3-5）×6	8	9=3-5-7-8
城市维护建设税									
教育费附加									
地方教育附加									
合计	—	—		—		—			

附表28

A200000　　中华人民共和国企业所得税月（季）度预缴纳税申报表（A类）

税款所属期间：　　年　月　日至　　年　月　日

纳税人识别号（统一社会信用代码）：□□□□□□□□□□□□□□□□□□□□□□

纳税人名称：　　　　　　　　　　　　　　　　金额单位：人民币元（列至角分）

优惠及附报事项有关信息									
项　目	一季度		二季度		三季度		四季度		季度平均值
	季初	季末	季初	季末	季初	季末	季初	季末	
从业人数									
资产总额（万元）									
国家限制或禁止行业	□是□否				小型微利企业				□是□否
	附报事项名称								金额或选项
事项1	（填写特定事项名称）								
事项2	（填写特定事项名称）								

	预缴税款计算	本年累计
1	营业收入	
2	营业成本	
3	利润总额	
4	加：特定业务计算的应纳税所得额	
5	减：不征税收入	
6	减：资产加速折旧、摊销（扣除）调减额（填写A201020）	
7	减：免税收入、减计收入、加计扣除（7.1+7.2+…）	
7.1	（填写优惠事项名称）	
7.2	（填写优惠事项名称）	
8	减：所得减免（8.1+8.2+…）	
8.1	（填写优惠事项名称）	
8.2	（填写优惠事项名称）	
9	减：弥补以前年度亏损	
10	实际利润额（3+4-5-6-7-8-9）\按照上一纳税年度应纳税所得额平均额确定的应纳税所得额	

续表

	预缴税款计算		本年累计
11	税率(25%)		
12	应纳所得税额（10×11）		
13	减：减免所得税额（13.1+13.2+…）		
13.1	（填写优惠事项名称）		
13.2	（填写优惠事项名称）		
14	减：本年实际已缴纳所得税额		
15	减：特定业务预缴（征）所得税额		
16	本期应补（退）所得税额（12-13-14-15）\税务机关确定的本期应纳所得税额		
	汇总纳税企业总分机构税款计算		
17	总机构	总机构本期分摊应补（退）所得税额（18+19+20）	
18	总机构	其中：总机构分摊应补（退）所得税额（16×总机构分摊比例____%）	
19	总机构	财政集中分配应补（退）所得税额（16×财政集中分配比例____%）	
20	总机构	总机构具有主体生产经营职能的部门分摊所得税额（16×全部分支机构分摊比例__%×总机构具有主体生产经营职能部门分摊比例____%）	
21	分支机构	分支机构本期分摊比例	
22	分支机构	分支机构本期分摊应补（退）所得税额	
	实际缴纳企业所得税计算		
23	减：民族自治地区企业所得税地方分享部分： □免征 □减征：减征幅度____%	本年累计应减免金额［（12-13-15）×40%×减征幅度］	
24	实际应补（退）所得税额		

谨声明：本纳税申报表是根据国家税收法律法规及相关规定填报的，是真实的、可靠的、完整的。

纳税人（签章）：　　　　年　　月　　日

经办人： 经办人身份证号： 代理机构签章： 代理机构统一社会信用代码：	受理人： 受理税务机关（章）： 受理日期：　　年　　月　　日

国家税务总局监制

附表 29

B100000 中华人民共和国企业所得税月（季）度预缴和年度纳税申报表（B类）

税款所属期间： 年 月 日至 年 月 日

纳税人识别号（统一社会信用代码）：□□□□□□□□□□□□□□□□□□□□

纳税人名称： 金额单位：人民币元（列至角分）

核定征收方式	□核定应税所得率（能核算收入总额的） □核定应税所得率（能核算成本费用总额的） □核定应纳所得税额

按季度填报信息									
项目	一季度		二季度		三季度		四季度		季度平均值
	季初	季末	季初	季末	季初	季末	季初	季末	
从业人数									
资产总额（万元）									
国家限制或禁止行业	□是 □否				小型微利企业		□是 □否		

按年度填报信息			
从业人数（填写平均值）		资产总额（填写平均值，单位：万元）	
国家限制或禁止行业	□是 □否	小型微利企业	□是 □否

行次	项目	本年累计金额
1	收入总额	
2	减：不征税收入	
3	减：免税收入（4+5+10+11）	
4	国债利息收入免征企业所得税	
5	符合条件的居民企业之间的股息、红利等权益性投资收益免征企业所得税（6+7.1+7.2+8+9）	
6	其中：一般股息红利等权益性投资收益免征企业所得税	
7.1	通过沪港通投资且连续持有H股满12个月取得的股息红利所得免征企业所得税	
7.2	通过深港通投资且连续持有H股满12个月取得的股息红利所得免征企业所得税	
8	居民企业持有创新企业CDR取得的股息红利所得免征企业所得税	
9	符合条件的居民企业之间属于股息、红利性质的永续债利息收入免征企业所得税	
10	投资者从证券投资基金分配中取得的收入免征企业所得税	
11	取得的地方政府债券利息收入免征企业所得税	
12	应税收入额（1-2-3）\成本费用总额	
13	税务机关核定的应税所得率（%）	
14	应纳税所得额（第12×13行）\[第12行÷（1-第13行）×第13行]	
15	税率（25%）	
16	应纳所得税额（14×15）	
17	减：符合条件的小型微利企业减免企业所得税	
18	减：实际已缴纳所得税额	
L19	减：符合条件的小型微利企业延缓缴纳所得税额（是否延缓缴纳所得税 □是 □否）	
19	本期应补（退）所得税额（16-17-18-L19）\税务机关核定本期应纳所得税额	
20	民族自治地方的自治机关对本民族自治地方的企业应缴纳的企业所得税中属于地方分享的部分减征或免征（□免征 □减征：减征幅度__%）	
21	本期实际应补（退）所得税额	

谨声明：本纳税申报表是根据国家税收法律法规及相关规定填报的，是真实的、可靠的、完整的。

纳税人（签章）： 年 月 日

经办人： 经办人身份证号： 代理机构签章： 代理机构统一社会信用代码：	受理人： 受理税务机关（章）： 受理日期： 年 月 日

国家税务总局监制

附表30

中华人民共和国扣缴企业所得税报告表

○法定源泉扣缴申报　○指定扣缴申报　○自行申报　金额单位：人民币元（列至角分）

扣缴义务人基本信息					
纳税人识别号(统一社会信用代码)：□□□□□□□□□□□□□□□□□□□□□□□□□□					
名称	中文：		外文：		
地址	中文：		外文：		
联系人		联系方式		邮政编码	
纳税人基本信息					
纳税人识别号(统一社会信用代码)：□□□□□□□□□□□□□□□□□□□□□□□□□□					
境外成立地代码		境外成立地纳税人识别号			
境内名称	中文：		外文：		
在境外成立地法定名称	中文：		外文：		
在境外成立地地址	中文：		外文：		
申报所得类型及代码					
联系人		联系方式		邮政编码	
法定源泉扣缴和自行申报情况					
合同名称		合同编号			

合同执行起始时间		合同执行终止时间		合同总金额		币种	

扣缴义务发生时间：○支付，支付日期：　年　月　日　○到期应支付

行次	项目			依法申报数据
1	本次申报收入	人民币金额		
2		外币	名称	
3			金额	
4			汇率	
5			折算人民币金额5=3×4	
6		收入合计6=1+5		
7	应纳税所得额的计算	扣除额		
8		应纳税所得额8=6-7		
9	应纳企业所得税额的计算	适用税率(10%)		
10		应缴纳的企业所得税额10=8×9		
11		减免企业所得税额11=12+13		
12		其中：享受协定待遇	项目______(减免性质代码)	
13		享受国内税收优惠	项目______(减免性质代码)	
14		实际应缴纳的企业所得税额14=10-11		

主管税务机关指定扣缴情况		
指定扣缴文书编号		税款计算方法：○按核定利润率计算，核定利润率水平：____% ○其他
扣缴义务发生时间：○支付　支付日期：　年　月　日　支付金额(人民币)：　元　○其他		
本次扣缴税款金额(人民币)		

声明：此表是根据国家税收法律法规及相关规定填写的，对填报内容(及附带资料)的真实性、可靠性、完整性负责。

纳税人或扣缴义务人(签章)：　年　月　日

经办人签字： 经办人身份证件号码： 代理机构签章： 代理机构统一社会信用代码：	受理人： 受理税务机关(章)： 受理日期：　年　月　日

国家税务总局监制

附表31

企业所得税汇总纳税分支机构所得税分配表

税款所属期间：　　年　月　日至　　年　月　日

总机构名称（盖章）：

总机构统一社会信用代码（纳税人识别号）：　　　　　　　　　　　　　　金额单位：元（列至角分）

<table>
<tr><td colspan="2">应纳所得税额</td><td>总机构分摊所得税额</td><td colspan="3">总机构财政集中分配所得税额</td><td colspan="2">分支机构分摊所得税额</td></tr>
<tr><td colspan="2"></td><td></td><td colspan="3"></td><td colspan="2"></td></tr>
<tr><td rowspan="19">分支机构情况</td><td rowspan="2">分支机构统一社会信用代码（纳税人识别号）</td><td rowspan="2">分支机构名称</td><td colspan="3">三项因素</td><td rowspan="2">分配比例</td><td rowspan="2">分配所得税额</td></tr>
<tr><td>营业收入</td><td>职工薪酬</td><td>资产总额</td></tr>
<tr><td></td><td></td><td></td><td></td><td></td><td></td><td></td></tr>
<tr><td></td><td></td><td></td><td></td><td></td><td></td><td></td></tr>
<tr><td></td><td></td><td></td><td></td><td></td><td></td><td></td></tr>
<tr><td></td><td></td><td></td><td></td><td></td><td></td><td></td></tr>
<tr><td></td><td></td><td></td><td></td><td></td><td></td><td></td></tr>
<tr><td></td><td></td><td></td><td></td><td></td><td></td><td></td></tr>
<tr><td></td><td></td><td></td><td></td><td></td><td></td><td></td></tr>
<tr><td></td><td></td><td></td><td></td><td></td><td></td><td></td></tr>
<tr><td></td><td></td><td></td><td></td><td></td><td></td><td></td></tr>
<tr><td></td><td></td><td></td><td></td><td></td><td></td><td></td></tr>
<tr><td></td><td></td><td></td><td></td><td></td><td></td><td></td></tr>
<tr><td></td><td></td><td></td><td></td><td></td><td></td><td></td></tr>
<tr><td></td><td></td><td></td><td></td><td></td><td></td><td></td></tr>
<tr><td></td><td></td><td></td><td></td><td></td><td></td><td></td></tr>
<tr><td></td><td></td><td></td><td></td><td></td><td></td><td></td></tr>
<tr><td colspan="2">合计</td><td></td><td></td><td></td><td></td><td></td></tr>
</table>

附表 32

个人所得税基础信息表（A表）

（适用于扣缴义务人填报）

扣缴义务人名称：

扣缴义务人纳税人识别号（统一社会信用代码）：□□□□□□□□□□□□□□□□□□

序号	纳税人基本信息（带*必填）						任职受雇从业信息					联系方式					银行账户		投资信息		其他信息		华侨、港澳台、外籍个人信息（带*必填）					备注
	纳税人识别号	*纳税人姓名	*身份证件类型	*身份证件号码	*出生日期	*国籍/地区	类型	职务	学历	任职受雇从业日期	离职日期	手机号码	户籍所在地	经常居住地	联系地址	电子邮箱	开户银行	银行账号	投资额（元）	投资比例	是否残疾/孤老/烈属	残疾/烈属证号	*出生地	*性别	*首次入境时间	*预计离境时间	*涉税事由	
1	2	3	4	5	6	7	8	9	10	11	12	13	14	15	16	17	18	19	20	21	22	23	24	25	26	27	28	29

谨声明：本表是根据国家税收法律法规及相关规定填报的，是真实的、可靠的、完整的。

扣缴义务人（签章）：　　年　月　日

经办人签字： 经办人身份证件号码： 代理机构签章： 代理机构统一社会信用代码：	受理人： 受理税务机关（章）： 受理日期：　　年　月　日

国家税务总局监制

附表 33

个人所得税扣缴申报表

税款所属期：　　　年　月　日至　年　月　日

扣缴义务人名称：

扣缴义务人纳税人识别号（统一社会信用代码）：□□□□□□□□□□□□□□□□□□□□

金额单位：人民币元（列至角分）

序号	姓名	身份证件类型	身份证件号码	纳税人识别号	是否为非居民个人	所得项目	本月（次）情况														累计情况（工资、薪金）										减按计税比例	准予扣除的捐赠额	税款计算							备注
							收入额计算			减除费用	专项扣除				其他扣除						累计收入额	累计减除费用	累计专项扣除	累计专项附加扣除						累计其他扣除			应纳税所得额	税率/预扣率	速算扣除数	应纳税额	减免税额	已扣缴税额	应补（退）税额	
							收入	费用	免税收入		基本养老保险费	基本医疗保险费	失业保险费	住房公积金	年金	商业健康保险	税延养老保险	财产原值	允许扣除的税费	其他				子女教育	赡养老人	住房贷款利息	住房租金	继续教育	3岁以下婴幼儿照护											
1	2	3	4	5	6	7	8	9	10	11	12	13	14	15	16	17	18	19	20	21	22	23	24	25	26	27	28	29	30	31	32	33	34	35	36	37	38	39	40	41
合计																																								

谨声明：本扣缴申报表是根据国家税收法律法规及相关规定填报的，是真实的、可靠的、完整的。

扣缴义务人（签章）：　　　　年　月　日

经办人签字： 经办人身份证件号码： 代理机构签章： 代理机构统一社会信用代码：	受理人： 受理税务机关（章）： 受理日期：　年　月　日

国家税务总局监制

附表 34

代扣代缴手续费申请表

金额单位：人民币元（列至角分）

扣缴义务人名称			统一社会信用代码（纳税人识别号）	
联系人姓名			联系电话	
原完税情况	品目名称	税款所属时期	税票号码	实缴金额
	合计（小写）			
申请手续费金额（小写）				
声明	此表是根据国家税收法律法规及相关规定填写的，本人（单位）对填报内容（附带资料）的真实性、可靠性、完整性负责。 扣缴义务人签章：			
授权声明	如果您已委托代理人申请，请填写下列资料： 为代理个人所得税扣缴手续费申请相关事宜，现授权________ ________（地址）________ ____为代理申请人，任何与本申请有关的往来文件，都可寄予此人。 授权人签章：	税务机关填写	受理人： 受理税务机关（章）： 受理日期：	

国家税务总局监制

附表 35

个人所得税年度自行纳税申报表（A表）

（仅取得境内综合所得年度汇算适用）

税款所属期：　　年　月　日至　　年　月　日

纳税人姓名：

纳税人识别号：□□□□□□□□□□□□□□□□□□□□□□□□□-□□　　金额单位：人民币元（列至角分）

基本情况					
手机号码		电子邮箱		邮政编码	□□□□□□
联系地址	____省（区、市）____市____区（县）____街道（乡、镇）____				
纳税地点（单选）					
1.有任职受雇单位的，需选本项并填写“任职受雇单位信息”：			□任职受雇单位所在地		
任职受雇单位信息	名称				
	纳税人识别号	□□□□□□□□□□□□□□□□□□□□□□□□□			
2.没有任职受雇单位的，可以从本栏次选择一地：			□户籍所在地　□经常居住地		
户籍所在地/经常居住地		____省（区、市）____市____区（县）____街道（乡、镇）____			
申报类型（单选）					
□首次申报			□更正申报		

综合所得个人所得税计算		
项目	行次	金额
一、收入合计（第1行=第2行+第3行+第4行+第5行）	1	
（一）工资、薪金	2	
（二）劳务报酬	3	
（三）稿酬	4	
（四）特许权使用费	5	
二、费用合计［第6行=（第3行+第4行+第5行）×20%］	6	
三、免税收入合计（第7行=第8行+第9行）	7	
（一）稿酬所得免税部分［第8行=第4行×（1-20%）×30%］	8	
（二）其他免税收入（附报《个人所得税减免税事项报告表》）	9	
四、减除费用	10	
五、专项扣除合计（第11行=第12行+第13行+第14行+第15行）	11	
（一）基本养老保险费	12	
（二）基本医疗保险费	13	
（三）失业保险费	14	
（四）住房公积金	15	
六、专项附加扣除合计（附报《个人所得税专项附加扣除信息表》）（第16行=第17行+第18行+第19行+第20行+第21行+第22行+第23行）	16	
（一）3岁以下婴幼儿照护	17	
（二）子女教育	18	
（三）继续教育	19	
（四）大病医疗	20	
（五）住房贷款利息	21	
（六）住房租金	22	
（七）赡养老人	23	
七、其他扣除合计（第24行=第25行+第26行+第27行+第28行+第29行）	24	
（一）年金	25	
（二）商业健康保险（附报《商业健康保险税前扣除情况明细表》）	26	

续表

（三）税延养老保险（附报《个人税收递延型商业养老保险税前扣除情况明细表》）	27		
（四）允许扣除的税费	28		
（五）其他	29		
八、准予扣除的捐赠额（附报《个人所得税公益慈善事业捐赠扣除明细表》）	30		
九、应纳税所得额 （第31行=第1行-第6行-第7行-第10行-第11行-第16行-第24行-第30行）	31		
十、税率（%）	32		
十一、速算扣除数	33		
十二、应纳税额（第34行=第31行×第32行-第33行）	34		
全年一次性奖金个人所得税计算 （无住所居民个人预判为非居民个人取得的数月奖金，选择按全年一次性奖金计税的填写本部分）			
一、全年一次性奖金收入	35		
二、准予扣除的捐赠额（附报《个人所得税公益慈善事业捐赠扣除明细表》）	36		
三、税率（%）	37		
四、速算扣除数	38		
五、应纳税额［第39行=（第35行-第36行）×第37行-第38行］	39		
税额调整			
一、综合所得收入调整额（需在“备注”栏说明调整具体原因、计算方式等）	40		
二、应纳税额调整额	41		
应补/退个人所得税计算			
一、应纳税额合计（第42行=第34行+第39行+第41行）	42		
二、减免税额（附报《个人所得税减免税事项报告表》）	43		
三、已缴税额	44		
四、应补/退税额（第45行=第42行-第43行-第44行）	45		
无住所个人附报信息			
纳税年度内在中国境内居住天数		已在中国境内居住年数	
退税申请 （应补/退税额小于0的填写本部分）			
□申请退税（需填写“开户银行名称”“开户银行省份”“银行账号”）　□放弃退税			
开户银行名称		开户银行省份	
银行账号			
备注			

谨声明：本表是根据国家税收法律法规及相关规定填报的，本人对填报内容（附带资料）的真实性、可靠性、完整性负责。

纳税人签字：　　　　年　月　日

经办人签字： 经办人身份证件类型： 经办人身份证件号码： 代理机构签章： 代理机构统一社会信用代码：	受理人： 受理税务机关（章）： 受理日期：　　年　月　日

国家税务总局监制

附表 36

个人所得税年度自行纳税申报表（简易版）

（纳税年度：20____）

一、填表须知

填写本表前，请仔细阅读以下内容： 1.如果您年综合所得收入额不超过6万元且在纳税年度内未取得境外所得的，可以填写本表； 2.您可以在纳税年度的次年3月1日至6月30日使用本表办理汇算清缴申报，并在该期限内申请退税； 3.建议您下载并登录个人所得税App，或者直接登录税务机关官方网站在线办理汇算清缴申报，体验更加便捷的申报方式； 4.如果您对申报填写的内容有疑问，您可以参考相关办税指引，咨询您的扣缴单位、专业人士，或者拨打12366纳税服务热线； 5.以纸质方式报送本表的，建议通过计算机填写打印，一式两份，纳税人、税务机关各留存一份。

二、个人基本情况

1.姓名	
2.公民身份号码/纳税人识别号	□□□□□□□□□□□□□□□□□□-□□（无校验码不填后两位）
说明：有中国公民身份号码的，填写中华人民共和国居民身份证上载明的“公民身份号码”；没有中国公民身份号码的，填写税务机关赋予的纳税人识别号。	
3.手机号码	□□□□□□□□□□□
提示：中国境内有效手机号码，请准确填写，以方便与您联系。	
4.电子邮箱	
5.联系地址	____省（区、市）____市____区（县）____街道（乡、镇）____
提示：能够接收信件的有效通讯地址。	
6.邮政编码	□□□□□□

三、纳税地点（单选）

1.有任职受雇单位的，需选本项并填写“任职受雇单位信息”：		□ 任职受雇单位所在地
任职受雇单位信息	名称	
	纳税人识别号	□□□□□□□□□□□□□□□□□□
2.没有任职受雇单位的，可以从本栏次选择一地：		□ 户籍所在地 □ 经常居住地□主要收入来源地
户籍所在地/经常居住地/主要收入来源地		____省（区、市）____市____区（县）____街道（乡、镇）____

四、申报类型

请您选择本次申报类型，未曾办理过年度汇算申报，勾选“首次申报”；已办理过年度汇算申报，但有误需要更正的，勾选“更正申报”：	
□首次申报	□更正申报

续表

五、纳税情况

已缴税额	□□，□□□.□□（元）
纳税年度内取得综合所得时，扣缴义务人预扣预缴以及个人自行申报缴纳的个人所得税。	

六、退税申请

1.是否申请退税？	□申请退税【选择此项的，填写个人账户信息】　　□放弃退税
2.个人账户信息	开户银行名称：____________　开户银行省份：____________ 银行账号：____________
说明：开户银行名称填写居民个人在中国境内开立银行账户的银行名称。	

七、备注

如果您有需要特别说明或者税务机关要求说明的事项，请在本栏填写：

八、承诺及申报受理

谨声明： 1.本人纳税年度内取得的综合所得收入额合计不超过6万元。 2.本表是根据国家税收法律法规及相关规定填报的，本人对填报内容（附带资料）的真实性、可靠性、完整性负责。 纳税人签名：　　　　年　月　日	
经办人签字： 经办人身份证件类型： 经办人身份证件号码： 代理机构签章： 代理机构统一社会信用代码：	受理人： 受理税务机关（章）： 受理日期：　　年　月　日

附表37

个人所得税年度自行纳税申报表（问答版）

（纳税年度：20____）

一、填表须知

填写本表前，请仔细阅读以下内容： 1.如果您需要办理个人所得税综合所得汇算清缴，并且未在纳税年度内取得境外所得的，可以填写本表； 2.您需要在纳税年度的次年3月1日至6月30日办理汇算清缴申报，并在该期限内补缴税款或者申请退税； 3.建议您下载并登录个人所得税App，或者直接登录税务机关官方网站在线办理汇算清缴申报，体验更加便捷的申报方式； 4.如果您对申报填写的内容有疑问，您可以参考相关办税指引，咨询您的扣缴单位、专业人士，或者拨打12366纳税服务热线； 5.以纸质方式报送本表的，建议通过计算机填写打印，一式两份，纳税人、税务机关各留存一份。

二、基本情况

1.姓　名	
2.公民身份号码/纳税人识别号	□□□□□□□□□□□□□□□□□□□□□-□□（无校验码不填后两位）
说明：有中国公民身份号码的，填写中华人民共和国居民身份证上载明的“公民身份号码”；没有中国公民身份号码的，填写税务机关赋予的纳税人识别号。	
3.手机号码	□□□□□□□□□□□
提示：中国境内有效手机号码，请准确填写，以方便与您联系。	
4.电子邮箱	
5.联系地址	____省（区、市）____市____区（县）____街道（乡、镇）__________
提示：能够接收信件的有效通讯地址。	
6.邮政编码	□□□□□□

三、纳税地点

7.您是否有任职受雇单位，并取得工资薪金？（单选）
□有任职受雇单位（需要回答问题8）　　□没有任职受雇单位（需要回答问题9）
8.如果您有任职受雇单位，您可以选择一处任职受雇单位所在地办理汇算清缴，请提供该任职受雇单位的具体情况：
任职受雇单位名称（全称）：
任职受雇单位纳税人识别号：□□□□□□□□□□□□□□□□□□□□□□
9.如果您没有任职受雇单位，您可以选择在以下地点办理汇算清缴：（单选）
□户籍所在地　　□经常居住地　　□主要收入来源地 具体地址：____省（区、市）____市____区（县）____街道（乡、镇）__________
说明：1.户籍所在地是指居民户口簿中登记的地址。 2.经常居住地是指居民个人申领居住证上登载的居住地址，若没有申领居住证，指居民个人当前实际居住的地址；若居民个人不在中国境内的，指支付或者实际负担综合所得的境内单位或个人所在地。 3.主要收入来源地是指居民个人纳税年度内取得的劳务报酬、稿酬及特许权使用费三项所得累计收入最大的扣缴义务人所在地。

四、申报类型

10.未曾办理过年度汇算申报，勾选“首次申报”；已办理过年度汇算申报，但有误需要更正的，勾选“更正申报”：
□首次申报　　□更正申报

续表

五、收入-A（工资薪金）

11.您在纳税年度内取得的工资薪金收入有多少？

（A1）工资薪金收入（包括并入综合所得计算的全年一次性奖金）：□□，□□□，□□□，□□□.□□（元）
□无此类收入

说明：

（1）工资薪金是指，个人因任职或者受雇，取得的工资薪金收入。包括工资、薪金、奖金、年终加薪、劳动分红、津贴、补贴以及与任职或者受雇有关的其他收入。全年一次性奖金是指，行政机关、企事业单位等扣缴义务人根据其全年经济效益和对雇员全年工作业绩的综合考核情况，向雇员发放的一次性奖金。包括年终加薪、实行年薪制和绩效工资办法的单位根据考核情况兑现的年薪和绩效工资。

（2）全年一次性奖金可以单独计税，也可以并入综合所得计税。具体方法请查阅财税〔2018〕164号文件规定。选择何种方式计税对您更为有利，可以咨询专业人士。

（3）工资薪金收入不包括单独计税的全年一次性奖金。

六、收入-A（劳务报酬）

12.您在纳税年度内取得的劳务报酬收入有多少？

（A2）劳务报酬收入：□□，□□□，□□□，□□□.□□（元） □无此类收入

说明：劳务报酬收入是指，个人从事设计、装潢、安装、制图、化验、测试、医疗、法律、会计、咨询、讲学、翻译、审稿、书画、雕刻、影视、录音、录像、演出、表演、广告、展览、技术服务、介绍服务、经纪服务、代办服务以及其他劳务取得的收入。

七、收入-A（稿酬）

13.您在纳税年度内取得的稿酬收入有多少？

（A3）稿酬收入：□□，□□□，□□□，□□□.□□（元） □无此类收入

说明：稿酬收入是指，个人作品以图书、报刊等形式出版、发表而取得的收入。

八、收入-A（特许权使用费）

14.您在纳税年度内取得的特许权使用费收入有多少？

（A4）特许权使用费收入：□□，□□□，□□□，□□□.□□（元） □无此类收入

说明：特许权使用费收入是指，个人提供专利权、商标权、著作权、非专利技术以及其他特许权的使用权取得的收入。

九、免税收入-B

15.您在纳税年度内取得的综合所得收入中，免税收入有多少？（需附报《个人所得税减免税事项报告表》）

（B1）免税收入：□□，□□□，□□□，□□□.□□（元） □无此类收入

提示：免税收入是指按照税法规定免征个人所得税的收入。其中，税法规定“稿酬所得的收入额减按70%计算”，对稿酬所得的收入额减计30%的部分无需填入本项，将在后续计算中扣减该部分。

十、专项扣除-C

16.您在纳税年度内个人负担的，按规定可以在税前扣除的基本养老保险费、基本医疗保险费、失业保险费、住房公积金是多少？

续表

(C1)基本养老保险费：□□□，□□□.□□（元） □无此类扣除
(C2)基本医疗保险费：□□□，□□□.□□（元） □无此类扣除
(C3)失业保险费： □□□，□□□.□□（元） □无此类扣除
(C4)住房公积金： □□□，□□□.□□（元） □无此类扣除
说明：个人实际负担的三险一金可以扣除。

十一、专项附加扣除-D

17.您在纳税年度内可以扣除的子女教育支出是多少？（需附报《个人所得税专项附加扣除信息表》）
(D1)子女教育：□□□，□□□.□□（元） □无此类扣除
说明： 子女教育支出可扣除金额（D1）=每一子女可扣除金额合计； 每一子女可扣除金额=纳税年度内符合条件的扣除月份数×2 000元×扣除比例。 纳税年度内符合条件的扣除月份数包括子女年满3周岁当月起至受教育前一月、实际受教育月份以及寒暑假休假月份等。 扣除比例：由夫妻双方协商确定，每一子女可以在本人或配偶处按照100%扣除，也可由双方分别按照50%扣除。
18.您在纳税年度内可以扣除的继续教育支出是多少？（需附报《个人所得税专项附加扣除信息表》）
(D2)继续教育：□□□，□□□.□□（元） □无此类扣除
说明： 继续教育支出可扣除金额（D2）=学历（学位）继续教育可扣除金额+职业资格继续教育可扣除金额； 学历（学位）继续教育可扣除金额=纳税年度内符合条件的扣除月份数×400元； 纳税年度内符合条件的扣除月份数包括受教育月份、寒暑假休假月份等，但同一学历（学位）教育扣除期限不能超过48个月。 纳税年度内，个人取得符合条件的技能人员、专业技术人员相关职业资格证书的，职业资格继续教育可扣除金额=3 600元。
19.您在纳税年度内可以扣除的大病医疗支出是多少？（需附报《个人所得税专项附加扣除信息表》）
(D3)大病医疗：□，□□□，□□□.□□（元） □无此类扣除
说明： 大病医疗支出可扣除金额（D3）=选择由您扣除的每一家庭成员的大病医疗可扣除金额合计； 某一家庭成员的大病医疗可扣除金额（不超过80 000元）=纳税年度内医保目录范围内的自付部分-15 000元； 家庭成员包括个人本人、配偶、未成年子女。
20.您在纳税年度内可以扣除的住房贷款利息支出是多少？（需附报《个人所得税专项附加扣除信息表》）
(D4)住房贷款利息：□□，□□□.□□（元） □无此类扣除
说明： 住房贷款利息支出可扣除金额（D4）=符合条件的扣除月份数×扣除定额。 符合条件的扣除月份数为纳税年度内实际贷款月份数。 扣除定额：正常情况下，由夫妻双方协商确定，由其中1人扣除1 000元/月；婚前各自购房，均符合扣除条件的，婚后可选择由其中1人扣除1 000元/月，也可以选择各自扣除500元/月。

续表

21.您在纳税年度内可以扣除的住房租金支出是多少？（需附报《个人所得税专项附加扣除信息表》）
（D5）住房租金：□□，□□□.□□（元）　　□无此类扣除
说明： 住房租金支出可扣除金额（D5）=纳税年度内租房月份的月扣除定额之和 月扣除定额：直辖市、省会（首府）城市、计划单列市以及国务院确定的其他城市，扣除标准为1 500元/月；市辖区户籍人口超过100万的城市，扣除标准为1 100元/月；市辖区户籍人口不超过100万的城市，扣除标准为800元/月。
22.您在纳税年度内可以扣除的赡养老人支出是多少？（需附报《个人所得税专项附加扣除信息表》）
（D6）赡养老人：□□，□□□.□□（元）　　□无此类扣除
说明： 赡养老人支出可扣除金额（D6）=纳税年度内符合条件的月份数×月扣除定额 符合条件的月份数：纳税年度内满60岁的老人，自满60岁当月起至12月份计算；纳税年度前满60岁的老人，按照12个月计算。 月扣除定额：独生子女，月扣除定额3 000元/月；非独生子女，月扣除定额由被赡养人指定分摊，也可由赡养人均摊或约定分摊，但每月不超过1 500元/月。
23.您在纳税年度内可以扣除的3岁以下婴幼儿照护支出是多少？（需附报《个人所得税专项附加扣除信息表》
（D7）3岁以下婴幼儿照护：□□，□□□.□□（元）　　□无此类扣除
说明：3岁以下婴幼儿照护支出可扣除金额（D7=每一3岁以下婴幼儿照护可扣除金额合计； 每一3岁以下婴幼儿照护可扣除金额=纳税年度内符合条件的扣除月份数×2 000元×扣除比例。 纳税年度内符合条件的扣除月份数为婴幼儿出生的当月至年满3周岁的前一个月。 扣除比例：由夫妻双方协商确定，每一婴幼儿子女可以在本人或配偶处按照100%扣除，也可由双方分别按照50%扣除。

十二、其他扣除-E

24.您在纳税年度内可以扣除的企业年金、职业年金是多少？
（E1）年金：□□□，□□□.□□（元）　　□无此类扣除
25.您在纳税年度内可以扣除的商业健康保险是多少？（需附报《商业健康保险税前扣除情况明细表》）
（E2）商业健康保险：□，□□□.□□（元）　　□无此类扣除
26.您在纳税年度内可以扣除的税延养老保险是多少？（需附报《个人税收递延型商业养老保险税前扣除情况明细表》）
（E3）税延养老保险：□□，□□□.□□（元）　　□无此类扣除
27.您在纳税年度内可以扣除的税费是多少？
（E4）允许扣除的税费：□□，□□□，□□□，□□□.□□（元）　　□无此类扣除
说明：允许扣除的税费是指，个人取得劳务报酬、稿酬、特许权使用费收入时，发生的合理税费支出。
28.您在纳税年度内可以扣除的个人养老金是多少？
（E5）个人养老金：□□，□□□.□□（元）　　□无此类扣除
29.您在纳税年度内发生的除上述扣除以外的其他扣除是多少？
（E6）其他扣除：□□，□□□，□□□，□□□.□□（元）　　□无此类扣除
提示：其他扣除（其他）包括保险营销员、证券经纪人佣金收入的展业成本。

续表

十三、捐赠-F

30.您在纳税年度内可以扣除的捐赠支出是多少？（需附报《个人所得税公益慈善事业捐赠扣除明细表》）
（F1）准予扣除的捐赠额：□□，□□□，□□□，□□□.□□（元） □无此类扣除

十四、全年一次性奖金-G

31.您在纳税年度内取得的一笔要转换为全年一次性奖金的数月奖金是多少？
（G1）全年一次性奖金：□□，□□□，□□□，□□□.□□（元） □无此类情况
（G2）全年一次性奖金应纳个人所得税=G1×适用税率-速算扣除数=□□，□□□，□□□，□□□.□□（元）
说明：仅适用于无住所居民个人预缴时因预判为非居民个人而按取得数月奖金计算缴税，汇缴时可以根据自身情况，将一笔数月奖金按照全年一次性奖金单独计算。

十五、税额计算-H（使用纸质申报的居民个人需要自行计算填写本项）

32.综合所得应纳个人所得税计算

（H1）综合所得应纳个人所得税=［（A1+A2×80%+A3×80%×70%+A4×80%）-B1-60 000-（C1+C2+C3+C4）-（D1+D2+D3+D4+D5+D6+D7）-（E1+E2+E3+E4+E5+E6）-F1］×适用税率-速算扣除数=□□，□□□，□□□，□□□.□□（元）

说明：适用税率和速算扣除数如下

级数	全年应纳税所得额	税率（%）	速算扣除数
1	不超过36 000元的	3	0
2	超过36 000元至144 000元的	10	2 520
3	超过144 000元至300 000元的	20	16 920
4	超过300 000元至420 000元的	25	31 920
5	超过420 000元至660 000元的	30	52 920
6	超过660 000元至960 000元的	35	85 920
7	超过960 000元的	45	181 920

十六、减免税额-J

33.您可以享受的减免税类型有哪些？
□残疾 □孤老 □烈属 □其他（需附报《个人所得税减免税事项报告表》） □无此类情况
34.您可以享受的减免税金额是多少？
（J1）减免税额：□□，□□□，□□□，□□□.□□（元） □无此类情况

十七、已缴税额-K

35.您在纳税年度内取得本表填报的各项收入时，已经缴纳的个人所得税是多少？
（K1）已纳税额：□□，□□□，□□□，□□□.□□（元） □无此类情况

十八、应补/退税额-L（使用纸质申报的居民个人需要自行计算填写本项）

36.您本次汇算清缴应补/退的个人所得税税额是：
（L1）应补/退税额=G2+H1-J1-K1=□□，□□□，□□□，□□□.□□（元）

十九、无住所个人附报信息（有住所个人无需填写本项）

37.您在纳税年度内，在中国境内的居住天数是多少？
纳税年度内在中国境内居住天数：____天。
38.您在中国境内的居住年数是多少？
中国境内居住年数：____年。
说明：境内居住年数自2019年（含）以后年度开始计算。境内居住天数和年数的具体计算方法参见财政部、税务总局公告2019年第34号。

续表

二十、退税申请（应补/退税额小于0的填写本项）

39.您是否申请退税？
□申请退税 □放弃退税
40.如果您申请退税，请提供您的有效银行账户。
开户银行名称：________ 开户银行省份：________ 银行账号：________
说明：开户银行名称填写居民个人在中国境内开立银行账户的银行名称。

二十一、备注

如果您有需要特别说明或者税务机关要求说明的事项，请在本栏填写：

二十二、申报受理

谨声明：本表是根据国家税收法律法规及相关规定填报的，本人对填报内容（附带资料）的真实性、可靠性、完整性负责。 个人签名： 年 月 日	
经办人签字： 经办人身份证件类型： 经办人身份证件号码： 代理机构签章： 代理机构统一社会信用代码：	受理人： 受理税务机关（章）： 受理日期： 年 月 日

国家税务总局监制

附表38

个人所得税年度自行纳税申报表（B表）

（居民个人取得境外所得适用）

税款所属期：　年　月　日至　年　月　日

纳税人姓名：

纳税人识别号：□□□□□□□□□□□□□□□□□□□□□□□□□-□□　金额单位：人民币元（列至角分）

基本情况					
手机号码		电子邮箱		邮政编码	□□□□□□
联系地址	____省（区、市）____市____区（县）____街道（乡、镇）____				
纳税地点（单选）					
1.有任职受雇单位的，需选本项并填写“任职受雇单位信息”：			□任职受雇单位所在地		
任职受雇单位信息	名称				
	纳税人识别号				
2.没有任职受雇单位的，可以从本栏次选择一地：			□户籍所在地 □经常居住地 □主要收入来源地		
户籍所在地/经常居住地/主要收入来源地		____省（区、市）____市____区（县）____街道（乡、镇）____			
申报类型（单选）					
□首次申报			□更正申报		

综合所得个人所得税计算		
项目	行次	金额
一、境内收入合计（第1行=第2行+第3行+第4行+第5行）	1	
（一）工资、薪金	2	
（二）劳务报酬	3	
（三）稿酬	4	
（四）特许权使用费	5	
二、境外收入合计（附报《境外所得个人所得税抵免明细表》）（第6行=第7行+第8行+第9行+第10行）	6	
（一）工资、薪金	7	
（二）劳务报酬	8	
（三）稿酬	9	
（四）特许权使用费	10	
三、费用合计［第11行=（第3行+第4行+第5行+第8行+第9行+第10行）×20%］	11	
四、免税收入合计（第12行=第13行+第14行）	12	
（一）稿酬所得免税部分［第13行=（第4行+第9行）×（1-20%）×30%］	13	
（二）其他免税收入（附报《个人所得税减免税事项报告表》）	14	
五、减除费用	15	
六、专项扣除合计（第16行=第17行+第18行+第19行+第20行）	16	
（一）基本养老保险费	17	
（二）基本医疗保险费	18	
（三）失业保险费	19	
（四）住房公积金	20	
七、专项附加扣除合计（附报《个人所得税专项附加扣除信息表》）（第21行=第22行+第23行+第24行+第25行+第26行+第27行+第28行）	21	
（一）子女教育	22	

续表

<table>
<tr><td colspan="2">（二）继续教育</td><td>23</td><td></td></tr>
<tr><td colspan="2">（三）大病医疗</td><td>24</td><td></td></tr>
<tr><td colspan="2">（四）住房贷款利息</td><td>25</td><td></td></tr>
<tr><td colspan="2">（五）住房租金</td><td>26</td><td></td></tr>
<tr><td colspan="2">（六）赡养老人</td><td>27</td><td></td></tr>
<tr><td colspan="2">（七）3岁以下婴幼儿照护</td><td>28</td><td></td></tr>
<tr><td colspan="2">八、其他扣除合计（第29行=第30行+第31行+第32行+第33行+第34行+第35行）</td><td>29</td><td></td></tr>
<tr><td colspan="2">（一）年金</td><td>30</td><td></td></tr>
<tr><td colspan="2">（二）商业健康保险（附报《商业健康保险税前扣除情况明细表》）</td><td>31</td><td></td></tr>
<tr><td colspan="2">（三）税延养老保险（附报《个人税收递延型商业养老保险税前扣除情况明细表》）</td><td>32</td><td></td></tr>
<tr><td colspan="2">（四）允许扣除的税费</td><td>33</td><td></td></tr>
<tr><td colspan="2">（五）个人养老金</td><td>34</td><td></td></tr>
<tr><td colspan="2">（六）其他</td><td>35</td><td></td></tr>
<tr><td colspan="2">九、准予扣除的捐赠额（附报《个人所得税公益慈善事业捐赠扣除明细表》）</td><td>36</td><td></td></tr>
<tr><td colspan="2">十、应纳税所得额
（第37行=第1行+第6行–第11行–第12行–第15行–第16行–第21行–第29行–第36行）</td><td>37</td><td></td></tr>
<tr><td colspan="2">十一、税率（%）</td><td>38</td><td></td></tr>
<tr><td colspan="2">十二、速算扣除数</td><td>39</td><td></td></tr>
<tr><td colspan="2">十三、应纳税额（第40行=第37行×第38行–第39行）</td><td>40</td><td></td></tr>
<tr><td colspan="4">除综合所得外其他境外所得个人所得税计算
（无相应所得不填本部分，有相应所得另需附报《境外所得个人所得税抵免明细表》）</td></tr>
<tr><td rowspan="6">一、经营所得</td><td>（一）经营所得应纳税所得额（第41行=第42行+第43行）</td><td>41</td><td></td></tr>
<tr><td>其中：境内经营所得应纳税所得额</td><td>42</td><td></td></tr>
<tr><td>境外经营所得应纳税所得额</td><td>43</td><td></td></tr>
<tr><td>（二）税率（%）</td><td>44</td><td></td></tr>
<tr><td>（三）速算扣除数</td><td>45</td><td></td></tr>
<tr><td>（四）应纳税额（第46行=第41行×第44行–第45行）</td><td>46</td><td></td></tr>
<tr><td rowspan="3">二、利息、股息、红利所得</td><td>（一）境外利息、股息、红利所得应纳税所得额</td><td>47</td><td></td></tr>
<tr><td>（二）税率（%）</td><td>48</td><td></td></tr>
<tr><td>（三）应纳税额（第49行=第47行×第48行）</td><td>49</td><td></td></tr>
<tr><td rowspan="3">三、财产租赁所得</td><td>（一）境外财产租赁所得应纳税所得额</td><td>50</td><td></td></tr>
<tr><td>（二）税率（%）</td><td>51</td><td></td></tr>
<tr><td>（三）应纳税额（第52行=第50行×第51行）</td><td>52</td><td></td></tr>
<tr><td rowspan="3">四、财产转让所得</td><td>（一）境外财产转让所得应纳税所得额</td><td>53</td><td></td></tr>
<tr><td>（二）税率（%）</td><td>54</td><td></td></tr>
<tr><td>（三）应纳税额（第55行=第53行×第54行）</td><td>55</td><td></td></tr>
<tr><td rowspan="3">五、偶然所得</td><td>（一）境外偶然所得应纳税所得额</td><td>56</td><td></td></tr>
<tr><td>（二）税率（%）</td><td>57</td><td></td></tr>
<tr><td>（三）应纳税额（第58行=第56行×第57行）</td><td>58</td><td></td></tr>
<tr><td rowspan="2">六、其他所得</td><td>（一）其他境内、境外所得应纳税所得额合计（需在“备注”栏说明具体项目）</td><td>59</td><td></td></tr>
<tr><td>（二）应纳税额</td><td>60</td><td></td></tr>
<tr><td colspan="4">股权激励个人所得税计算
（无境外股权激励所得不填本部分，有相应所得另需附报《境外所得个人所得税抵免明细表》）</td></tr>
</table>

续表

<table>
<tr><td colspan="4">一、境内、境外单独计税的股权激励收入合计</td><td>61</td><td></td></tr>
<tr><td colspan="4">二、税率（%）</td><td>62</td><td></td></tr>
<tr><td colspan="4">三、速算扣除数</td><td>63</td><td></td></tr>
<tr><td colspan="4">四、应纳税额（第64行=第61行×第62行-第63行）</td><td>64</td><td></td></tr>
<tr><td colspan="6">全年一次性奖金个人所得税计算
（无住所个人预判为非居民个人取得的数月奖金，选择按全年一次性奖金计税的填写本部分）</td></tr>
<tr><td colspan="4">一、全年一次性奖金收入</td><td>65</td><td></td></tr>
<tr><td colspan="4">二、准予扣除的捐赠额（附报《个人所得税公益慈善事业捐赠扣除明细表》）</td><td>66</td><td></td></tr>
<tr><td colspan="4">三、税率（%）</td><td>67</td><td></td></tr>
<tr><td colspan="4">四、速算扣除数</td><td>68</td><td></td></tr>
<tr><td colspan="4">五、应纳税额［第69行=（第65行-第66行）×第67行-第68行］</td><td>69</td><td></td></tr>
<tr><td colspan="6">税额调整</td></tr>
<tr><td colspan="4">一、综合所得收入调整额（需在“备注”栏说明调整具体原因、计算方法等）</td><td>70</td><td></td></tr>
<tr><td colspan="4">二、应纳税额调整额</td><td>71</td><td></td></tr>
<tr><td colspan="6">应补/退个人所得税计算</td></tr>
<tr><td colspan="4">一、应纳税额合计
（第72行=第40行+第46行+第49行+第52行+第55行+第58行+第60行+第64行+第69行+第71行）</td><td>72</td><td></td></tr>
<tr><td colspan="4">二、减免税额（附报《个人所得税减免税事项报告表》）</td><td>73</td><td></td></tr>
<tr><td colspan="4">三、已缴税额（境内）</td><td>74</td><td></td></tr>
<tr><td colspan="4">其中：境外所得境内支付部分已缴税额</td><td>75</td><td></td></tr>
<tr><td colspan="4">　　　境外所得境外支付部分预缴税额</td><td>76</td><td></td></tr>
<tr><td colspan="4">四、境外所得已纳所得税抵免额（附报《境外所得个人所得税抵免明细表》）</td><td>77</td><td></td></tr>
<tr><td colspan="4">五、应补/退税额（第78行=第72行-第73行-第74行-第77行）</td><td>78</td><td></td></tr>
<tr><td colspan="6">无住所个人附报信息</td></tr>
<tr><td>纳税年度内在中国境内居住天数</td><td colspan="2"></td><td colspan="2">已在中国境内居住年数</td><td></td></tr>
<tr><td colspan="6">退税申请
（应补/退税额小于0的填写本部分）</td></tr>
<tr><td colspan="6">□申请退税（需填写“开户银行名称”“开户银行省份”“银行账号”）□放弃退税</td></tr>
<tr><td>开户银行名称</td><td colspan="2"></td><td colspan="2">开户银行省份</td><td></td></tr>
<tr><td>银行账号</td><td colspan="5"></td></tr>
<tr><td colspan="6">备注</td></tr>
<tr><td colspan="6"></td></tr>
<tr><td colspan="6">谨声明：本表是根据国家税收法律法规及相关规定填报的，本人对填报内容（附带资料）的真实性、可靠性、完整性负责。
纳税人签字：　　　　　　　　　　年　月　日</td></tr>
<tr><td colspan="3">经办人签字：
经办人身份证件类型：
经办人身份证件号码：
代理机构签章：
代理机构统一社会信用代码：</td><td colspan="3">受理人：

受理税务机关（章）：

受理日期：　　年　月　日</td></tr>
</table>

国家税务总局监制

附表 39

境外所得个人所得税抵免明细表

税款所属期： 年 月 日至 年 月 日

纳税人姓名：

纳税人识别号：□□□□□□□□□□□□□□□□□□□□□□□□-□□ 金额单位：人民币元（列至角分）

本期境外所得抵免限额计算							
列次			A	B	C	D	E
项目		行次	金额				
国家（地区）		1	境内	境外			合计
一、综合所得	（一）收入	2					
	其中：工资、薪金	3					
	劳务报酬	4					
	稿酬	5					
	特许权使用费	6					
	（二）费用	7					
	（三）收入额	8					
	（四）应纳税额	9	–	–	–	–	
	（五）减免税额	10	–	–	–	–	
	（六）抵免限额	11	–				
二、经营所得	（一）收入总额	12	–				
	（二）成本费用	13	–				
	（三）应纳税所得额	14	–				
	（四）应纳税额	15	–	–	–	–	
	（五）减免税额	16	–	–	–	–	
	（六）抵免限额	17	–				
三、利息、股息、红利所得	（一）应纳税所得额	18	–				
	（二）应纳税额	19	–				
	（三）减免税额	20	–				
	（四）抵免限额	21	–				
四、财产租赁所得	（一）应纳税所得额	22	–				
	（二）应纳税额	23	–				
	（三）减免税额	24	–				
	（四）抵免限额	25	–				
五、财产转让所得	（一）收入	26	–				
	（二）财产原值	27	–				
	（三）合理税费	28	–				
	（四）应纳税所得额	29	–				
	（五）应纳税额	30	–				
	（六）减免税额	31	–				
	（七）抵免限额	32	–				
六、偶然所得	（一）应纳税所得额	33	–				
	（二）应纳税额	34	–				
	（三）减免税额	35	–				
	（四）抵免限额	36	–				

续表

七、股权激励	（一）应纳税所得额	37					
	（二）应纳税额	38	–	–	–	–	
	（三）减免税额	39	–	–	–	–	
	（四）抵免限额	40	–				
八、其他境内、境外所得	（一）应纳税所得额	41					
	（二）应纳税额	42					
	（三）减免税额	43					
	（四）抵免限额	44	–				
九、本年可抵免限额合计（第45行=第11行+第17行+第21行+第25行+第32行+第36行+第40行+第44行）		45	–				
本期实际可抵免额计算							
一、以前年度结转抵免额（第46行=第47行+第48行+第49行+第50行+第51行）		46	–				
其中：前5年		47	–				
前4年		48	–				
前3年		49	–				
前2年		50	–				
前1年		51	–				
二、本年境外已纳税额		52	–				
其中：享受税收饶让抵免税额（视同境外已纳）		53	–				
三、本年抵免额（境外所得已纳所得税抵免额）		54	–				
四、可结转以后年度抵免额（第55行=第56行+第57行+第58行+第59行+第60行）		55	–				–
其中：前4年		56	–				–
前3年		57	–				–
前2年		58	–				–
前1年		59	–				–
本年		60	–				–
备注							

谨声明：本表是根据国家税收法律法规及相关规定填报的，本人对填报内容（附带资料）的真实性、可靠性、完整性负责。

纳税人签字：　　　　年　月　日

经办人签字： 经办人身份证件类型： 经办人身份证件号码： 代理机构签章： 代理机构统一社会信用代码：	受理人： 受理税务机关（章）： 受理日期：　年　月　日

国家税务总局监制

附表40

个人所得税经营所得纳税申报表（A表）

税款所属期：　年　月　日至　年　月　日

纳税人姓名：

纳税人识别号：□□□□□□□□□□□□□□□□□□□□□□□□□　金额单位：人民币元（列至角分）

被投资单位信息		
名称		
纳税人识别号（统一社会信用代码）	□□□□□□□□□□□□□□□□□□□□□□□□□	
征收方式（单选）		
□查账征收（据实预缴）　□查账征收（按上年应纳税所得额预缴）　□核定应税所得率征收 □核定应纳税所得额征收　□税务机关认可的其他方式________		
个人所得税计算		
项目	行次	金额/比例
一、收入总额	1	
二、成本费用	2	
三、利润总额（第3行=第1行-第2行）	3	
四、弥补以前年度亏损	4	
五、应税所得率（%）	5	
六、合伙企业个人合伙人分配比例（%）	6	
七、允许扣除的个人费用及其他扣除（第7行=第8行+第9行+第14行）	7	
（一）投资者减除费用	8	
（二）专项扣除（第9行=第10行+第11行+第12行+第13行）	9	
1.基本养老保险费	10	
2.基本医疗保险费	11	
3.失业保险费	12	
4.住房公积金	13	
（三）依法确定的其他扣除（第14行=第15行+第16行+第17行）	14	
1.	15	
2.	16	
3.	17	
八、准予扣除的捐赠额（附报《个人所得税公益慈善事业捐赠扣除明细表》）	18	
九、应纳税所得额	19	
十、税率（%）	20	
十一、速算扣除数	21	
十二、应纳税额（第22行=第19行×第20行-第21行）	22	
十三、减免税额（附报《个人所得税减免税事项报告表》）	23	

续表

十四、已缴税额	24	
十五、应补/退税额（第25行=第22行-第23行-第24行）	25	
备注		

谨声明：本表是根据国家税收法律法规及相关规定填报的，本人对填报内容（附带资料）的真实性、可靠性、完整性负责。

纳税人签字：　　年　月　日

经办人签字： 经办人身份证件类型： 经办人身份证件号码： 代理机构签章： 代理机构统一社会信用代码：	受理人： 受理税务机关（章）： 受理日期：　　年　月　日

国家税务总局监制

附表41

个人所得税经营所得纳税申报表（B表）

税款所属期：　年　月　日至　年　月　日

纳税人姓名：

纳税人识别号：□□□□□□□□□□□□□□□□□□□□□□□□□　　金额单位：人民币元（列至角分）

被投资单位信息	名称		纳税人识别号（统一社会信用代码）	

项目	行次	金额/比例
一、收入总额	1	
其中：国债利息收入	2	
二、成本费用（3=4+5+6+7+8+9+10）	3	
（一）营业成本	4	
（二）营业费用	5	
（三）管理费用	6	
（四）财务费用	7	
（五）税金	8	
（六）损失	9	
（七）其他支出	10	
三、利润总额（11=1-2-3）	11	
四、纳税调整增加额（12=13+27）	12	
（一）超过规定标准的扣除项目金额（13=14+15+16+17+18+19+20+21+22+23+24+25+26）	13	
1.职工福利费	14	
2.职工教育经费	15	
3.工会经费	16	
4.利息支出	17	
5.业务招待费	18	
6.广告费和业务宣传费	19	
7.教育和公益事业捐赠	20	
8.住房公积金	21	
9.社会保险费	22	
10.折旧费用	23	
11.无形资产摊销	24	
12.资产损失	25	
13.其他	26	
（二）不允许扣除的项目金额（27=28+29+30+31+32+33+34+35+36）	27	
1.个人所得税税款	28	
2.税收滞纳金	29	
3.罚金、罚款和被没收财物的损失	30	
4.不符合扣除规定的捐赠支出	31	
5.赞助支出	32	
6.用于个人和家庭的支出	33	

续表

7.与取得生产经营收入无关的其他支出	34	
8.投资者工资薪金支出	35	
9.其他不允许扣除的支出	36	
五、纳税调整减少额	37	
六、纳税调整后所得（38=11+12-37）	38	
七、弥补以前年度亏损	39	
八、合伙企业个人合伙人分配比例（%）	40	
九、允许扣除的个人费用及其他扣除（41=42+43+48+55）	41	
（一）投资者减除费用	42	
（二）专项扣除（43=44+45+46+47）	43	
1.基本养老保险费	44	
2.基本医疗保险费	45	
3.失业保险费	46	
4.住房公积金	47	
（三）专项附加扣除（48=49+50+51+52+53+54）	48	
1.子女教育	49	
2.继续教育	50	
3.大病医疗	51	
4.住房贷款利息	52	
5.住房租金	53	
6.赡养老人	54	
7.3岁以下婴幼儿照护	55	
（四）依法确定的其他扣除（56=57+58+59+60）	56	
1. 商业健康保险	57	
2. 税延养老保险	58	
3.	59	
4.	60	
十、投资抵扣	61	
十一、准予扣除的个人捐赠支出	62	
十二、应纳税所得额（63=38-39-41-61-62）或［63=（38-39）×40-41-61-62］	63	
十三、税率（%）	64	
十四、速算扣除数	65	
十五、应纳税额（66=63×64-65）	66	
十六、减免税额（附报《个人所得税减免税事项报告表》）	67	
十七、已缴税额	68	
十八、应补/退税额（69=66-67-68）	69	

谨声明：本表是根据国家税收法律法规及相关规定填报的，是真实的、可靠的、完整的。

纳税人签字：　　　　年　月　日

经办人： 经办人身份证件号码： 代理机构签章： 代理机构统一社会信用代码：	受理人： 受理税务机关（章）： 受理日期：　　年　月　日

国家税务总局监制

附表42

个人所得税经营所得纳税申报表（C表）

税款所属期：　　年　月　日至　　年　月　日

纳税人姓名：

纳税人识别号：□□□□□□□□□□□□□□□□□□□□□□□□□　　金额单位：人民币元（列至角分）

		单位名称	纳税人识别号（统一社会信用代码）	投资者应纳税所得额
被投资单位信息	汇总地			
	非汇总地 1			
	2			
	3			
	4			
	5			

项目	行次	金额/比例
一、投资者应纳税所得额合计	1	
二、应调整的个人费用及其他扣除（2=3+4+5+6）	2	
（一）投资者减除费用	3	
（二）专项扣除	4	
（三）专项附加扣除	5	
（四）依法确定的其他扣除	6	
三、应调整的其他项目	7	
四、调整后应纳税所得额（8=1+2+7）	8	
五、税率（%）	9	
六、速算扣除数	10	
七、应纳税额（11=8×9−10）	11	
八、减免税额（附报《个人所得税减免税事项报告表》）	12	
九、已缴税额	13	
十、应补/退税额（14=11−12−13）	14	

谨声明：本表是根据国家税收法律法规及相关规定填报的，是真实的、可靠的、完整的。

纳税人签字：　　　　年　月　日

经办人： 经办人身份证件号码： 代理机构签章： 代理机构统一社会信用代码：	受理人： 受理税务机关（章）： 受理日期：　　年　月　日

国家税务总局监制